城市更新治理工作坊
URBAN REGENERATION GOVERNANCE WORKSHOP

城市更新治理

姜　玲◎主编

经济日报出版社

本书为中央财经大学一流学科建设项目“以人民为中心的城市更新系统治理：要素配置、机制创新与工具设计”（CUFEZF202201）资助部分成果。

前　言

党的十九届五中全会提出“实施城市更新行动”以来，各地积极落实制定相关行动方案，取得了突出成效。实践证明，城市更新不仅是一场建设行动，更是一场城市治理行动。在此背景下，中央财经大学政府管理学院联合中国城市科学研究会城市更新专业委员会、《城市发展研究》杂志编辑部，以“城市更新治理：价值提升与共创”为主题，组织了“2022 年中央财经大学城市更新治理工作坊”（如下简称“工作坊”），旨在组织公共管理及相关学科的研究力量，系统梳理治理视角下的城市更新行动，总结城市更新行动过程中的治理经验，探索城市更新多元利益协调和价值共创的创新路径，推动城市更新领域的交叉研究，并为各地城市更新行动提供决策参考。

工作坊以腾讯网络会议在线的形式进行，分为专题讲座、论文撰写与优秀论文评选、论文汇报与点评等三个阶段。在专题讲座阶段，工作坊邀请了来自中山大学、厦门大学、自然资源部国土空间规划研究中心等国内一流科研院所的教授及来自香港黑石基金、中国对外经济贸易信托有限公司、愿景明德（北京）控股集团有限公司、北京宣房大德置业投资有限公司、北京和合社会工作发展中心等企业和社会组织负责人进行了为期 7 天的专题讲座，给工作坊成员讲授了城市更新的最新政策、学术理念及最新实践，先后有来自国内外的 5000 多人次参加了工作坊的专题讲座，来自清华大学、英国伦敦大学学院等 90 多家单位的 100 余位作者投稿。在论文撰写与优秀论文评选阶段，工作坊邀请了来自北京大学、清华大学、中国人民大学、中山大学、中国城市规划设计研究院、中国宏观经济研究院、北京市城市规划设计研究院等国内城市更新领域的专家学者参与论文的撰写辅导与遴选评优，评选出 53 篇论文进入最后的论文汇报交流。在论文汇报与点评阶段，工作坊从“城中村与社区微更新”“城市更新投融资创新”“城市治理与城市更新”“新时代的城市更新新范式”“城市更新的空间再生产”五个主题设置专题研讨，每个专题邀请一位国内同领域的顶级专家做主旨报告，由10~11位汇报人进行论文成果汇报，同时邀请四位点评专家对每篇论文进行有针对性的点评与建议。最后，论文评选专家组根据53篇论文的质量和汇报情况，综合评定了工作坊优秀论文。

本书是在工作坊论文遴选的基础上，在中央财经大学一流学科建设项目“以人民为中心的城市更新系统治理：要素配置、机制创新与工具设计”（CUFEZF202201）的资助下，由中央财经大学政府管理学院内外专家集中研讨并编制完成。全书共分为城市更新要素治理、城市更新规划治理、城市更新社会治理、城市更新公众参与治理以及城市更新运营治理等五篇，收录了十九篇文章。第一篇城市更新要素治理篇，包含四篇文章，分别从城市更新的要素禀赋出发，分析了土地、主体、人口、资金等城市更新相关要素的流动和配置的逻辑与机制。第二篇城市更新规划治理篇，包含四篇文章，分别讨论了城市更新单元边界、城市更新设计、乡村更新、更新指引体系问题。第三篇城市更新社会治理篇，包括四篇文章，分别讨论了城市更新的风险识别、城市微更新实践经验、城中村改造的乡愁延续、城市基层治理“清单制”模式等问题。第四篇城市更新公众参与治理篇，包含三篇文章，分别讨论城市更新过程中社团的角色与意义、城镇老旧小区改造过程中的公众参与秩序与逻辑、历史街区改造过程中的网红化现象。第五篇城市更新运营治理篇，包括四篇文章，探讨了城市更新项目的运营前置与策划规划统筹的思路与实践，分析了ICA框架下城镇老旧小区物业治理的协作困境和化解路径，研究了城市更新行动下城镇老旧小区改造的PPP模式以及数字化社区构建与治理的机制。

本书整理出版的过程，得到了前述工作坊主旨报告专家、评委老师以及所有参会代表的大力支持。在此以有限的文字对他们表示衷心的感谢！中国城市更新行动还在路上，在实施城市更新行动过程中，还有很多经验规律和实践模式需要总结，有不少问题亟须破解。本书只是基于价值提升与共创的视角，对我国城市更新治理工作总结研究的一个初步尝试，限于理论水平与实践经验，难免存在不足之处，恳请广大读者批评指正。

姜玲

2022年12月

目　录
CONTENTS

第一篇　城市更新要素治理

面向城市更新的土地政策响应体系：制度环境、治理结构与资源配置①

柴铎　吕东函　姜玲

摘要：基于制度环境、治理结构、资源配置政策分析范式，结合实践解析土地政策“支撑链”与城市更新“价值链”各环节的契合关系和政策要点。城市更新需要节约用地政策推动，建设具有空间属性的房地产权与使用效益大数据基础。更新规划核心是土地资产成本收益搭配，为引入社会资金匹配资源。通过土地二级市场赋权划分政府、市场、公众的权利边界并缔结合作关系，可以衍生出适配不同更新场景的治理模式。城市更新价值实现需要土地规划与利用的弹性管理政策和丰富的土地供应方式，降低各类成本并适应多层次动态需求变化，贯通后续利用管理和激励引导措施。

关键词：城市更新；土地政策；社会资源；实施模式；土地弹性管理；土地配置方式

一、引言

城市更新推动中国城市经济发展逻辑逐步由增量扩张步入存量运营；空间建设逻辑由高烈度创造性开发转向中微尺度的功能性修补②；资源配置逻辑由集聚、优先发展走向利益协调、均衡、公平；财富循环逻辑由依据要素优

---

① 基金项目：国家社会科学基金重点项目（21AZD041）。作者简介：柴铎，中央财经大学政府管理学院副教授，研究方向：土地资源管理；吕东函，中央财经大学政府管理学院本科生；姜玲，中央财经大学政府管理学院教授，博士生导师，研究方向：城市与区域治理。

② 田莉，陶然，梁印龙．城市更新困局下的实施模式转型：基于空间治理的视角［J］．城市规划学刊，2020（03）：41－47.

势的竞争性分配转向注重包容和共同富裕的共享式分配[①]；政府、企业、居民也需要从城市管理者、赢利者、旁观者转变为运营者、分享者、参与者，将对彼此的定位从利益对手（opponent）转向合作者（partner）。上述转变需要城市整体治理结构协同更新与之配套[②]。

城市更新是各类要素在利益主体竞合关系支配下参与价值再创造、再循环、再分配的过程[③]，资源要素组织是城市更新整体治理结构的底层。各类要素中，土地是城市更新的基础物质资料和空间载体，也是最终价值来源[④]。城市更新从纸面落到地面需要用地政策支持，吸引社会主体参与、平衡资金最终依赖土地增值和权益置换，协调各方利益需要以土地为核心的不动产权益关系契约，效果实现需要通过用地形态和效益加以表达。邹兵（2015）指出节约集约用地政策是推动城市更新的外在动力[⑤]。冯立（2013）、田莉（2015）、祝贺（2022）等从土地权利设置、调整角度阐释城市更新原理及模式[⑥⑦⑧]。特定更新场景的土地政策工具成为研究热点[⑨⑩]。但现有研究并未完整刻画具体土地政策工具在不同层面如何兼容配合、支持城市更新的总体逻辑，自然资源部门参与城市更新的政策实践处于碎片探索阶段，缺乏总体行动蓝图。解析土地政策支持城市更新的总体响应逻辑和契合环节对于厘清土地政策调整优化、查漏补缺、衔接搭配的行动方案十分必要。

---

① 许宏福，何冬华．城市更新治理视角下的土地增值利益再分配：广州交通设施用地再开发利用实践思考［J］. 规划师，2018，34（06）：35-41.

② 魏双双，杨雪锋．我国城市更新治理现状分析与对策建议［J］. 城市管理与科技，2022，23（03）：19-22.

③ 沈昊婧，王金燕，陈春．城市存量工业用地更新中利益主体协同策略研究［J］. 现代管理科学，2022（02）：42-49.

④ 何冬华，高慧智，刘玉亭，等．土地再资本化视角下城市更新的治理过程与干预：对广州旧村改造实施的观察［J］. 城市发展研究，2022，29（01）：95-103.

⑤ 邹兵．增量规划向存量规划转型：理论解析与实践应对［J］. 城市规划学刊，2015（05）：12-19.

⑥ 冯立，唐子来．产权制度视角下的划拨工业用地更新：以上海市虹口区为例［J］. 城市规划学刊，2013（05）：23-29.

⑦ 田莉，姚之浩，郭旭，等．基于产权重构的土地再开发：新型城镇化背景下的地方实践与启示［J］. 城市规划，2015，39（01）：22-29.

⑧ 祝贺，林颖，闫博．城市更新背景下的空间开发权探讨［J］. 城市发展研究，2022，29（03）：1-7.

⑨ 夏欢．深圳市城市更新进程中土地政策变迁与反思［J］. 中国国土资源经济，2018，31（09）：25-28+73.

⑩ 廖永林，曹爽．城市更新中历史文化街区改造的土地政策研究［J］. 中国土地，2019（03）：13-15.

二、土地政策契合城市更新需求的逻辑架构："双链耦合"的视角

（一）支持政策与城市更新过程的契合逻辑："价值链"视角

如果将城市更新抽象为政府、土地使用权人、公众、企业、社会组织、专业机构等多主体调动土地、资本、管理、信息、技术、政策各类资源协同配合的价值生产过程，在"波特价值链分析法"（Michael Porter's Value Chain Model）[①]视角下，城市更新价值的共创与共享活动链条可分为两个维度（见图1-1）：

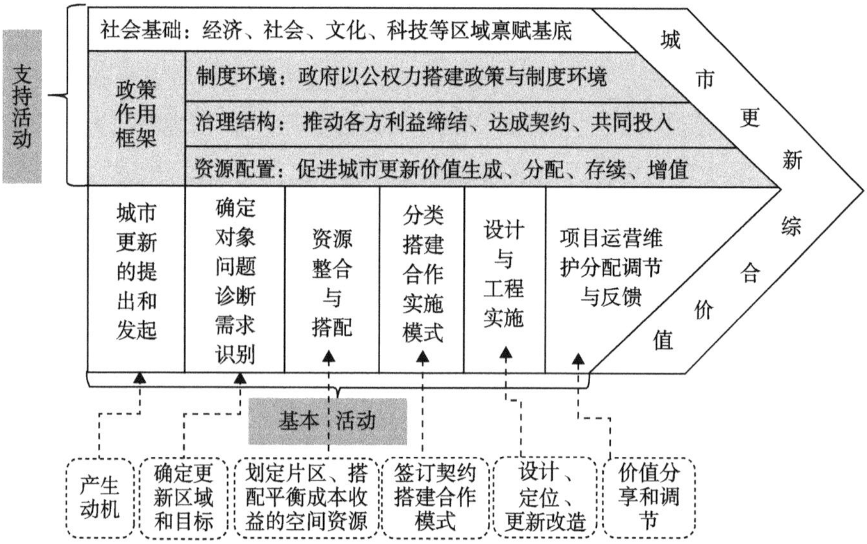

图1-1 城市更新价值链模型

横向为基本活动，是城市更新从发起到实现的直接价值创造过程，包括：发起（产生动机）、诊断与需求识别（确定更新区域和目标）、资源整合与搭配（划定片区、搭配平衡成本收益的空间资源）、搭建组织实施模式（签订契约搭建合作模式）、设计施工（设计、定位、更新改造）、运营维护与反馈（价值分享和调节）六个主要环节。

纵向为支持活动，为基本活动提供条件并增强效果，间接创造价值。

① 许丹，葛玉辉，饶启聪.从价值链视角分析企业高绩效人才队伍的建设［J］.科技管理研究，2010，30（02）：139-142.

Williamson认为[①]，社会系统运行依赖四层次的支持：第一层次是社会基础，包括文化、习俗、道德和传统等非正式制度；第二层次是制度环境，包括法律、产权和政策等正式制度；第三层次是治理结构，是人们自发选择的竞合方式；第四层次是资源配置，即资源的利用规则[②]。其中，政策主要在“制度环境—治理结构—资源配置”三个层次发挥作用[③④]。这一理论可以使要素支持政策对城市更新各环节的作用具象化。

（二）土地政策支持城市更新价值链的“双链耦合”

现行城镇土地政策包含三个基本架构：一是城乡二元土地产权架构，二是土地用途管制架构，三是土地有偿使用架构，支撑起以“四令一文”为依据的土地权利配置体系和以土地“规、批、征、储、供、用”为主线的土地供应体系，形成了土地一、二级开发和更新政策链条。这种脱胎于城市扩张需求的土地政策重点在于保障政府控制力和财政收益，与以存量运营、多方参与、利益共享为目标的城市更新需求存在以下6方面脱节。

一是基于争利而非分利，重点在于增强政府调控力和土地价值占有能力，积累城市建设和公共服务的原始资本。二是基于垄断而非分权，资源支配权高度上收，而土地利用限制深度下沉。土地规划、供应、转变用途等权力多数由高层级政府掌握，通过逐级审批和“五证管理”严控城市建设的规模、节奏、布局、时序，社会主体很难主动作为、深度介入土地开发、更新决策。三是基于管制而非经营，土地利用管制刚性有余而弹性不足，空间割裂且规划用途单一，调整土地利用的交易成本过高，土地配置方式过度偏重出让、划拨，难以适应民生项目、新产业落地对降低用地成本、土地混合利用、立体设立使用权的复杂需求。四是土地用途管理与效益管理脱节，重视用途管控，但对用地效益的动态监测、处置不到位。五是垂直命令式分配多而横向

---

① WILLIAMSON O E. The New Institutional Economics：Taking Stock，Looking Ahead［J］. Journal of Economic Literature，2000（2）：595-613.

② 李广凯，杨旭，王庆红．基于波特价值链理论的企业竞争力量化评价［J］. 企业管理，2017（12）：110-113.

③ 吴一洲，王琳．我国城镇化的空间绩效：分析框架、现实困境与优化路径［J］. 规划师，2012，28（09）：65-70.

④ 范树平，刘友兆，程从坤．中国土地管理制度困境及改革路径研究：基于Williamson分析框架［J］. 中国国土资源经济，2016，29（04）：60-63.

契约式调配少，土地指标通过科层制分解下达，地区间、土地使用权人之间通过契约优化土地权利配置的限制过多。六是依赖增量获利而忽视存量运营，长期依赖城乡不平等土地制度获取土地增值，缺乏存量运营获益准备。目前，全国各地城市更新政策虽已关注到调整土地产权关系和利用条件、围绕土地权利置换拓展融资模式、创新土地配置方式等要点，但仍停留在“有什么套什么、需要什么补什么”的碎片化探索状态。

回归城市更新“价值链”和 Williamson 理论的分析框架，土地政策支持城市更新的着力点应包含三个层次：一是制度环境，即营造各类主体愿意、能够参与城市更新的土地政策环境，为城市更新提供推动力、约束力，给予参与者准入许可与信心，塑造统一愿景和行为规范，构筑引入社会资金、实现价值共创共享的资源基础。二是治理结构，即推动各方利益缔结。依据原土地使用权人在土地二级市场中的处置权能、更新能力、更新意愿差异，通过土地权利契约明确政府、市场边界，构造政府主导、企业主导、政企合作和公众自治等不同城市更新组织模式。三是资源配置，即通过具体的土地供应、利用规定保障城市更新综合价值的生成、分享、存续、增值。需要土地利用弹性管理、配置方式创新和后续管理链条的灵活政策降低交易成本，适应用地需求，调节土地价值分配。实现土地政策支撑链与城市更新价值链的“双链耦合”，如图 1–2 所示。

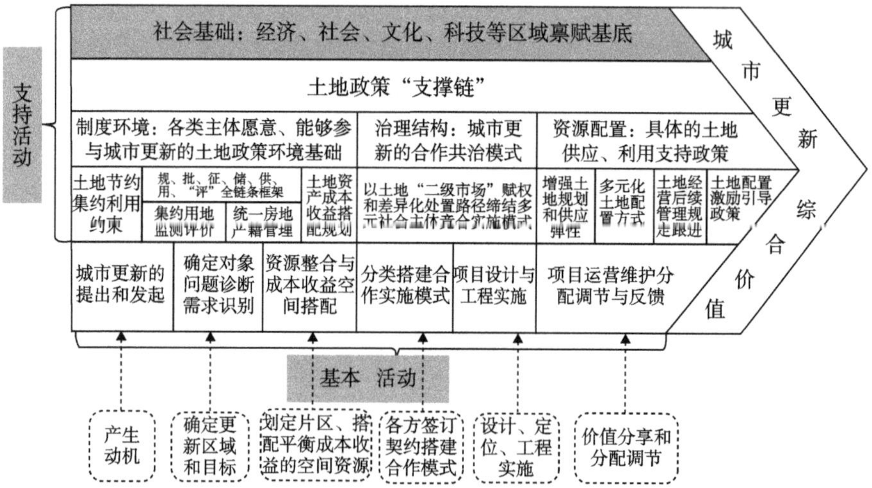

图 1–2 土地政策支撑链与城市更新价值链的“双链耦合”逻辑

三、制度环境：以节约集约用地、统一房地籍管理和土地资产搭配搭建工作基础

针对城市更新价值链中“提出发起、诊断识别、资源统筹”三环节，土地政策应聚焦三方面建设制度环境：一是引导内部潜力、约束城市扩张，即驱动力框架；二是构建数据基础，厘清权利关系，诊断区域问题和需求，即支撑力框架；三是搭配土地资产、平衡成本—收益，为置换社会资本进入提供财富基础，即保障力框架。

（一）驱动力框架：以“增存挂钩”和“人—地—产挂钩”节地政策稳定制度预期

约束建设用地“总量”是优化“增量、流量”、改进“存量、质量”的根本动力。在土地扩张净经济收益高于再开发的阶段，需要借助“控增逼存”政策激发城市内部挖潜动机。中国目前的节约集约用地政策主要聚焦用地指标管控、效益监测考核、重点低效用地类型再开发三方面。当前，高能级城市的城市病突出、生态环境需求上升，且土地再开发的级差地租较高，上海、北京、武汉等分别推出建设用地“五量管理”、减量化等政策，城市更新内生动力充沛。低能级中小城市更需要通过督促产生存量更新动机。应以《关于深入推进城镇低效用地再开发的指导意见（试行）》等节约集约用地政策为蓝本，一方面细化低效工业、商业用地和老旧小区、城中村等重点类型调查和标图建库，加强公共设施和民生短板摸底，为政府主导 + 自主盘活设置政策接口。另一方面，进一步优化建设用地供应总量统筹，基于用地考核和人口、产业流动，优化“增存挂钩”和“人—地—产挂钩”机制，动态调整土地指标并建立奖惩机制，为城市更新推进提供外生动力。

（二）支撑力框架：推动资产清查、用地评价、房地产籍管理与城市体检深度整合

启动城市更新项目需要识别更新区域、诊断更新问题，必须摸清土地规划现状、利用现状、产权现状。中国城市建设用地节约集约利用评价已有长期的工作机制和成果积累，编制国土空间规划也开展了“双评价”，但指标不

统一、精细度不足、成果未整合更新，避难就易地简化了中心城区评估，且自然资源部门主导的用地评价与住建部门推动的“城市体检”缺乏统筹。进一步看，开展城市更新需要依据房地产籍厘清权利义务关系，清理产权矛盾并组织实施。目前各类房地产权数据分散在多部门，字段不统一且大多缺乏空间属性。

对此，应按照“分区 + 分类”的思路升级土地集约利用评价，根据中心城、城乡接合带、郊野地区、小城镇地区等的经济、社会、历史、文化、生态功能差异，对接产城融合、韧性城市、低碳城市等新要求优化评价体系，推动其与城市体检工作整合。进而推动全民所有自然资源资产实物量和价值量清查、不动产统一确权、登记、颁证数据与房管、国资、城市基础设施各部门资产数据联网，完善“国土资源云”并与用地评价监测成果一同纳入“一张图①”，打通土地“规—批—征—储—供—用—‘评’—‘权’”全流程监管，建立具有空间属性的房地产权与使用效益大数据平台，支撑城市更新的诊断识别、权利关系甄别、规划设计与精细化治理。

（三）保障力框架：以土地资产配置思维增强城市更新规划的实施力

城市更新表面上是物理性状优化，实质是财富创造和价值循环，城市更新规划具有空间规划属性，但本质应是资产规划。

首先，规划定位应联动各类国有建设用地资产配置工作，整合城镇国有建设用地资产中批而未供、供而未用、低效闲置、使用权即将到期、使用权设立存在瑕疵的土地资产，统筹全口径空间资源资产供应匹配承载力需求、优化资产配置。深圳、上海等地已经探索城市更新与建设用地新增、收储、供应、指标平移、减量化的计划联动管理，将单线的计划台账管理转变为整体联动的空间系统保障。

其次，规划任务应突出成本收益统筹。吸引社会主体参与须有对应的回报，除在项目内寻找平衡社会资金投入的土地资产权利资源外，城市高密度中心城区的老旧小区、历史文化街区等多数城市更新项目需要划定更新单元，优先锚定更新区域民生基础设施等公益性的土地资产基底后，借助“飞

① 国土资源“一张图”是遥感、土地利用现状、基本农田、遥感监测、土地变更调查以及基础地理等多源信息的集合，与国土资源的计划、审批、供应、补充、开发、执法等行政监管系统叠加，构成统一的综合监管平台。

地”方式将片区内未确定使用权人及可以改造升值的土地作为收益资产，匹配项目内更新成本，实现资金平衡、吸引社会资金进入。这是各地研制城市更新规划、划定更新单元时的重点、难点。应警惕的是，由于《关于在实施城市更新行动中防止大拆大建问题的通知》确定了拆除建筑面积占比、拆建比、就地就近安置率、房租涨幅等控制性指标，明显提升了城市更新单元划设的资产搭配难度，各地不得已扩大单元范围或避难就易、优先选择改造难度低且溢价高的优质地块打包进单元用于平衡资金，可能快速耗尽优质地块，后续更新项目无地可配，产生“挑苹果效应”。应尊重各地自然条件、发展阶段、土地市场差异，根据不同更新场景实行弹性、差异化的控制和引导指标，同时从城市整体角度按照“田忌赛马”思维统筹飞地资源的筛选、梳理、搭配。

四、治理结构：以土地赋权和差异化处置路径缔结多元社会主体竞合的实施模式

城市更新组织运行需要多元参与主体基于各自价值取向和资源禀赋缔结契约、协同投入，各类要素投入以土地为承载和联系纽带，且以土地权益增值为最终回报，并以土地权利关系识别各方贡献、协调利益分配，政府、公众、企业等主体的土地处置权能、权利契约决定了各方的行为边界、竞合关系。传统土地用途管制和配置方式下，土地使用权人自行改变土地利用严格受限，土地再开发只能采用政府主导收储出让的途径处置，成本高、谈判难度大且造成社会矛盾。在《中华人民共和国民法典》和新修订的《土地管理法》基础上，《关于完善建设用地使用权转让、出租、抵押二级市场的指导意见》《关于构建更加完善的要素市场化配置体制机制的意见》确认了不同初始配置方式土地的转让、出租、抵押、赠与、交换和设置地役权等权利。原土地使用权人可以根据自身意愿和能力选择与政府和其他社会主体缔结不同的城市更新合作实施模式（见图 1-3）。

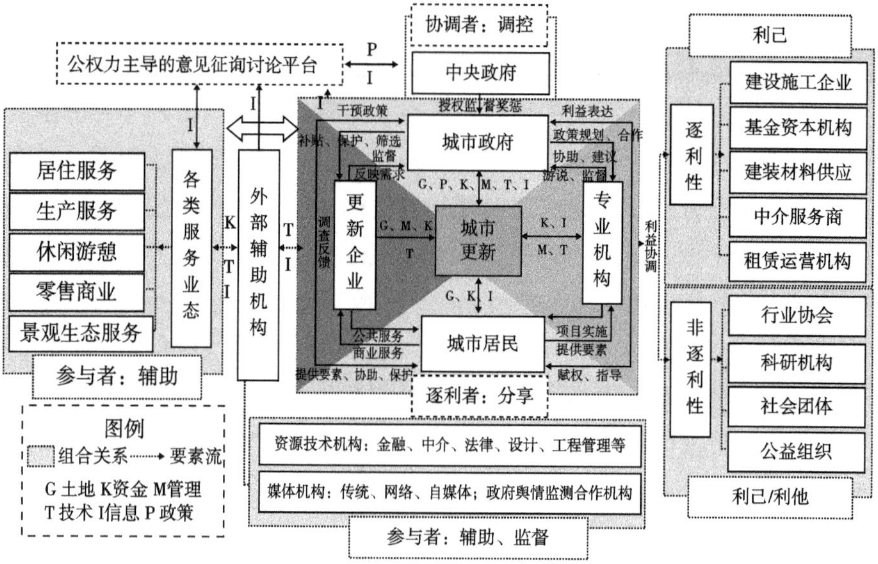

图 1–3　不同土地权利划分形式衍生出的城市更新参与主体差异化协作模式

（一）由土地收储模式衍生的政府主导更新模式

早期国土部门主管的土地整治包含“市地整理”，其定义覆盖了从土地再开发到地块合并、用途增加、功能改变、混合等各类情形，实则与城市更新内涵相通。但由于管理条线分割，始终被城市更新概念排斥，深圳等地依然区分城市更新和土地整备，但仅依据烈度、对象区分城市空间改造活动、适用不同政策在学理上是模糊且牵强的。尽管禁止大拆大建后小尺度微更新备受关注，传统的收储再开发依然不可替代，二者往往相互结合、绑定、互为支撑，均应被纳入城市更新范畴。通过土地收回，政府垄断土地权利、私人权利退出，按照一级开发—收储出让程序更新利用，适用于未确定使用权人、使用权即将到期、土地使用权结构复杂或存在争议以及使用权人无法自行更新的情形。对于工矿污染废弃地、划拨用地、用地单位倒闭的大规模闲置地以及零星地、边角地、插花地打包更新等更新难度较高的地块更新也需要公权力介入。

近年，土地收储被赋予新的功能定位。新修订的《中华人民共和国土地管理法》提出“成片开发”，形成了政府为实现区域统筹发展并保障公共利益对不同类型土地打包收储的模式。土地储备步入“大收储”阶段，鼓励片区收储。厦门利用“片区收储 + 综合开发”模式统筹实现片区经营性土地储备开发与生态空间保护修复，实现资金平衡，实质是经济资产价值注入生态资产的表内转换。未来，依赖土地出让获取资金、再用于城市建设可能越发困难，多目标区域统筹收储开发 + 社会参与的兼容模式可以通过资产价值转化直接平衡资金、一揽子解决片区更新需求。

（二）以土地权益置换引入社会资本的政—企—社合作更新模式

这是近年老旧小区、历史文化街区改造的经典模式。政府和原土地使用权人让渡部分土地使用权或经营权，换取企业投入资金和运营服务，各方权利和义务边界实质以土地使用或经营权契约为划分依据。可用于置换的土地权益资源挖掘包括四个层次：一是打包片区现有经营性设施经营权。二是片区内低效闲置资源改造经营设施，如北京劲松社区改造中，通过挖掘社区内自行车棚等低效利用的空间资源，改造为理发店、便民菜站等设施，与社区停车、物业、广告、充电等服务的经营权打包作为收益现金流，平衡企业投入的资金。三是划定更新单元后在片区内、项目外寻找资金平衡“飞地”，例如北京三合南里社区美邻坊改造案例，社区内空间有限，区政府用城市更新基金租赁社区旁废弃厂房，免费“转租”给企业，由企业征求居民需求后改造为便民经营性设施，以租金收益平衡小区更新成本。四是深挖建筑楼宇内部的资金来源潜力，如北京枣园小区改造中，针对退休或非全职业主，通过租赁置换方式，以面积大、租金低的房屋置换更新项目内区位条件好、租金高的房屋，获得租金差价并实现互利；法源寺片区和石油大院等改造中采用了“共生院落”模式，院落原住民不完全清退，仅挖掘院落内部分房屋的使用价值。

该模式非常适合提质改造、补短板的民生项目或者历史风貌保护、再开发受限的项目。更新对象并未丧失使用功能，但改造后经济收益低、资金回收期长，需要长期运营。权益置换实现了企业与居民的长期利益绑定，有利于城市更新走向多元共治、长治。但是，资金平衡地块常涉及用途改变、容积率调整等，需要规划和工商、税务等方面的大量配套政策支持。

（三）基于土地二级市场赋权的存量自主盘活模式

城市更新的常见对象是老旧商业设施、工矿用地，特别是国有单位的划拨用地。相关法律和要素市场化配置政策明确赋予、规范土地二级市场处置权，原土地使用权人通过转让、出租、抵押等方式自发盘活低效闲置土地、引入合作企业开展项目更新也将成为主要模式，可在审批、规划调整、补缴土地出让金、税收等方面给予优惠，政府应对更新方案和协议进行监管。

（四）基于土地资产托管的公众自治型更新模式

该思维源于日本的土地整备模式，完全通过社会主体间的土地权利契约缔结合作关系。社区居民等原土地产权人自发组织成立具有法人资格的自治组织，或共同将土地以信托方式授权第三方托管；该机构代表全体土地产权人通过招标确定更新、运营企业，签订协议后由企业组织设计、招采、施工，项目完成后由企业运营区域内商业资源，或每位用地主体按比例让渡一定的土地面积，作为企业投资回报。节省了项目的资金、行政成本，并最大限度实现了公众自治、价值共创共享，更新项目实施阻力亦较小。但产权人缺乏核心资源且集体动员能力有限，谈判时可能居于劣势，项目一旦开工为了避免烂尾可能受到企业的胁迫；决策权分散也造成后期经营管理复杂。需规范土地使用权入股、信托细则，在项目审批、规划调整、企业资质和保证金、公建配套等方面给予保障。

五、资源配置：以土地利用管理和配置方式创新实现价值生成、维护与分享

资源配置即城市更新的价值变现环节，土地政策应聚焦动态适应各类用地需求，降低各类成本、保障项目落地并增进项目效益。

（一）以土地配置方式和用途管制弹性承接升级中的城市更新任务内涵

城市更新需要承接韧性、智慧、低碳等城市发展需求，落地环节的土地管理需要提升“灵活性”与“复合性”才能动态适应。

一方面，因城市更新项目提升土地开发强度、转换用地功能、腾挪空间资源平衡资金等需求，应适度放宽土地规划调整审批的权限空间、下放审批权限、简化审批程序，为商业、绿化、管网、交通、居住、停车、智慧设施、应急安全等功能补短板提供合法性规划、降低交易成本。例如上海、福州、

重庆等放宽了工业、商业用地转换为居住用地功能的限制；佛山城市更新中，针对绿地空间品质不高、公共服务设施不均衡等问题，建立容积率与人口、教育设施、公共绿地等绑定机制，增强规划动态适应能力①。另一方面，需丰富多宜性的弹性土地用途管制方式。例如，通过土地用途混合（复合利用）、地上地下立体分层用途管制、分层设立使用权等手段解除功能组团隔离的桎梏，以点状供地满足小型、分散化设施建设需求，在空间上实现平面地类汇聚和立体充分开发，在功能上聚合多元经营主体和业态，在时间上实现全时利用。支撑生产性空间实现产城融合、职住平衡，支撑生活性空间“15分钟生活圈”等新理念落地，提高公共服务、商业的可达性和供给水平，实现小尺度承载力扩容，深挖资金平衡潜力。上海、深圳、广州、北京、青岛等已出台工业+科研、工业+公共服务+居住等多用途产业用地（MO）管理政策，并制定了土地立体复合利用规范，推动制造业和服务业深度融合。

然而，弹性管理需要底线思维，应绑定公益性目标，如增加保障房和租赁住房面积、增加公共开放空间，或支持先进制造业、生产性及高科技服务业、创业创新平台、健康养老、文化创意等重点产业等，体现地区城市更新的差异支持。

（二）以土地配置方式创新降低用地成本并加速项目落地

目前以“四令一文”为依据的城镇土地配置方式过度依赖出让、划拨，土地供地后更新改造难度大、成本高。并且，城市更新中新产业的引进培育需要低成本取得相对完整的土地使用权，以利于抵押融资或上市，划拨和出让供地均不适宜。而老旧小区和历史文化街区改造的功能补短板项目，如便民菜站、养老驿站、文娱设施等也很难通过出让、划拨方式取得土地。对此，租赁、作价出资入股、授权经营及其衍生出的先租后让、租让结合等更加灵活的土地配置方式可以更好地适应多层次用地需求，降低土地成本对经营主体创业初期的资金占用，赋予其相对稳定的土地实用权能，还便于及时调整土地利用。

但是，《中华人民共和国民法典》中租赁、入股等配置方式并未实现物权

---

① 袁云飞，岳晓琴. 容积率管控思维下多元利益平衡更新策略研究：以佛山市某村更新改造为例［C］. 面向高质量发展的空间治理：2021中国城市规划年会论文集（02城市更新），2021：1283-1291.

法定，且这些配置方式必然会增加行政监管成本、降低一次性土地收益；配置方式的权能和使用情景也需要规范。在国家层面出台《国有建设用地使用权配置办法》为各类配置方式提供法律依据十分必要。

（三）促进土地弹性管理与后续经营中的行政审批和许可制度有效衔接

目前，居民房产登记、获得公共服务以及企业经营管理经常以土地权属、性质、利用条件作为标识和审批依据。土地用途和规划条件的弹性需要与后续利用管理充分衔接。例如，北京在老旧小区居住用地上利用闲散空间建设经营性设施用于平衡企业成本，但现行规定下无法办理工商、税务登记。北京市专门出台规定，准许老旧小区改造中利用居住用地建设民生补短板项目办理经营证照。又如，北京大兴枣园小区更新中，将小区内土地使用权归区级政府部门的（泵房、配电室）以及未确定使用权人的零星土地打包用于社会资金平衡，但需要“点状”“定向”供地的政策支持。2019 年，北京发布《关于优化新建社会投资简易低风险工程建设项目审批服务的若干规定》，简化小规模建设项目审批供地程序并减免费用，为社会资金进入创造友好环境。再如，重庆通过划拨或协议方式供地或鼓励国有单位捐赠、借用“边角地”“夹心地”“插花地”以及不具备单独建设条件的土地与周边土地合并更新。

（四）厘清城市更新土地配置的激励引导政策

城市更新土地政策需要各方想用、敢用。《关于深入推进城镇低效用地再开发的指导意见（试行）》（国土资发〔2016〕147 号）提供了可参照的框架，但许多措施仍需要在实践中磨合、反馈、凝练。对于地方政府，下放用地审批权、提高补缴土地出让金的财政分成优惠是较直接的激励。对于企业自行改造，税收、补交土地使用费的优惠、过渡期政策是主要着力点。城市更新涉及土地权益内涵增值的，应依据配置方式也即权能内涵变化、利用条件变化、使用权人变化等测定更新前后土地价值差异，作为土地使用权人补缴地价标准。而地价的征缴方式、征收标准和优惠幅度是城市更新支持政策差别化的杠杆，也是开辟存量时代政府收益方式转换渠道的重要研究领域。目前，国家对工业用地自行改造补缴地价等制定了过渡期、容积率奖励、价格优惠、出让方式简化（协议）、城市基础设施配套费等各种行政事业收费减免等激励政策。

以土地经营权作为回报吸引社会资金进入时，企业资金占用多、收益率低、回收期长，不利于企业大举进入、滚动实施项目。应探索增强土地管理与金融支持的有效衔接，鼓励设立政策性专项贷款、城市更新信托投资基金，或者利用土地经营权现金流引入资产证券化、REITs 等金融工具，需要土地经营权抵押、证券化等相关政策跟进（见图 1-4）。

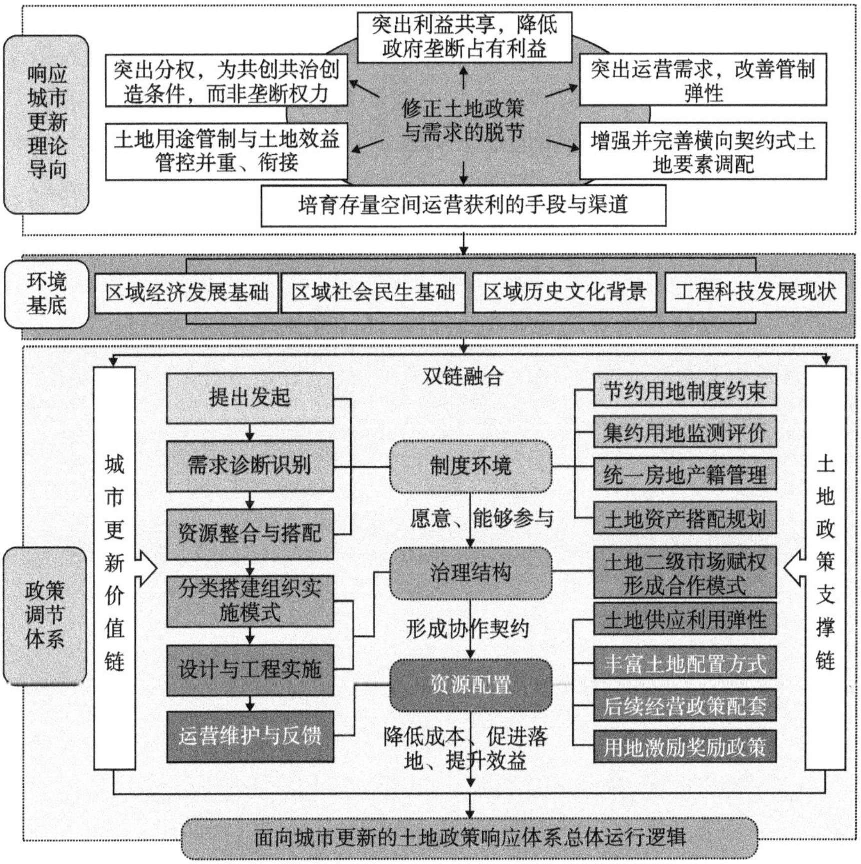

图 1-4　面向城市更新的土地政策响应体系

六、结论与建议

基于“价值链”模型和 Williamson 理论搭建分析框架，结合国家和各地实践，从制度环境、治理结构和资源配置三层面解析土地政策“支撑链”与城市更新“价值链”各环节的契合关系和政策要点，描绘城市更新的土地支持政策路线图。

城市更新需要节约用地政策推动，建设具有空间属性的房地产权与使用效益大数据基础，搭建“总体规划—专项规划—年度计划—更新单元—更新项目—实施方案—用地审批”的引导体系，而更新单元划定是承上启下的关键环节，核心是土地资产成本收益搭配，为引入社会资金整合资源。通过土地二级市场赋权划分政府、市场、公众的权利边界，可衍生出适配不同更新场景的差别化治理结构即实施模式。城市更新项目落地和价值实现需要土地供应和利用的弹性管理政策和丰富的土地配置方式，降低用地成本和交易成本，适应多层次、动态的需求变化，还需贯通后续经营规章和激励引导措施。未来，土地等要素支持政策需要聚焦分利、分权、共治，以效益为目标、以契约为手段，以运营思维替代管控，推动政策在实践中磨合、反馈、进化。

城镇老旧小区更新的双引擎模型框架和案例研究[①]

沈体雁　姚心宜　温锋华

摘要： 中国城镇老旧小区更新面临着各种因素相互牵制、互为因果的“陷阱”。一方面，产权界定不清晰、巨大的基础设施欠账以及严格的城市规划管制阻碍了市场力量和社会资本参与城镇老旧小区更新；另一方面，中国还没有建立起一套能够有效协调各种利益与意愿的社区治理机制，导致了更新过程中的治理失灵。为了从理论和实践上突破上述陷阱，构建了城市更新双引擎模型分析框架，其中城市政府和城市更新运营商充当城市更新的双引擎。此双引擎推动了更新过程中社会资本的增长，促进了政府、企业、居民、社会组织和金融机构的参与。社会资本增加带来的积极反馈进一步使筹资来源多元化，降低了治理成本，促进了社区的可持续发展。本文以中国北京最早的居住社区之一——劲松社区为例，研究城市更新的双引擎模式的实证效果，证明了双引擎模式可以为中国和其他面临类似问题的发展中国家城镇老旧小区更新提供一种可行而有效的模式。

关键词： 城市更新引擎模型；城市更新运营商；旧住宅区；社会资本；合作伙伴

一、引言

近年来，随着中国城市化从增量扩张阶段进入存量更新阶段，改革开放

① 作者简介：沈体雁，北京大学政府管理学院教授、博士生导师，研究方向：国土空间规划与城市治理、空间计量与计算城市科学；姚心宜，北京大学政府管理学院硕士研究生；温锋华，中央财经大学政府管理学院副教授，注册城乡规划师，研究方向：城市更新与城市治理、人口迁移与城镇化。

以来推动城市快速发展的土地融资机制似乎已经失灵①。由于严格的城市规划控制、庞大的基础设施、高昂的交易成本，尤其是各利益相关者之间的严重协调失灵②，土地和住房赚钱的逻辑不再适用于老旧小区的更新③。由于各种制度和利益相关者的相互作用，城镇老旧小区的更新出现了许多困境，我们称之为中国老旧小区更新的“陷阱”。

一方面，城镇老旧小区的更新是政府职能，其公益性限制了房地产开发商的积极性，阻碍了社会组织对此类项目进行资金投入。第一，与新城区不同，老旧小区往往处于城市中心，容积率高，居住密度大，拆迁成本巨大，城市功能转变难度大。因此，这类更新项目需要更多的资金投入，房地产开发商面临更大的经营风险。第二，老旧小区面临着基础设施不足和老化，缺乏绿色和开放空间以及交通拥堵等各种问题④。提供这些公共设施需要巨大的投资，决定由谁来埋单有很大的困难。第三，城市规划法规通常严格限制更新项目，开发商不太可能从土地利用变化或功能升级中获得商业利益。

另一方面，市政府引导城市更新的动力也有限。首先，城市更新需要政府的额外财政投资。与新城区的开发不同，市政府几乎不可能从旧住宅区的更新中获得土地收入。然而，为了弥补投资不足和居民日益增长的需求之间的差距，市政府必须提供大量的额外资金。其次，旧住宅区复杂的产权也极大地挫伤了城市政府投资城市改造的热情，因为产权的不确定性使得利益相关者很难达成协议⑤。因此，尽管地方政府在新城区开发等经济活动中发挥了重要作用，但对老旧小区的改造却始终缺乏积极性，引导能力有限，这进一步影响了民营企业的投资预期。

此外，很多地方还没有建立成熟的社区治理机制，有效地协调社区发展的各种理念、需求和利益。尽管不同类型的参与式技术在城市更新背景下已经被广泛讨论⑥，但在实践中仍然很难平衡不同利益相关者的利益。在城市化

---

① LIN Y. Examining China's urban redevelopment: land types, targeted policies, and public participation. Maturing Megacities: The Pearl River Delta in Progressive Transformation [J]. Springer, 2013: 123.

② BING Z. Increment planning, inventory planning and policy planning [J]. City Plan. Rev, 2013, 2: 35-37.

③ CHEN H, WANG X, GUO Z. The transition of China's urban planning: thoughts on increment planning, inventory planning and reduction planning [J]. Mod. Urban Res, 2015 (9): 7.

④ JIANG C, XIAO Y., CAO H. Co-creating for locality and sustainability: designdriven community regeneration strategy in Shanghai's old residential context [J]. Sustainability, 2020, 12 (7): 2997.

⑤ KAM, P K, NG,et al. Urban renewal in Hong Kong: historical development and current issues [M]. Building Dilapidation and Rejuvenation in Hong Kong, 2004: 35-55.

⑥ YI Z, LIU G, ASHEEM S,et al. Strategic approaches to sustainable urban renewal in developing countries: a case study of Shenzhen, China [J]. Sustainability, 2017, 9 (8): 1460.

过程中，由于体制机制因素的根深蒂固①，权力行使过程中可能导致一些利益集团影响公共决策过程②。在某种程度上，在更新的过程中，公民和社会仍然处于边缘。作为边缘内部人③，他们在参与时的特点是比较被动，而不是建设和参与④。基本治理体系的不完善⑤和公众参与的严重缺乏进一步加强了政府和开发商之间在城市更新中的负面互动螺旋⑥。因此，政府和社会对老旧小区的投资风险不断上升⑦。

简言之，中国城镇老旧小区更新中的陷阱意味着现有的更新方式既无法获得可持续的资金来源，也无法形成多利益相关者参与的可持续社区治理体系。为了摆脱这一更新陷阱，有必要找到一种新的引擎，以实现更可持续的社区更新。本文提出的城市更新引擎模型（UREM）将城市更新运营商引入城市更新过程中，与城市政府共同构成了城市更新的双引擎。该模式促进了社区居民、社会组织、金融机构、社区服务提供者和其他社会参与者进入城市更新过程，通过增加社区社会资本为城市更新和治理转型提供持续动力。以北京市劲松社区为例，我们试图阐述以下问题：什么是城市更新引擎模型和城市更新运营商？政府和经营者之间是什么关系？它们是如何形成城市更新引擎的？城市更新引擎如何吸引各种社会利益相关者增加社会资本，实现社区的可持续治理？

二、文献综述

（一）城市更新的逻辑：从空间生产到社区营造

自 Molotch（1976）⑧提出城市增长机器理论以来，这一理论范式就成为学

---

① SASAKI M. Urban regeneration through cultural creativity and social inclusion: rethinking creative city theory through a Japanese case study［J］. Cities, 2010, 27：S3-S9.

② LUKES S. Power: A Radical View［M］. Macmillan International Higher Education, 2004.

③ JONES E. The European miracle: environments, economies and geopolitics in the history of Europe and Asia［M］. Cambridge University Press, 2003.

④ PRETTY J N, GUIJT I,THOMPSON J. A trainer's guide for participatory learning and action［M］. Iied, 1995.

⑤ ADAMS D,HASTINGS, et al. Urban Renewal in Hong Kong: The Record of the Land Development Corporation［J］. RICS Research Foundation, London, 2000.

⑥ NG M K. Property-led urban renewal in Hong Kong: any place for the community?［J］. Sustain. Dev, 2002, 10（3）: 140-146.

⑦ NG M K, COOK A, CHUI E W. The road not travelled: a sustainable urban regeneration strategy for Hong Kong［J］. Plan. Pract. Res, 2001, 16（2）：171-183.

⑧ MOLOTCH H. The city as a growth machine: toward a political economy of place［J］. Sociol, 1976, 82 (2): 309-332.

者们解释城市发展动力的主流分析框架。根据美国的经验，Molotch 认为，城市发展主要取决于城市政治精英发展地方经济和积累财富的动机，城市增长联盟是建立在城市空间及其各种附属设施的资本化基础上的。联盟和内部关系是政府行动和城市增长的主要来源[①]。Stone 和 Sanders（1987）[②]在城市增长机器理论的指导下，提出了城市政体制度理论，认为政府、市场和社会是城市发展的三个关键驱动因素并分析了三者之间的相互关系，即城市政府、商业集团和社区，进而探讨了如何在招商引资促进经济发展和与社会共享经济发展利益之间寻求平衡。

基于这些理论，许多学者遵循空间生产的逻辑，探讨了制度环境和生产要素对城市更新的影响。一些学者认为，提高自然景观质量[③]和积极推进绅士化进程[④]将提升区域优势和生产力，从而推动城市更新进程。世界范围内特别是拥有丰富土地和空间资源的城市的案例证明，空间生产是实现城市增长最有利的途径之一[⑤⑥⑦]，也是推动城市更新计划和项目的主要催化剂[⑧⑨⑩]。

中国的城市更新在增量扩张时期也遵循着类似的空间生产逻辑。产权改革和房地产开发是城市空间生产的两个重要驱动因素，一度成为城市更新研

---

① LOGAN J R, MOLOTCH H L. Urban Fortunes: The Political Economy of Place [M]. Universty of California Press, 2007.

② STONE C N, SANDERS, H T. The Politics of Urban Development [M]. University Press of Kansas, 1987.

③ GIRARD L F. Creative cities: the challenge of "humanization" in the city development. Boll. Del Cent [J]. Calza Bini, 2013, 13（1）: 9–33.

④ CAMERON S, COAFFEE J. Art, gentrification and regeneration – from artist as pioneer to public arts [J]. Eur. J. Hous. Policy, 2005, 5（1）: 39–58.

⑤ CHIU Y H, LEE M S, WANG J W. Culture–led urban regeneration strategy: an evaluation of the management strategies and performance of urban regeneration stations in Taipei City [J]. Habitat Int, 2019（86）: 1–9.

⑥ FERILLI G, SACCO P L,TAVANO B G. Forbici, S. Power to the people: when culture works as a social catalyst in urban regeneration processes (and when it does not) [J]. Eur. Plan. Stud, 2017, 25（2）: 241–258.

⑦ LOVATT A. The ecstasy of urban regeneration: regulation of the night–time economy in the transition to a post–fordist city. From the Margins to the Centre [M]. Routledge, 2017: 141–168.

⑧ LIU Y D. Cultural event and urban regeneration: lessons from Liverpool as the 2008 European capital of culture[J]. Eur. Rev, 2016, 24（1）: 159–176.

PLAZA B, HAARICH S. Museums for urban regeneration? Exploring conditions for their effectiveness [J]. Urban Regen. Renew, 2009, 2（3）: 259–271.

⑨ SEPE M. Urban transformation, socio–economic regeneration and participation: two cases of creative urban regeneration. Int [J]. Urban Sustain. Dev, 2014, 6（1）: 20–41.

⑩ RAHBARIANYAZD R, DORATLI N. Assessing the contribution of cultural agglomeration in urban regeneration through developing cultural strategies [J]. Eur. Plan. Stud, 2017, 25（10）: 1714–1733.

究的热点。Xuan Liu et al.（2019）[①] 认为，建立有效的城市产权制度将为城市更新提供更好的制度保障，在我国的工业化和城镇化进程中，资本雄厚的大型房地产开发企业参与土地开发，获得土地增值收益[②]，在土地征收、出让和开发过程中与地方政府形成基于土地财政的增长联盟和利益联盟[③]。

然而，中国城市化从增量发展向存量更新的转变意味着土地和房地产开发过程中的增值收益正在不断缩减，进而削弱了以地生财的空间生产逻辑的基础——作为空间生产资本的土地及其各种抵押物的边际价值正在下降，而城市中不同主体之间的利益关系则更加复杂。利益相关者之间的关系逐渐成为建立可持续城市发展机制的关键因素，在这一背景下，城市更新的任务不再局限于老旧建筑和住宅区的物理改造[④]。资源整合、利益重构与再分配成为城市更新的关键任务之一，不同利益主体之间的关系、互动与反馈也相应地成了城市更新过程中的一个关注焦点，并增加了相关城市问题的复杂程度。随着社会资本受到越来越多的关注，城市更新的逻辑正在从空间生产转向社区营造，不同利益相关者的权力结构、关系网络与运行机制，以及社会资本的重构整合逐渐成了新时期城市更新的焦点[⑤]。

（二）城市社区营造方法：社会资本的作用

中国传统乡土社区在传承与发展的过程中形成了一套基于礼俗的社区营造逻辑，并且在相当长的时间尺度中维持了中国乡土社区制度的自洽与稳定（Fei et al.，1992）[⑥]，而城市社区营造建设则是在现代中国城市化进程加快和市场经济快速发展背景下出现的新的时代命题，是一个相对较新的课题。随着城市化进程的加快和市场经济的发展，如何重构城市社区居民之间的关系网络和社会信

---

① LIU X, HUANG J, ZHU J. Property-rights regime in transition: Understanding the urban regeneration process in China-a case study of Jinhuajie, Guangzhou［J］. Cities, 2019（90）: 181-190.

② HE S, WU F. Property-led redevelopment in post-reform China: a case study of Xintiandi redevelopment project in Shanghai［J］. Urban Aff, 2005, 27（1）: 1-23.

③ HIN L L, XIN L. Redevelopment of urban villages in Shenzhen, China-an analysis of power relations and urban coalitions［J］. Habitat Int, 2011, 35（3）: 426-434.

④ COUCH C. Urban Renewal: Theory and Practice［M］. Macmillan International Higher Education, 1990.

⑤ BARBER A, PAREJA E M. Leadership challenges in the inner city: planning for sustainable regeneration in Birmingham and Barcelona［J］. Policy Stud, 2010, 31（4）: 393-411.

⑥ FEI, H T, FEI X, et al. From the Soil: The Foundations of Chinese Society［M］. University of California Press, 1992.

任，增加城市社会资本，已成为存量时代城市更新亟待解决的关键问题。

为了更好地理解我国城市社区营造的内在逻辑和复杂机制，学者们建立了一系列的解释模型和分析框架。首先，一些学者用市场导向的分析框架探讨社区建设路径和社区治理体系改革思路，尝试发展以市场为导向的社区建设模式，以深化城市治理体制改革，以及包括行政和财政分权、土地改革和住房商品化等相关问题①。这些学者认为，社区营造应该由早期的以福利供给和政府干预为特征的国家主导模式转向以市场为导向的动态机制②③。也就是通过社区产权的市场化，社区居民可以按照市场交换的逻辑，建立自下而上的社区决策机制和社区营造模式④。但如前文所述，由于许多社区公共资源的产权界定并不清晰，市场导向的社区营造建设的市场化方式往往要么面临企业投资动力不足，要么盲目市场化，带来巨大的社会风险等问题。因此，一般意义上的市场化并不能有效解决我国的城市社区营造建设问题。

另一些学者试图提出非营利导向的社区营造建设方法。例如，在城市更新项目中，推动传统或历史文化街区保护更新⑤，城中村改造⑥和老旧工业区改造升级⑦等城市更新项目中更加强调非营利组织和专业化机构的作用，特别是社区规划师和专业机构可以在公共议题选择以及选择公共问题、项目启动、规划和设计、启动实施等方面发挥独特的作用。然而现实中，我国非政府组织和专业机构发展尚不成熟，资源和能力相对薄弱，在城市社区营造建设中难以发挥主导作用。

由于市场化导向和非营利导向模式都存在一定的缺陷，一些学者开始关注社区营造的公私合作模式。例如，围绕城市更新的决策过程，Hao

---

① GAUBATZ P. China's urban transformation: patterns and processes of morphological change in Beijing, Shanghai and Guangzhou [J]. Urban Stud, 1999, 36 (9) : 1495–1521.

② HE S. State-sponsored gentrification under market transition the case of Shanghai [J]. Urban Aff. Rev, 2007, 43 (2) : 171–198.

③ TAN X, ALTROCK U. Struggling for an adaptive strategy? Discourse analysis of urban regeneration processes - A case study of Enning Road in Guangzhou City [J]. Habitat Int, 2016 (56) : 245–257.

④ WU F. The global and local dimensions of place-making: remaking Shanghai as a world city [J]. Urban Stud, 2000, 37 (8) : 1359–1377.

⑤ JUNHUA L. Beijing's old and dilapidated housing renewal [J]. Cities, 1997, 14 (2) : 59–69.

⑥ HAO P, SLIUZAS R, GEERTMAN S. The development and redevelopment of urban villages in Shenzhen [J]. Habitat Int, 2011, 35 (2) : 214–224.

⑦ LIU X, HAN S S, O'CONNOR K. Art villages in metropolitan Beijing: a study of the location dynamics [J]. Habitat Int, 2013 (40) : 176–183.

et al.（2014）[①]建立了一套用于城市更新项目的决策因素分析框架以及基于GIS的土地利用规划技术框架（Wang et al.，2015）[②]；Yang和Chang（2007）[③]提出了一个城市重建更新过程中的寻租机制模型，以探索上海城市更新的驱动力，并梳理了中国公私伙伴关系发展的新兴机制；Li et al.（2019）[④]建立了一个权力竞技场分析框架，用于审视深圳一个旧房改造项目中利益相关者之间的权力关系嬗变。Lin和De Meulder（2012）[⑤]描述了广州城中村可持续更新公私合作概念框架。这些关注公私合作的模型框架涉及更多的利益相关者，但其重点仍然是获取土地资本收益，并不完全适用于缺乏土地和空间资源的城镇老旧小区的更新。

针对上述研究及相关模型框架的局限性，本文提出的城市更新引擎模型引入了社会企业的概念，并将社会资本作为城镇老旧小区可持续更新的驱动力，通过土地资本驱动空间生产到社会资本驱动社区营造的逻辑转向，实现具有参与性、综合性和可持续性的城市更新[⑥]。

三、研究方法与研究区域

（一）研究方法

本文首先构建了一个城镇老旧小区更新的理论模型，然后在此基础上进行案例分析。基于政府和作为城市更新运营商的社会企业可以成为城市更新引擎这一假设，我们选择了北京市劲松社区作为研究对象，选择理由如下：（1）代表性：劲松社区更新改造具有一定的代表性、典型性和示范性，具有中国特色的城镇老旧小区更新条件。（2）时效性：劲松社区更新改造取得了

① HAO W, SHEN Q, TANG B S, et al. A framework of decisionmaking factors and supporting information for facilitating sustainable site planning in urban renewal projects [J]. Cities, 2014, 40（40）: 44–55.

② WANG H, SHEN Q, TANG B S. GIS-based framework for supporting land use planning in urban renewal: case study in Hong Kong [J]. Urban Plan. Dev, 2015, 141（3）: 05014015.

③ YANG Y R, CHANG C H. An urban regeneration regime in China: a case study of urban redevelopment in Shanghai's Taipingqiao area [J]. Urban Stud, 2007, 44（9）: 1809–1826.

④ LI X, HAN S S, WU H. Urban consolidation, power relations, and dilapidated residential redevelopment in Mutoulong, Shenzhen, China [J]. Urban Stud, 2019, 56（13）: 2802–2819.

⑤ LIN Y, MEULDER D B. A conceptual framework for the strategic urban project approach for the sustainable redevelopment of "villages in the city" in Guangzhou [J]. Habitat Int, 2012, 36（3）: 380–387.

⑥ LIU X, HUANG J, ZHU J. Property-rights regime in transition: Understanding the urban regeneration process in China – a case study of Jinhuajie, Guangzhou [J]. Cities, 2019（90）: 181–190.

较为突出的成效，并且仍然处于实施推进阶段。更新项目是当前的和积极的，并取得显著成绩。（3）劲松社区更新改造过程中，政府和社会企业发挥了突出的作用，并带动了多个利益相关者的共同参与。

本文数据来源于 2019 年下半年开展的访谈、小组讨论和实地调研中获得的一手和二手资料。受访者包括运营企业的负责人及相关工作人员，北京市委研究室、劲松街道办事处和劲松社区居民委员会的官员及相关工作人员，朝阳区责任规划师，劲松社区居民等。所有受访者都直接参与了劲松社区的更新改造。这项研究相关资料涵盖劲松社区老旧小区更新改造示范区的建设阶段和完成阶段。第一阶段的调研集中于 2019 年 7 月，第二阶段的调研开展于 2019 年年底。建成后的资料和数据主要来源于劲松社区更新改造项目组提供的文件材料、相关政策文件以及媒体报道信息。

（二）研究区域

劲松社区位于北京市朝阳区东三环劲松桥西侧，隶属北京市朝阳区劲松街道管辖（见图 1–5）。社区东西两边均有地铁，周边有二十多条公交线路，社区商业网点九十余家，便民网点 26 家，基本上可以满足居民的日常生活需求。周边有幼儿园、小学、中学各一所，提供基础教育。劲松社区始建于 20 世纪 70 年代，是改革开放后北京市第一批成建制楼房住宅区，分为一至八区，目前楼龄已四十余年。作为北京市改革开放初期建设的最大社区，劲松社区见证了改革开放的巨大成就，但由于社区形成的历史原因，广大社区居民无法感受市场化的社区物业服务带来的便利和舒适。此前数年，劲松社区虽已开展过抗震加固、外墙保温等改造工程，但未能从根本上改善居住条件，仍存在设施普遍老旧，缺乏绿地、文体和停车设施、没有物业公司管理等问题，实现可持续更新和治理现代化已成为劲松社区亟待解决的问题。

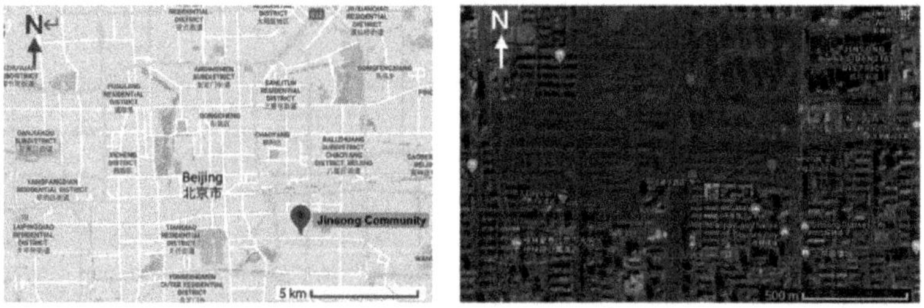

图 1–5　劲松社区的位置和范围

2018 年 7 月起，劲松社区与朝阳区房管局、愿景集团达成劲松社区整体综合整治与改造提升的战略合作，同时决定在劲松一区、二区作为先期试点（见图 1–6），建设劲松模式示范区，劲松一区、二区基本情况如表 1–1 所示。

图 1–6　劲松更新示范区的鸟瞰图

表 1–1　劲松更新示范区的基本统计数据

指标	规模
施工区域	1.95 km^2
地面空间	0.26 km^2
单位数量	130 家
住户数	4199 户
人口	大于 11 000 人
老年人口	3397 人
绿化率	8.80%

社区中许多居民是国有企事业单位的离退休人员，根据 2018 年年底统计，社区 60 岁以上老年人 3397 人，占比约 31%，提前迈入老龄化社区（标准为 27%）。目前，劲松社区已经完成了约占社区总面积 10% 的示范区的更新改造。以下各节讨论了劲松社区的更新改造实践如何验证了城市更新引擎模型可以推动不同利益主体之间实现良性互动，并进一步维持长期有效的社区更新和运营。

四、城市更新引擎旧住宅区的模式

（一）驱动力：从土地资本到社会资本

在以增量扩张为基础的快速城市化进程中，房地产开发长期被视为中国城市更新的重点，土地资本被视为城市更新的驱动力量。基于土地资本的资金来源主要包括：（1）提高容积率，通过出售增加的建筑面积获得资金；（2）产权变更，特别是从农村集体土地转为国有土地，提高资产的市场流动性；（3）改变土地利用类型以获得溢价，即将市场价格较低的土地类型（如工业或商业用地）改为市场价格较高的土地类型（如住宅用地）；（4）在不改变土地利用类型的前提下提高土地利用价值，从绅士化中获得资本收益。

尽管这些机制在城市更新项目中发挥了突出的作用，但它们并不完全适用于老旧住宅区的更新。首先，作为增量扩张时期我国城市更新的主要融资方式，提高容积率一般通过土地一级开发实现，城市更新的资本来自在房地产市场上出售增加的建筑面积。然而，这种融资渠道对于城市老旧小区来说是不可持续的。一方面，容积率的提高往往需要大规模的拆迁重建，这对于年限久远、人口密度大的老旧小区来说是极其困难的。另一方面，老旧小区更新是一个连续的过程，不仅包括前期的更新改造，还包括后期的运营维护，即使提高容积率可以在早期更新改造阶段实现某一时间节点的收支平衡，在后期的维护和运营阶段也可能因为没有持续性营收来源而出现潜在的财务风险。此外，容积率的增加往往导致社区人口密度的增加，由于我国不征收房产税，社区人口增加并不会直接导致税收收入增加，反而可能增加后续的治理成本，使财政压力更大。例如，社区人口增加可能打破社区小学提供的基础教育服务与社区居民的教育需求的初始均衡，增加财政负担而非创造新的税源。交通、公安、消防、给排水等其他公共服务也与之类似，如果没有新的收入来源来弥补公共服务支出增加带来的缺口，就可能导致后期运营维护阶段的收支失衡。其次，我国的老旧小区大多位于城市中心区，产权复杂，往往涉及不同的产权主体和利益相关者，存在繁杂并且相互交织的利益关系和冲突，产权变更非常困难。再次，老旧小区更新改造的根本目的是改善居民的居住条件，住宅用地的属性是不能改变的，因此不能通过将住宅用地改为商业用地来获得溢价筹集资金。最后，绅士化作为近年来西方国家城市更新的一种趋势，并不完全切合我国城市发展的实际情况：在我国，老旧小区更新改造是一项公共工程，更新改造后的土地财产增值将归属地居民共同所有，不会出现低价值房产的所有者被高价值房产的所有者所取代的所谓绅士化现象。

由上述分析可知，将土地资本和土地财政作为城市更新资金来源的方式并不能用于我国老旧住宅区的更新改造，解决这一问题的关键在于寻找一种不同于土地资本并可以为老旧住宅区更新改造提供持续动力的驱动力。本文提出的城市更新运营商模型以社会资本而非土地资本作为更新改造的驱动力，一方面引入社会企业改善社区环境、设施和服务，允许社会企业在运营维护阶段合理收费；另一方面社会企业专业化运营，加强不同社区利益相关者之间的关系网络，使更多主体参与社区治理，从而实现社区更新、改造、运营的增收降本，通过这种方式，社会资本的积累提升可以为更新改造提供可持续的驱动力。房地产开发驱动的城市更新模式与 UREM 模式的比较见表 1-2。

表 1-2　土地资本驱动的更新模式与 UREM 模式的比较

再生模式	空间生产模式	UREM
前提	城市土地和空间资源充足，城市更新主要是增量开发	城市土地和空间资源不足，城市更新主要涉及库存更新
推动力	土地资本	社会资本
核心要素	房地产开发商	社会企业
机制	拆迁—重建—出售—再生资金	引入社会企业—改善生活条件—积累和促进社会资本—增加收入和降低成本再生
方法	➢ 提高容积率 ➢ 改变产权 ➢ 改变土地用途 ➢ 绅士化	➢ 公私合营 ➢ 多个利益相关者的合作 ➢ 专业服务外包 ➢ 精细化和智能化的治理方法

（二）城市更新引擎模型框架

城市更新引擎模型又可称为城市更新运营商模式或城市更新社会企业模式。通过引入城市更新运营商——由政府和居民授权的兼顾经济利益与社会效益的社会企业，政府和运营商共同形成整合和增加社会资本的双引擎，为城市更新提供持续动力。

1. 双引擎

城市更新引擎模型的核心在于引入社会企业。需要注意的是，目前我国老旧小区更新所面临的困境表明，高昂的成本和有限的利润阻碍了市场化企业积极参与老旧小区更新改造，单纯依靠市场力量难以驱动城市更新，政府和企业之间的合作是获得可持续动力的必要条件。在城市更新引擎模型中，政府和作为社区更新运营商的社会企业共同构筑老旧小区更新改造的双引擎，通过政府引导和运营商运作的带动和孵化进行社会动员和社区规划，形成政府—运营商—居民—社会组织—金融机构等主体协同决策、共同缔造的新型老旧小区更新改造伙伴关系与运营生态，推动社会资本的整合与增长，最终实现社区和城市的更新。

（1）地方政府：政策制定者和监督者。政府是老旧住宅区更新的引擎之一。在城市更新引擎模型中，政府不再是主导更新全过程的全能政府，其作用主要体现在两个方面：首先，疏通机制政策，因为合法性是利益相关者参与的前提（Mitchell et al., 1997），城市更新参与主体之间的利益冲突往往是规则性冲突。针对老旧小区复杂的产权关系和审批制度，政府必须探索新的政策，对产权进行政策性疏通和界定，创新和深化合作机制，使政府与城市更新运营商的合作不只是局限于街道层面，而是形成从基层政府到市级政府的合力提供支持，在此基础上推动不同利益相关者之间的合作。其次，依靠政府拥有的公权力拓宽民意反映渠道，精准化民意调研，努力维护不同群体的话语权公平，加强基层与领导层的沟通交流。

（2）社会企业：城市更新运营商。城市更新运营商由具备投融资实力、专业资质和能力以及社会责任感的社会企业担任，在政府和社区居民普遍认可的基础上，负责社区更新的调研、规划、动员、实施、运营和价值共享，并接受政府与公众的监督。城市更新运营商的主要任务包括：第一，通过市场化能力提供高质量公共产品和服务，帮助政府实现“以服务代管理”的新治理模式，解决政府服务能力不足的问题；第二，统一管理运营区域内公共产品和服务供应商，以运营商总负责制建立政府与众多供应商之间的缓冲地带，消除政府与供应商一一对接的行政成本，帮助政府解放行政力量；第三，在服务一线对接公众，建立公众与政府的缓冲地带，避免公众矛盾累积且直接指向政府，在服务中发现问题、预设方案、转达政府，增加政府的信息渠道。

2. 社会资本的整合与增长

在双引擎驱动下，可以从两个方面考量社会资本的整合与增长。首先，构建双引擎本身就意味着政府和企业之间更紧密的互动，这种合作将通过建立正式和非正式的规则和网络来促进社会资本整合与增长。城市更新引擎模型在政府保留行政权力的条件下，实现产权的部分市场化让渡，通过制度设计将经营权与产权解绑，充分利用市场化机制进行企业运作，同时能兼顾政府对其产生社会效益的要求。城市更新运营商资产结构中国有资产与社会资产的比重可以根据城市发展的具体情况灵活调整。

其次，双引擎之间的相互作用可以形成一种持续的向心力，吸引居民、社会组织、金融机构和其他主体，通过加强不同利益相关者之间的关系网络来增加社会资本。从居民的角度来看，更新运营商的引入要以居民的普遍认可为基础，即在引入更新运营商时要充分与居民沟通，了解居民的意愿和需求，运营商企业的进驻必须得到大多数居民的同意，进驻后提供的运营服务必须直接面向居民需求。居住条件的改善将提高居民的满意度，增加他们支付城市社区服务和物业管理费用的意愿。

除了居民，城市更新引擎模型也将吸引更多的社会组织和金融机构参与更新改造。社会组织具有贴近社会、志愿组合、公民个体基础、参与式等多重特点，在社区服务中具有独特优势，通过运用多种资源，创造良好的机制、工作体系、合作机制，孵化或引入各类社区社会组织参与社区公共事务和服务，有利于活跃社区生活、丰富自治内容、健全居民自治机制、发展居民志愿互助服务和提高居民素质。此外，社区运营商企业通过与社会群体的协调合作，可以增加居民对社区运营商及相关运营模式的理解与认可，获取直接的反馈意见，甚至长期可以作为运营资金的一种来源。金融机构的参与将有助于城市老旧小区借助金融创新的手段，突破现有的增量更新模式，实现老旧小区更新改造的减量提质。除了中央和地方政府财政资金支持、运营企业投资、居民集资等融资渠道外，金融机构可以探索创新投融资机制，建立包括如银行信贷、地方政府专项债券、企业债券、资产证券化、保险机制等在内的多元化融资机制，加大改造资金筹集力度，以可持续方式加大金融对老旧小区更新改造运营的支持。

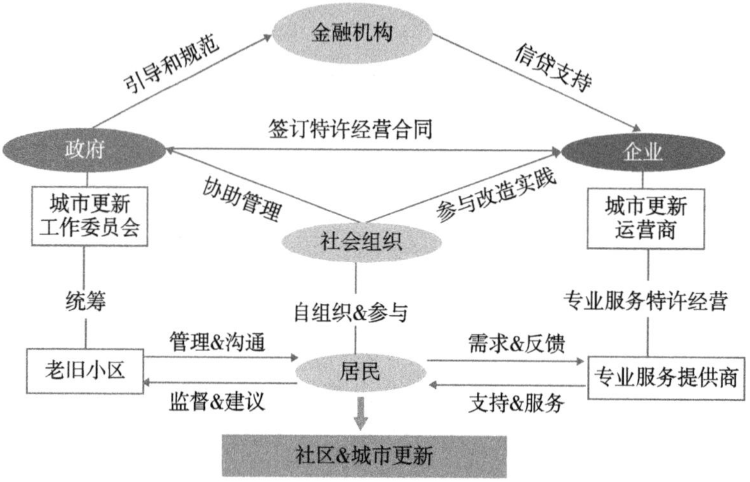

图 1–7　UREM 中的关系和网络

图 1–7 总结了城市更新引擎模型如何建立政府、城市更新运营商、居民、社会组织和金融机构共同参与的更新框架，并通过整合社会关系网络增加社会资本。通过政府引导和运营商运作的带动和孵化进行社会动员和社区规划，形成政府—运营商—居民—社会组织—金融机构等主体协同决策、共同缔造的更新改造伙伴关系与运营生态，最终实现社区和城市的更新。

（三）城市更新引擎模型的可持续性

与土地资本驱动的城市更新模式不同，社会资本驱动的更新是可持续的，这种可持续性可以从资金来源多样化（增收）与降低社区治理成本（降本）两个角度加以说明。从增加收入的角度出发，在居民的支持和同意下，更新运营商改善了城市社区的居住环境与设施服务，通过提高居民满意度和多元主体参与促进了社会资本的积累。随着社区居民对更新运营商及其服务的信任度和认可度提高，运营商可以提供更多样化、定制化、高质量的商业服务，如养老、自助早餐、家电维修等，在推动城市社区功能更新和品质提升的同时拓展更新改造的资金来源，有利于长效运营。换言之，当多元主体之间的关系网络得以建立和不断巩固时，社会资本就可以转化为对城市更新运营商专业服务的认可，运营商可以通过对运营和管理收取合理费用增加收入并获得投资回报。

在降低成本方面，城市更新引擎模型创新性地引入市场化和社会化机制，通过“专业服务＋智慧平台＋行政力量”相融合的方式，以专业化的服务总包、模块化的服务划分、社会化的治理结构、精细化的治理手段，将城市社区公共产品服务合理外包，对城市社区公共空间与公共资源、公共项目进行全流程“管理＋服务＋运营”的政府、市场、社会多元主体协同模式治理，降低更新改造特别是后期运营的成本（见图 1–8）。

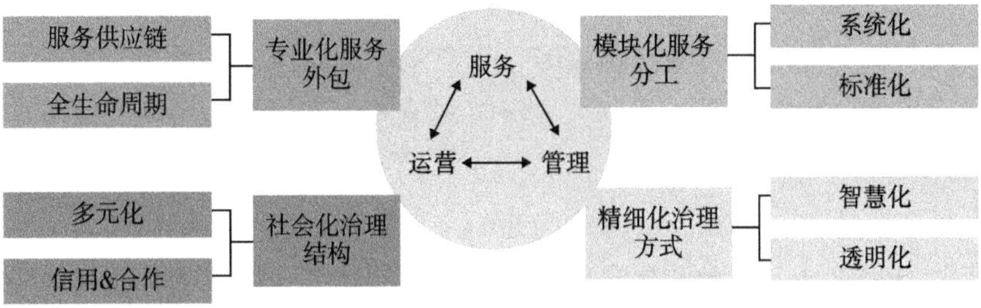

图 1–8　UREM 提高效率和降低成本的机制

五、城市更新引擎模型的劲松社区实证研究

（一）驱动因素：土地资本失灵与社会资本优势

尽管在土地资本驱动的城市更新实践中不乏成功的案例，但从劲松社区的案例来看，土地资本不能成为此类老旧小区更新的驱动因素。

如前所述，土地资本的来源主要包括提高容积率、产权变更、改变土地利用类型和绅士化，而这些方式都不适用于以劲松社区为代表的老旧小区。目前，劲松社区一区的容积率接近 2.0，二区的容积率接近 1.3，超过了多层建筑住宅小区容积率的合理标准（0.8~1.2）。此外，作为位于首都中心区的人口密度高、土地空间资源稀缺的老旧小区，通过大规模拆迁改造来提高容积率是不可能的。劲松社区内房屋产权混杂，存在以下三种产权。第一，市属公房约占 11%，产权不是属于居民个人，而是属于市级政府，主管部门是房管所，上级是区房管局，由于是具有特殊性的国有资产，物业公司不可以介入。第二，房改房约占 80%，即市属公房交钱并经过工龄折算等手续变为私有的住房，房改房并非完全私有，不允许在市场上流通。第三，商品房约占 9%，即进一步缴纳了土地出让金、大修专维等费用后已经私有、可流通的房屋。除了房屋产权种类多样以外，劲松社区产权关系复杂还表现在其变动性上，近年来房改房不断向流通商品房转换。产权关系复杂、责权边界不清意味着产权变更不可能在单个更新项目中完成。由于老旧小区更新改造的根本目的是改善当地居民的生活条件，因此也不可能改变劲松社区的土地利用类型或用更高收入阶层取代原有居民。

土地资本驱动在城市发展存量更新时代的失灵，解释了为什么劲松社区居住环境、公共设施、社区治理等方面的问题在很长一段时间内无法得到有效解决。而在城市更新引擎模型的分析框架下，劲松社区近年来的更新改造成果则从另一视角体现了其在社会资本领域的天然优势如何转化成了老旧小区更新改造的可持续动力。

与许多建设与计划经济时代的老旧小区类似，劲松社区居民多为附近企事业单位的职工，很多人是工作在一个单位的同事，社区文化接近于熟人社会，邻里关系紧密，熟识程度远高于现代社会中的普通商品房小区，社区的概念在熟人社会的居住环境中更倾向于“家”的概念。熟人社会的关系网络意味着良好的群众基础，便于社区服务的开展，居民乐于参与社区事务管理，积极分享个人见解与看法，参与议事的能力较强，在此基础上衍生出的社区议事会更易得到居民的认可。在调研过程中，物业管理人员也积极评价了劲松北社区的居民自我管理的积极性。很多社区的老居民乐于向物业管理人员反映遇到的问题，也愿意积极参与社区服务管理中，在和家物业进入社区开展前期工作后，经常有居民主动与物业人员交流，咨询未来的服务并提出自己的看法与解决方案，为社区物业工作提供了大量建议，成为后续社区治理共建共治的巨大资源。

社会资本的积累也受到政府和市场的支持。近年来，随着老旧小区更新改造与综合整治成为城市治理的一项重点工作和各级政府的优先事项，一系列政策规划、制度法规相继出台，为劲松社区的更新改造提供了强有力的制度和资金支持。随着我国市场经济的发展，企业充分利用市场化的机制和方法参与城市更新的空间也在不断扩大。

因此，在劲松社区的案例中，尽管土地资本不能被转化为社区更新改造的资金来源，但是在近几十年的发展过程中，劲松社区积累了大量的社会资本。社区在更新改造前所面临的环境恶化、设施老化、老旧服务不足等问题，并非社会资本不足所致，而是没有一个有效的引擎整合社区内分散的资源，使社会资本无法得到充分的开发和利用。通过引入城市更新运营商构建城市更新引擎模型，可以在不同利益相关者之间形成合力，实现由社会资本驱动的可持续城市更新。

（二）劲松社区的城市更新引擎模型

在城市更新引擎模型的框架下分析劲松社区的更新改造如何有效解决老旧小区所面临的公共服务供需失衡、公众参与不足、治理效率低下等问题。

1. 劲松社区更新的双引擎

政府是社区更新初期的关键引擎。劲松社区更新试点工作推动小组最初由劲松街道内部相关科室成立，在调研社区现有资源需求、征求居民意见、确定整治重点的基础上，工作推动小组决定引入市场力量，以适当的政府采购方式引入社区更新运营商，经四十多轮协商，选择了和家物业与劲松房管所共同管理项目的创新模式并形成了单独的协议文件，在此基础上编制了更新计划。

根据协议文件和更新计划，愿景集团作为另一个引擎被引入了劲松社区的更新改造项目之中，愿景集团旗下的和家生活科技集团被确认为劲松社区的更新运营商，和家物业与劲松房管所对社区运营各部分的责任主体进行了明确：和家物业负责社区范围地面的园区设施、园区安防系统、绿化等；房管所负责楼内及所属楼宇、安保、保洁（含楼宇内保洁及小广告清理）、绿化、停车管理等。房管所所属楼宇外沿至楼宇内公共区域设施设备，园区地下管线、园区地面各类管井、化粪池等区域范围，实施楼宇专项管理（房管所所属范围内）。社区中管理确权和物业确权由和家物业负责，在实际管理中，市属公房由于产权具有特殊性，由房管所全面管理，提供本地生活服务和城市基础建设。政府与社会企业的合作形成了社区更新的双引擎，进一步激活了劲松社区内社会资本的整合与积累（见表 1–3）。

表 1-3　劲松社区双引擎之间的合作伙伴关系

物管类型	管理内容	责任单位		
		和家物业	房管所	第三方服务企业
清洁	院落、楼道的公共清洁	√		
	生活垃圾清运、垃圾分类	√		
安全	楼宇园区巡视 秩序维护，车辆安全			
机电系统	单元门禁 道闸的管理 监控系统	√		
	电梯	√		
	新增电梯		√	
公共系统	给水系统，排水系统 化粪池清淘 避雷系统		√	
	供暖系统 电力供应 宽带网络			热力公司 电力公司 电信公司
消防管理	灭火器、消防通道疏散畅通	√		
	园区高层楼宇消防系统		√	
建筑主体	楼宇建筑主体		√	

在双引擎的驱动下，政府和社区更新运营商建立了伙伴关系，明确了社区更新改造各部分的责任和边界，构建了一个基于协议的“政府主导 + 和家协同 + 居民参与”的社区服务链和关系网络，并通过社区空间改造、服务提升、运营管理、智慧建设等方式推动社区中社会资本的整合和积累。

2. 双引擎驱动的社会资本增长

在前期调研的基础上（见表 1-4），和家物业以实现社区居民美好生活愿景为目标对劲松社区进行整体规划提升，着力打造尺度宜人、多元融合、景观从容、绿色智能的新劲松社区。在社区基础公共设施和生活服务方面，劲松社区加装电梯 117 台，门禁系统 130 套，构建 24 小时全方位智能监控统一智慧管理平台；同时，通过更新改造，社区便民服务配套设施达到 2200 平方米，适老配套增加 3300 平方米。此外，和家物业还通过提供美好养老、美好早餐、美好家修、美好儿童、美好创业等多元优质的商业服务推动社区功能更新和品质提升，拓展更新改造的资金来源，有利于社区的长效运营。

表 1-4 劲松社区更新前期调查

	团队	调研过程	调研内容
社区现状调研	调研团队	5 次不同时段社区观察走访	社区主要问题、人群需求
社区摸底调研	调研团队	半个月的劲松驻地调研	社区基础数据、人群数据、居民构成与行为习惯
专项社区调研	规划团队、设计团队、电梯团队、物业团队	4 个团队长达两星期驻地调研，甚至深夜实勘	社区环境、人群需求、规划设计专项指标
居民需求调研	调研团队、规划团队、设计团队	十余次各种形式的居民调研：访谈、焦点小组、问卷	了解社区居民最急迫需求
居委会深入沟通	调研团队	7 次与居委会工作人员深入沟通	了解社区居委会管理最急迫需求
街道需求调研	调研团队	4 次与街道领导深入沟通	了解街道治理最急迫需求

除了物理改造外，作为社区更新运营商的和家物业还直接促进了社区内社会资本的整合和人文环境的改善，劲松北社区更新改造注重打造劲松品牌、营造社区文化氛围。目前社区打造了“两台一会一坊”“两支小分队”的“2112”劲松品牌。“两台”指社区楼门文化议事平台和金秋文化艺术平台。楼门文化议事平台旨在动员社区居民完全参与楼门、楼院文化建设，在此基础上跟进社区配套设施和服务队伍；金秋文化艺术平台依托每年 9 月的社区金秋文化艺术节，举行艺术节开幕式会演、社区才艺大比拼、社区交换空间、社区趣味运动会、诗画摄影展、社区健康行等活动，营造社区文化氛围，增强居民归属感和参与感，使居民更乐于为社区运营治理建言献策。“一会”指社区老年同乐会，是劲松北社区 2014 年打造延续至今的社区品牌项目，由居民自发针对社区中四五十对孤寡、空巢老人开展定期上门、结婚庆典、庆祝生日、厨艺比赛、赏花出游等活动，老年同乐会各项活动的前期运行、中期报告再到最后的内容总结和经验提炼全部由同乐会骨干和居民自主负责。“一坊”，即社区手工坊，每周一次组织居民编织丝网花、串珠作品，参与者大多数为社区老年人，部分作品用于朝阳区先进个人集体的表彰。“两支小分队”，指社区环保卫士小分队和青少年互助团队，社区环保卫士小分队旨在发动社区居民、在职党员、保洁人员参与社区环境建设，每月最后一个周五或周末组织党员、居民、政府部门一起参与社区环境建设；青少年互助团队则

是充分利用社会资源针对青少年开展各项活动，包括社区微环境建设、青少年交换空间等。

更新工程实施一年来，劲松社区发生了巨大变化，社会资本显著增加，可以从美化度、活力度和满意度三个指标加以说明（见表 1-5）。美化度反映了社区环境、绿化、景观、设施的整体美观程度，劲松社区更新改造一改社区环境脏乱、风貌陈旧的状况，注重绿色环保社区建设和景观品质的亮化提升，用多样的景观类型点亮社区。活力度是反映社区公共空间、设施与服务人气的指标，包括居民参与社区公共活动的频率和参与程度，以及公共空间的人流量。劲松社区更新改造提升了社区活力，目前，社区每周开展 3~4 场社区活动，参与活动人数超 300 人，公共空间的人流量从更新改造前平均每天约 100 人次增加到更新改造后平均每天约 500 人次。满意度是指社区居民对社区居住条件、设施服务、治理水平等各方面的总体满意度，可以用物业费支付率来衡量，缴纳物业费用一定程度上反映了居民对社区服务的认可。劲松社区更新改造实施后，劲松的物业费支付率达到 60%，同时 12345 投诉率下降 40%。这说明，和家作为更新运营商参与劲松社区的更新改造，与政府形成了一个双引擎，有效地增加了社区的社会资本，为社区更新提供了可持续的动力。

表 1–5　劲松社区更新成效对比

指标	项目实施前（2017 年）	项目实施后（2019 年）
美化度	社区的环境、绿化、卫生等条件相对较差；设施老化、破损严重	社区的环境、绿化、景观、卫生等条件得到极大改善，儿童娱乐设施和卫生设施得到完善。社区的开放空间已成为集园林绿化、体育健身、休闲交流、文化宣传于一体的社区休闲功能综合体
活力度	社区内几乎没有公共活动，每天在空地上流动的人不超过 100 人，主要是老人	社区的活力得到了改善。每周都有三到四次社区活动。参与者的数量经常达到 300 人。开放空间的日人流量超过 500 人。有各个年龄段的人
满意度	没有物业管理。居民对社区不满意。社区的认同感和凝聚力很低	有了正规的物业管理，居民的支持率和满意率超过 95%，缴费率达到 60%，居民向政府的投诉率下降 40%

（三）劲松社区更新的可持续性

在城市更新引擎模型的框架下，社会资本可以通过增加收入和降低成本为城市更新提供可持续的动力，这与劲松社区的实践是一致的。对于需要兼顾经济利益与社会效益的更新运营商来说，社会资本的有效整合和积累使得保持利润率、实现投资回报平衡成为可能，从而使其能作为老旧小区更新改造及后期运营的长期可持续的驱动引擎。对于劲松社区这样的老旧小区而言，物业服务长期缺位，居民尚未形成物业服务费用缴纳意识，前期存在的资金缺口需要依靠政府补贴帮助过渡。在长期，和家集团将通过提供一星级标准的物业服务，逐步以品质感化居民，实现付费与市场化运转。据和家测算，按照社区多层物业费单价 0.82 元 / 平方米 / 月、高层单价 1.50 元 / 平方米 / 月的标准，前三年劲松北社区的物业收缴率分别为 20%、60% 和 80%，物业收缴率的快速提高将一定程度缓解改造前期的资金缺口。此外，在更新改造的过程中，劲松社区盘点了社区内的配套用房、人防工程、闲置空间，并逐步分批交由企业开展经营，在使企业逐步收回成本的同时也有利于补足老旧小区生活性服务业的短板。通过用品质逐步提高物业费收缴率、盘活社区闲置空间、社区商业服务设施付费、根据不同人群和需求配比合理布局不同的服务业态等资金回收渠道，愿景和家投入的改造资金约在 14 年后全部收回，并实现微利、可持续经营。

此外，社会资本的整合通过动员更多利益相关者参与社区治理，也将降低社区运营管理的成本。在双引擎的驱动下，社区居民更愿意释放需求信号并直接参与社区事务的决策和反馈。在劲松社区更新改造的实践中，在和家与基层政府的支持下成立了由三十多人组成的社区议事代表会，成员主要包括产权单位代表、居民委员会代表、居民代表等比较有威信的居民（见图 1–9），针对社区的改造和服务进行初步的沟通交流并做出一些决议。社区的整体改造方案则是经过居民召开二十余次议事会反复推敲最终达成一致的。另外，社区内停车管理、治安、景观、灯光、电梯加装等 21 大类 51 项，每一项都由社区居民拍板定夺。

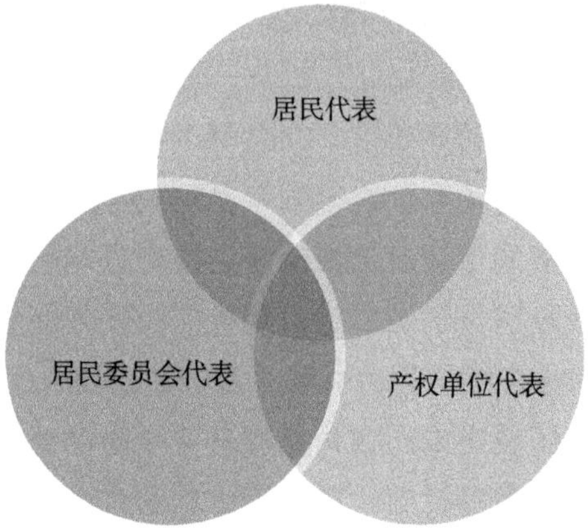

图 1-9　社区议事代表会的组成部分

在政府、和家和居民都不具备专业技能和运营能力的领域，社会组织基于贴近社会、志愿组合、公民个体基础、参与式等特点可以有效填补空白，完善更新改造的合作体系和自治机制。劲松社区在更新改造过程中引入了"责任规划师"——受聘请的第三方专业规划师团队，以有别于政府部门整体的宏观视角，为更新项目的具体实施和细部方案献言献策，使得更新的在地实践质量得到显著提高。此外，劲松社区还邀请了高等院校与专业机构参与更新改造，例如，邀请中央美术学院的师生参与劲松社区闲置空间的改造设计。金融机构则在政府监管框架下基于社会企业的长期盈利能力，积极探索和创新投融资机制，加大对劲松更新的资金支持力度：地方政府专项债券、企业债券、项目收益债券、项目贷款等金融工具获准进入更新过程，此外还为信托等一些非标准业务预留了空间，以防资金短缺。

在劲松社区的更新改造实践中，社会资本的整合与积累推动了居民、社会组织、金融机构共同参与社区治理，极大地减轻了作为双引擎的政府和社区更新运营商的行政和财务负担。社区治理成本的降低、物业管理和商业服务收入的增加，使劲松社区实现可持续更新成为可能。

六、结论与讨论

本研究构建了一个针对老旧小区的城市更新引擎模型，其核心在于将社会资本作为城市老旧小区更新的可持续驱动力量，解决目前我国城市老旧小区更新普遍面临的土地资本驱动失灵。这一模式的关键在于，通过引入作为城市更新运营商的社会企业并与政府合作，形成政府和运营商双引擎，推动社区社会资本的整合与积累。社区内关系网络的强化、多元主体对运营商服务的认可以及对增值服务的需求将带来社区运营收入的增加，同时，不同利益相关者积极参与社区治理也将有效降低社区的运营管理成本，从而维持由社会资本驱动的城市更新的可持续性。本研究以劲松社区的更新改造为例阐述和印证了该模型：劲松社区更新改造的困境、驱动力、成效和可持续性都可以在城市更新引擎模型的框架下得到解释，说明这一模型具有解释力和推广价值，符合中国城市更新特别是老旧小区更新的现实。

本研究的分析是在中国的城市发展从增量扩张转向存量更新的背景下进行的，对于中国之外的其他发展中国家的老旧小区，甚至对于可能也面临着土地和空间资源短缺问题的发达国家的老旧小区，以及对于同样面临土地资本无法作为资金来源问题的老旧居住区，本研究的城市更新引擎模型都可能从社会资本作为可持续更新驱动力的角度提供一个新的视角。

当然，城市更新引擎模型也有一定的局限性。首先，该模型只适用于有一定社会资本积累的地区，在社会关系、互动或网络薄弱的城市地区，社会企业整合社会资本的难度将会显著增加。其次，城市更新引擎模型的可持续性在一定程度上取决于城市更新运营商收取费用的合理性，因此，这种模式可能更适合于大城市的社区，因为这些地区居民收入相对更高，更愿意为多样化的商业服务付费，城市更新运营商还可以通过对原本单独管理运营的老旧社区进行整合，实现品牌和规模效应，进一步增加收入来源。

随着我国大规模地启动和实施老旧小区更新改造项目，在制度、机制、方法等方面仍有许多问题有待进一步探索和探讨。在城市更新引擎模型中，如何认定城市更新运营商的资格以及如何选择一个社会企业作为城市更新运营商？城市更新运营商的选择是否应有财政和利润方面的约束和透明度？如何完善相应的政策制度环境？这些都是值得继续讨论和研究的问题。

环境污染与流动人口城镇定居意愿
——兼论中国新型城镇化的推进路径①

刘一伟　刁力　王开济

摘要： 流动人口城镇定居是中国新型城镇化建设与实现的重要内容。本文基于2014年全国流动人口卫生计生动态监测调查数据与中国城市年鉴数据，实证检验了环境污染对流动人口城镇定居意愿的影响。研究发现，环境污染与流动人口城镇定居存在负向关系，随着环境污染的加剧，流动人口城镇定居意愿呈现减弱的趋势，采用工具变量法处理内生性与稳健性检验后，环境污染依然对流动人口城镇定居具有“挤出效应”。经机制检验发现，环境污染通过健康水平与生活质量影响流动人口城镇定居。异质性结果显示，新生代、高等教育与京津冀流动人口对环境污染更加敏感，环境污染对流动人口城镇定居的影响也更大。因此，有效治理城镇环境污染，不仅有助于流动人口城镇定居，而且也将助益于中国新型城镇化的实现。

关键词： 环境污染；流动人口；城镇定居；健康水平；生活质量

一、引言

改革开放以来，中国社会经济发展保持着快速前进的局面，在城镇化建设中取得了巨大成就②。但在城镇化进程的逐步推进中，滋生了人口与资源环境矛盾、城乡发展程度差距、产业结构升级不足、就业压力增大等一系列问

① 作者简介：刘一伟，博士，中央财经大学政府管理学院讲师，研究方向：社会治理；刁力，清华大学社会科学学院博士后，研究方向：健康经济学；王开济，中央财经大学政府管理学院学生。

② 姚士谋，张平宇，余成，等. 中国新型城镇化理论与实践问题［J］. 地理科学，2014，34（06）：641-647.

题[①]。为了破解在城镇化推进过程中的困境与责难，新型城镇化应运而生并被寄予厚望[②]。新型城镇化是以民生、可持续发展和质量为内涵，将核心目标定为追求平等、幸福、转型、绿色、健康和集约，以实现区域统筹与协调一体、产业升级与低碳转型、生态文明和集约高效、制度改革和体制创新为重点内容的崭新的城镇化过程[③]。

随着城镇化进程的不断推进，我国人口流动日益活跃，为经济社会平稳健康发展注入了强大动力。据2022年国家统计局发布的《中华人民共和国2021年国民经济和社会发展统计公报》显示，2020年我国流动人口达到3.76亿人，占全国人口的26.6%，与2010年相比增长69.7%。事实上，人口城镇化是新型城镇化的核心要素，实质是让流动人口在流动过程中在城镇定居[④]。值得欣慰的是，2021年国家统计局的调查显示，超过50%的农民工有今后在现居住地长期居留的意愿。此外，根据中国新型城镇化发展规划，在全面建成小康社会时期，实现一亿流动人口及其他常住人口城镇落户是一个重要目标。可见，城市定居已成为流动人口个体和政府共同的目标。

然而，在新型城镇化的快速推进中，高耗能产业发展和传统能源使用造成的污染问题阻碍了城市发展的可持续性[⑤]。一方面，目前我国雾霾问题依旧严峻，2019年《中国生态环境状况公报》显示，在全国337个地级以上城市中，空气质量超标的占比高达53.4%；所有城市累计严重污染以上天数达到452天。京津冀地区、长三角地区、中国西南部和中部地区的核心城市目前广泛存在大气污染超标问题。另一方面，部分城市由于基础设施建设不完善，环境监管体系不健全等，还存在污水污物违规排放，土壤污染积累超标等环境问题[⑥]。

事实上，城市宜居性的感知会对流动人口的定居意愿产生重要影响，其

① 张占斌．新型城镇化的战略意义和改革难题［J］．国家行政学院学报，2013（01）：48-54.

② 吴江，王斌，申丽娟．中国新型城镇化进程中的地方政府行为研究［J］．中国行政管理，2009（03）：88-91.

③ 单卓然，黄亚平．“新型城镇化”概念内涵、目标内容、规划策略及认知误区解析［J］．城市规划学刊，2013（02）：16-22.

④ 陈凤桂，张虹鸥，吴旗韬，等．我国人口城镇化与土地城镇化协调发展研究［J］．人文地理，2010，25（05）：53-58.

⑤ 熊瑛．我国工业化中的能源问题与生态文明建设［J］．宏观经济管理，2021（02）：51-58.

⑥ 骆永明，滕应．我国土壤污染的区域差异与分区治理修复策略［J］．中国科学院院刊，2018，33（02）：145-152.

中自然环境水平和环境健康性是关键的评价维度①。但是，令人遗憾的是，现有文献并未深入探讨环境污染与流动人口城镇定居意愿的关系。因此，本文首次从城镇环境污染角度出发，实证分析环境污染对流动人口城镇定居意愿的影响，并试图刻画环境污染影响流动人口城镇定居的作用机制，进而助益于新型城镇化建设。

二、文献回顾与研究假设

目前，研究流动人口城镇定居意愿的文献可谓汗牛充栋，其中最经典的理论是推拉理论，该理论认为人口流动是流入地和流出地产生的两种相反方向力进行拮抗作用后的结果②。具体而言，该理论将流入地积极的社会经济条件称为拉力，而不利于人口流动的因素则会形成反方向的推力，两种力都将影响人口的流动和定居意愿③。根据推拉理论，部分文献从流动人口个体、家庭与社会经济特征等方面捕捉了城镇定居的因素④。譬如，在个人和家庭层面，较年轻、受教育程度高、未婚的流动人口更偏向于定居落户⑤。相反，家庭纽带深、务农思想重的流动人口则更会受到推力的束缚而不愿定居⑥。经济因素是流动人口产生迁移的首要原因，个体对于收入的预期和经济发展机会则是城镇拉动力的主要组成，而在较长的工作年限中保持较高的工资率才能促进流动人口定居⑦。社会因素方面，流入地医疗保险和社会保障体系的完善能够减轻流动人口的生活负担，对定居城镇起到激励作用。自然环境也是影响人口定居意愿的重要因素，有研究表明城市雾霾水平与农民工的留居意愿呈现

① 湛东升，张文忠，党云晓，等．中国流动人口的城市宜居性感知及其对定居意愿的影响［J］. 地理科学进展，2017，36（10）：1250–1259.

② 李强．影响中国城乡流动人口的推力与拉力因素分析［J］. 中国社会科学，2003（01）：125–136+207.

③ 杨雪锋，董晓晨．不同代际农民工退出宅基地意愿差异及影响因素：基于杭州的调查［J］. 经济理论与经济管理，2015（04）：44–56.

④ 林宇敏，张莉．超大城市非户籍人口定居落户意愿及影响因素［J］. 城市发展研究，2022，29（06）：117–124.

⑤ 刘同山，孔祥智．家庭资源、个人禀赋与农民的城镇迁移偏好［J］. 中国人口·资源与环境，2014，24（08）：73–80.

⑥ 吴翌琳，张心雨．城镇化背景下农民进城定居意愿及影响因素分析［J］. 经济学家，2018（02）：88–92.

⑦ 李敬，章铮．民工家庭城市化经济条件分析［J］. 经济科学，2008（03）：109–117.

倒“U”形关系，过高的污染水平则会导致人口被迫逆向流动[①]。因此，积极引导流动人口定居，需要进一步关注城镇环境污染。

环境污染对城市发展、社会经济和居民健康有显著效应。改革开放后，我国优先经济发展而滞后环境治理，使得经济社会存在的人口和资源环境之间的矛盾，在工业化、城镇化进程中逐渐凸显[②]。其中，产业升级的过程引发了城镇的经济集聚，在一定程度上加重了环境污染程度。反之，环境污染和资源紧缺则又会降低劳动生产率，影响相关企业运营成本和空间布局，从而对经济活动水平产生负反馈调节的作用[③④]。此外，环境质量直接影响居民体质健康，有研究对我国六大城市群空气可吸入颗粒物浓度进行调查发现，当地居民的呼吸性过早死亡率与其具有正相关性。此外，工农业排放的重金属污染物也可通过生活用水或附着在空气烟尘表面进入人体，从而对居民早期心血管损伤率产生影响[⑤]。

近年来，对于城市宜居性中的环境质量因素的研究逐渐得到重视，其中包含空气质量、水资源等多个方面[⑥]。有研究表明，空气中可吸入细颗粒物浓度增加，城镇对于流动人口的吸引力将显著降低，且在中大型城市中的影响幅度较大[⑦]。相比农村，城市居民对于空气质量会有更高的敏感性，大气污染对于城镇流动人口的劳动供给影响也更大[⑧]。在水污染方面，城镇饮用水可使用量和质量危机，降低了居民生活便利度和满意度[⑨]。在就业选址方面，环境污染水平会对农林水利等产业的经营活动造成一定影响，从而影响人口的定

① 刁力，张奇林．“返流”还是“留守”：雾霾与农民工城市定居意愿［J］. 西安财经大学学报，2022，35（01）：86–97.

② 安树伟．近年来我国城市环境污染的趋势、危害与治理［J］. 城市发展研究，2013，20（05）：134–139.

③ 张可，汪东芳．经济集聚与环境污染的交互影响及空间溢出［J］. 中国工业经济，2014（06）：70–82.

④ ZHU Y，CHEN W. "The Settlement Intention of China's Floating Population in the Cities: Recent Changes and Multifaceted Individual–level Determinants"［J］. Population Space and Place, 2009，16（4）：253–267.

⑤ LYUBOMIRSKY S. "On Studying Positive Emotions"［J］. Prevention and Treatment, 2000，3（1）:191–132.

⑥ 张雪，刘玉．城市宜居性对流动人口居留意愿的影响［J］. 城市发展研究，2020，27（12）：20–28.

⑦ 原新，刘旭阳，赵玮．青年流动人才城市选择的影响因素：基于不同规模城市的比较研究［J］. 人口学刊，2021，43（02）：48–60.

⑧ 朱志胜．劳动供给对城市空气污染敏感吗：基于2012年全国流动人口动态监测数据的实证检验［J］. 经济与管理研究，2015，36（11）：47–57.

⑨ 武康平，童健，储成君．环境质量对居民幸福感的影响：从追求健康水平的消费动机出发［J］. 技术经济，2015，34（06）：95–105.

居意愿[①②]。因此，在新型城镇化趋势下，流动人口对城镇环境的期许更高，如果城镇环境质量不高，将直接影响他们的城镇定居意愿。基于此，本文提出假设 1。

假设 1：环境污染对流动人口定居意愿具有消极影响。

研究表明，环境污染会引致个体的风险暴露水平变化而产生不良健康效应[③]。环境中的污染物随呼吸和皮肤等途径进入生物体内，将造成个体生物学和生理学改变，从而影响居民体质健康[④]。污染风险感知，是个体对所在居住区空气质量、水质等方面的主观判断和风险态度，能够影响人口流迁和人力资本投资[⑤]。面对环境污染，风险感知心理会促使个体根据自身经验进行风险程度的主观判定，并据此判断来采取积极应对行为或防御性应对行为以减轻或避开污染所带来的影响[⑥]。此外，在涉及定居意愿问题时，流动人口对环境健康问题的感知程度存在个体差异。研究表明，文化水平和对环境健康风险问题认知正相关，高学历高素质的个体更加关注居住地的环境健康水平，流入地严重的环境污染则会抑制新型城镇化进程中人力资源向人才资源的转变[⑦]。基于此，本文提出假设 2。

假设 2：环境污染对健康的危害造成人口定居意愿的下降。

目前与居民生活状况相关的心理学命题包含生活满意度、主观幸福感等。个体对于生活的整体评判也被称作生活满意度，该指标被认为能够较为稳定地反映人们对生活状态的认知[⑧]。生活满意度评价既可以评价人对目前通常情况或某一段时间的总体生活状态，也可以针对某个特定场景进行领域生

---

① 孙伟增，张晓楠，郑思齐 . 空气污染与劳动力的空间流动：基于流动人口就业选址行为的研究 [J]. 经济研究，2019，54（11）：102–117.

② LUCA R E,DIENER E，GROB A. “Cross–cultural Evidence for the Fundamental Features of Extraversion” [J]. Journal of Personality and Social Psychology, 2000，79（3）: 452–468.

③ 祁毓，卢洪友 . 污染、健康与不平等：跨越“环境健康贫困”陷阱 [J]. 管理世界，2015（09）：32–51.

④ 郝萌萌，王济，张一修 . 城市环境污染的三种健康风险评价模型及比较 [J]. 中国人口 · 资源与环境，2010，20（S2）：36–39.

⑤ 张义 . 空气污染风险感知对劳动力流迁的影响：健康人力资本投资视角 [J]. 人口与发展，2021，27（04）：51–64.

⑥ 刘岩，张金荣 . 风险社会公众面对环境风险的行动选择与应对 [J]. 社会科学战线，2015（10）：184–192.

⑦ 商存慧，高旭红 . 城乡结合部流动人口环境健康风险及治理：以西安市为例 [J]. 西北农林科技大学学报（社会科学版），2014，14（04）：151–155.

⑧ WOOD J V. “What is Social Comparison and How Should We Study it ? ” [J]. Personality and Social Psychology Bulletin, 1996，22（5）：520–537.

活满意度评价[①]。而随后出现的主观幸福感指标（SWB），则在心理学中表示个体积极愉快的情绪体验，也涵盖了评价人对于自身目前生活质量的整体性评估[②③]。研究表明，居住条件和工作环境的污染状况对居民主观幸福感有着重要影响[④⑤]。如居住地靠近厂房、工地等区域的居民，会面临更严重的烟尘和二氧化硫等废弃物排放问题，有着相对更低的生活幸福感。其中相比农村人口，城市居民更不愿意通过损害环境来换取经济发展，即城镇居住者的主观生活态度更容易受到周围环境质量的影响[⑥⑦]。而对城市务工人员来说，生活便利与环境满意是流动人口能够选择长期定居并落户完成市民化的重要指标[⑧⑨]。基于此，本文提出假设 3。

假设 3：环境污染使流动人口幸福感降低促使其定居意愿下降。

三、数据、变量与模型建构

（一）数据来源

本文的研究使用的是原国家卫计委 2014 年人口流动动态监测数据（CMDS）与 2016 年中国城市年鉴数据。人口流动动态监测系列调查数据是原国家卫计委开展的以探索流动人口生存状况和生活质量为目的的微观调查，调查涵盖了流动人口的收入、社会保障、城镇定居等多项板块。2014 年调查

---

① DIENER E，SUH E，LUCAS R，et al. “Subjective Well-Being：Three Decades of Progress” [J]. Psychology Bulletin, 1999，125（2）：276-302.

② 段建华 . 主观幸福感概述 [J]. 心理学动态，1996（01）：46-51.

③ LOUIS V，ZHAO S. “Effects of Family Structure，Family SES，and Adulthood Experiences on Life Satisfaction” [J]. Journal of Family Issues, 2002,23（8）：986-1005.

④ 黄永明，何凌云 . 城市化、环境污染与居民主观幸福感：来自中国的经验证据 [J]. 中国软科学，2013（12）：82-93.

⑤ EASTERLIN R. “Income and Happiness：Towards a Unified Theory” [J]. The Economic Journal, 2001，111（473）：465-484.

⑥ 郑君君，刘璨，李诚志 . 环境污染对中国居民幸福感的影响：基于 CGSS 的实证分析 [J]. 武汉大学学报（哲学社会科学版），2015, 68（04）：66-73.

⑦ TOKYDA Y，FU S，INOGYCH T. “Individual and Country-Level Effects of Social Trust on Happiness：The Asia Barometer Survey” [J]. Journal of Applied Social Psychology, 2010（40）：2574-2593.

⑧ 党云晓，张文忠，谌丽，等 . 居住环境满意度对流动人口定居意愿的影响 [J]. 西北人口，2021, 42（05）：105-114.

⑨ LUTTMER E. “Neighbors as Negatives：Relative Earnings and Well-Being” [J]. Quarterly Journal of Economics, 2005，120（3）：963-1002.

总样本为 18 万多人，以随机抽样的方式在全国 31 个省（区、市）以及新疆生产建设兵团对流动人口进行问卷调查。根据本文的研究需要，对流动人口数据与中国城市年鉴数据进行处理，本文共选取 140 163 个样本。

（二）变量选取

1. 城市定居变量。流动人口定居意愿是本研究的因变量，在问卷中对应的问题是“您是否打算在本地长期居住”，其中肯定的回答赋值为“1”，否定的回答赋值为“0”。在使用的样本中，有 19.40% 的流动人口不愿意在城市定居，有 80.60% 的流动人口愿意在城市定居。

2. 环境污染变量。本研究的自变量为环境污染，我们分别采用环境污染中的 PM2.5 与 PM10 进行衡量，数值越大表明城镇环境污染程度越高。

3. 流动人口个体特征变量。为控制环境污染对流动人口城镇定居的影响，本文设置流动人口个体特征变量作为控制变量，具体包括流动人口年龄、性别、婚姻、受教育程度与流动范围。流动人口个体特征在一定程度上影响流动人口城镇定居行为，不同年龄段的流动人口显然会产生不同的经济行为，男性流动人口可能出于家庭决策与生活压力等方面更愿意回流；已婚的流动人口可能出于家庭责任，定居选择等更为理性；受教育程度则反映流动人口的人力资本，这些都有可能影响流动人口的定居行为。此外，考虑到流动人口年龄对城镇定居可能存在非线性影响，青壮年户主更有可能定居城镇，本文加入流动人口年龄的平方作为控制变量。

4. 流动人口家庭特征变量。流动人口家庭状况对城镇定居也有重要影响，本文在计量模型中设置家庭规模、家庭收入与家庭支出作为家庭控制变量。家庭人口数越多，则意味着家庭支出或者收入等越多，可能影响流动人口的城镇定居。家庭收入与家庭支出作为家庭经济行为的重要组成部分，将直接影响流动人口城镇定居。

5. 流动人口流入地城市特征变量。考虑到流动人口所处城镇的经济特征对流动人口城镇定居可能造成一定影响，本文选取城镇人均 GDP、城镇平均工资水平作为城市特征控制变量。同时，城镇房价等可能对流动人口城镇定居造成一定影响，高昂的房价可能影响流动人口居住体验与居住选择，因此我们设置城镇房价年增长率作为控制变量。此外，考虑到我国不同经济带对流动人口就业选择等会产生重要影响，本文也选取了中国经济带作为控制变量。具体变量选取、变量定义与统计描述如表 1–6 所示。

表 1–6 变量统计描述表

变量	定义	均值	标准差	最小值	最大值
核心变量					
定居意愿	0= 否，1= 是	0.81	0.40	0	1
PM2.5	年均 PM2.5（10 微克每立方米，对数）	6.01	1.96	1.87	13.14
PM10	年均 PM10（100 微克每立方米，对数）	4.57	0.28	3.61	5.18
个体特征变量					
性别	0= 女，1= 男	1.41	0.49	1	2
年龄	年龄（年）	34.19	9.26	15	60
受教育程度	受教育年限（年）	9.93	2.96	0	19
婚姻	0= 未婚，1= 已婚	1.78	0.41	1	2
流动范围	0= 省内流动，1= 跨省流动	0.51	0.50	0	1
家庭特征变量					
家庭规模	家庭人口数量（人）	2.54	1.19	1	10
家庭收入	家庭月收入（元，对数）	8.46	0.65	0	14.51
家庭支出	家庭月消费（元，对数）	7.75	0.62	3.04	12.81
城市特征变量					
人均 GDP	人均 GDP（千元）	71.43	32.72	10.17	200.15
城镇平均工资水平	城镇月平均工资水平（元，对数）	4.98	1.32	2.27	8.62
房价年增长率	房价较上年增长率（%）	0.02	0.09	–0.21	0.56
经济带	1= 长三角，2= 珠三角，3= 环渤海，4= 其他地区	3.33	0.96	1	4

（三）模型构建

本文重点考察环境污染对流动人口城镇定居的影响，流动人口城镇定居变量为虚拟变量。因此，使用 Probit 模型来考察环境污染对流动人口城镇定居的影响，具体的模型设定如下：

$$pr\left(y_i=1\right)=\varphi(\alpha_1 Environmental\_Pollution_i+\beta' x_i+\varepsilon_i) \qquad (1)$$

式（1）中，y_i表示流动人口城镇定居状况，$Environmental_Pollution_i$表

示流动人口 i 是否在城镇定居，x_i 为控制变量，包括流动人口个体特征变量、家庭特征变量与城镇特征变量；α_1 和 β' 为待估计系数，其中 β' 为向量形式。ε_i 为误差项，α_1 为本文所重点关注的估计系数，如果 α_1 显著为负，则表明环境污染对流动人口城镇定居具有负向影响，反之，则说明环境污染对流动人口城镇定居具有积极影响。

四、环境污染对流动人口城镇定居意愿的影响

（一）基准回归结果

表 1–7 报告了环境污染对流动人口城镇定居意愿的影响。我们首先分析将 PM2.5 指数作为环境污染指标的估计结果。模型（1）中未添加任何控制变量，PM2.5 指数在 1% 的显著性水平下负向影响流动人口城镇定居意愿，表明环境污染能够显著抑制流动人口城镇定居意愿。考虑遗漏变量可能影响结果的稳健性，模型（2）、模型（3）与模型（4）中依次添加流动人口个体特征变量、家庭特征变量与城镇特征变量，PM2.5 指数均在 1% 的显著性水平下负向影响流动人口城镇定居意愿，表明环境污染确实能够显著降低流动人口城镇定居意愿，计算可得，PM2.5 和 PM10 每提高一个百分点，流动人口城镇定居意愿的概率分别降低了 1.6 与 2.1 个百分点。

模型（5）~ 模型（8）汇报了将 PM10 指数作为环境污染指标的估计结果。结果显示，除模型（5）与模型（7）中 PM10 指数未能通过显著性检验以外，模型（6）与模型（8）中 PM10 指数无一例外均在 1% 的显著性水平下负向影响流动人口城镇定居意愿，即环境污染降低了流动人口城镇定居的可能性。以模型（8）的回归结果为例，PM10 每提高一个百分点，流动人口城镇定居的概率降低 10.2 个百分点。因此，表 1–7 的结果表明，环境污染显著降低了流动人口城镇定居的可能性，尤其是采用 PM10 指数作为环境污染指标时，环境污染对流动人口城镇定居意愿的负向冲击更为明显。

流动人口个体特征控制变量方面，回归结果显示流动人口性别显著正向影响城镇定居，表明男性流动人口更可能选择城镇定居。流动人口年龄显著正向影响城镇定居，年龄平方有显著负向影响，表明流动人口年龄与城镇定居存在倒“U”形关系，即那些青中年的流动人口更有可能选择在城镇定居，

青中年流动人口相对于少年与老年流动人口更具优势且拥有一定的经验与资源，更能带领家庭城镇定居。流动人口受教育程度显著正向影响城镇定居，表明受教育程度高的流动人口更愿意选择在城镇定居。一般而言，受教育程度对家庭决策与状态改变具有重要影响，相比低学历流动人口，高学历流动人口获取资源能力更强，更有利于流动人口实现城镇定居。与省内流动者相比，流动到省外的流动人口更不愿意选择城镇定居，究其缘由可能是由于文化等属性更难融合。婚姻状况在统计水平上不显著，表明这一因素对流动人口城镇定居的影响不大。

家庭特征控制变量方面，回归结果显示家庭规模显著正向影响流动人口城镇定居，即家庭规模越大，流动人口城镇定居的可能性越高，这一发现不难解释，当地家庭规模越大，意味着家庭更能适应城镇生活，并有能力在城镇定居。家庭收入与流动人口城镇定居呈显著正相关，我们认为家庭收入越高，其定居的经济基础越好，更有经济能力实现在城镇定居的愿望与期许。

城镇特征控制变量方面，回归结果显示城镇 GDP 越高，流动人口城镇定居的可能性越高，原因可能是 GDP 代表了一个城市的发展水平，发展水平高的城镇更吸引流动人口城镇定居。城镇平均工资水平越高，流动人口越倾向于定居，这一发现不难理解，收入是流动人口城镇定居的重要推动力。与京津冀地区相比，流动人口更愿意选择定居在珠三角地区，我们认为无论是气候环境还是住房等方面，珠三角比京津冀更具有优势。

表 1–7　环境污染对流动人口城镇定居意愿的影响

变量	（1）	（2）	（3）	（4）	（5）	（6）	（7）	（8）
PM2.5	-0.006***	0.016***	0.001	0.021***				
	（0.002）	（0.002）	（0.002）	（0.003）				
PM10					–0.0179	–0.051***	0.001	–0.102***
					（0.019）	（0.020）	（0.020）	（0.024）
性别		0.043***	0.038***	0.035***		0.038***	0.036***	0.029**
		（0.009）	（0.009）	（0.009）		（0.011）	（0.012）	（0.012）
年龄		0.004***	0.010***	0.011***		0.004***	0.010***	0.011***
		（0.001）	（0.001）	（0.001）		（0.001）	（0.001）	（0.001）
年龄平方		–0.001***	–0.001***	–0.001***		–0.001***	–0.001***	–0.001***
		（0.000）	（0.000）	（0.000）		（0.000）	（0.000）	（0.000）

续表

变量	(1)	(2)	(3)	(4)	(5)	(6)	(7)	(8)
受教育程度		0.043***	0.034***	0.033***		0.046***	0.034***	0.033***
		(0.002)	(0.002)	(0.002)		(0.002)	(0.002)	(0.002)
婚姻		0.611***	-0.004	-0.010		0.625***	0.026	0.012
		(0.012)	(0.014)	(0.014)		(0.016)	(0.018)	(0.018)
流动范围		-0.203***	-0.178***	-0.252***		-0.164***	-0.154***	-0.251***
		(0.008)	(0.009)	(0.010)		(0.011)	(0.012)	(0.014)
家庭规模			0.271***	0.275***			0.246***	0.251***
			(0.005)	(0.005)			(0.006)	(0.006)
家庭支出			0.004	-0.007			0.032***	0.016
			(0.009)	(0.009)			(0.011)	(0.011)
家庭收入			0.457***	0.449***			0.461***	0.459***
			(0.010)	(0.010)			(0.012)	(0.012)
人均 GDP				0.001***				0.001***
				(0.000)				(0.000)
城镇平均工资水平				0.025***				0.021***
				(0.006)				(0.007)
房价增长率				-0.180***				0.044
				(0.054)				(0.108)
珠三角				0.175***				0.078***
				(0.022)				(0.022)
环渤海				0.287***				0.082***
				(0.025)				(0.021)
其他地区				0.104***				-0.025
				(0.020)				(0.021)
Constant	0.909***	-0.655***	-4.033***	-4.041***	0.989***	-0.564***	-4.293***	-3.844***
	(0.014)	(0.034)	(0.072)	(0.076)	(0.088)	(0.097)	(0.129)	(0.150)
Observations	122 760	122 759	122 758	122 305	76 118	76 118	76 117	76 117

注：***、** 和 * 分别表示在 1%、5% 和 10% 的水平下显著。

（二）内生性处理：局部工具变量法

环境污染变量与流动人口城镇定居之间可能存在潜在的内生性问题。一方面，虽然我国环境治理的改革一直在进行，然而由于中国诸多城镇转型升级还未能完成，产业结构依然没有得到优化升级，导致模型估计时低估环境污染的作用；另一方面，流动人口城镇定居也可能反过来影响环境污染，流动人口作为重要的劳动力，直接影响城镇的产业发展与经济增长，因此需要消除内生性所产生的估计偏差。局部工具变量回归是解决这一问题的较好方法。究其缘由，在微观异质性和选择偏差的情形下，传统的工具变量方法通常不能得到正确的估计参数，需采用局部工具变量法进行估计。我们采用环境污染概率作为环境污染的局部工具变量，并采用局部工具变量法进行估计（LIV）。第一阶段估计环境污染的倾向得分，第二阶段将该倾向得分作为环境污染的局部工具变量进行回归。具体模型构建如下：

$$\Pr\left(Environmental\_Pollution_i = 1 / K_i\right) = \Phi(a_i K_i) \qquad (2)$$

式（2）中，K_i 是包括城镇发展水平等影响城镇环境污染的变量；$\Phi(\bullet)$ 是标准状态分布函数。

内生性处理的结果如表 1-8 所示。从表 1-8 中可知，无论是以 PM2.5 指数作为环境污染还是以 PM10 指数作为环境污染，互联网使用的显著性、方向及大小与表 1-7 基本一致，表明互联网使用确实有利于降低农户陷入贫困的可能性。

表 1-8 内生性处理：局部工具变量法

变量	（1）	（2）	（3）	（4）
PM2.5	−0.007***	−0.022***		
	（0.002）	（0.003）		
PM10			−0.018	−0.104***
			（0.019）	（0.024）
其他变量		Y		Y
观察值	122 760	122 305	76 118	76 117

注：***、** 和 * 分别表示在 1%、5% 和 10% 的水平下显著。

（三）稳健性检验

空气质量指数（Air Quality Index，AQI）是定量描述空气质量状况的无量纲指数。其数值越大、级别和类别越高、表征颜色越深，说明空气污染状况越严重，对人体的健康危害也就越大。针对单项污染物还规定了空气质量分指数。参与空气质量评价的主要污染物为细颗粒物、可吸入颗粒物、二氧化硫、二氧化氮、臭氧、一氧化碳六项。2012 年新版空气质量标准——《环境空气质量标准》（GB3095—2012）出台。新版的 AQI 是在原有 API 评价的 3 种污染物（SO_2、NO_2、PM10）的基础上增加了细颗粒物（PM2.5）、臭氧（O_3）、一氧化碳（CO）3 种污染物指标，发布频次也从每天一次变成每小时一次。因此，相较 API，AQI 采用的分级限制标准更严、污染物指标更多、发布频次更高，其评价结果也将更加接近公众的真实感受。

对此本文采用 AQI 指数衡量环境污染状况，进行稳健性检验，回归结果见表 1-9。模型（1）中，AQI 指数在 1% 的统计水平下显著，回归系数为正，表明 AQI 指数与流动人口城镇定居意愿呈显著正相关性。但是考虑到未能添加控制变量将影响回归结果的稳健性，我们在模型（2）~ 模型（4）分别加入流动人口个体特征变量、家庭特征变量与城镇特征变量，发现在模型（3）中，AQI 指数依然显著为正。但是，在模型（4）中，AQI 指数在 1% 的统计水平下显著为负，AQI 指数每提高一个百分点，流动人口城镇定居意愿的概率分别降低了 8.7 个百分点。控制变量与表 1-7 的回归结果基本一致。

表 1-9　稳健性检验：替代自变量

变量	（1）	（2）	（3）	（4）
AQI 指数	0.0731***	0.0167	0.0901***	−0.0869***
	（0.019）	（0.020）	（0.021）	（0.025）
个体特征变量		YES	YES	YES
家庭特征变量			YES	YES
城镇特征变量				YES
Constant	0.509***	−1.865***	−5.340***	−4.726***
	（0.087）	（0.116）	（0.147）	（0.158）
Observations	75 584	75 584	75 583	75 130

注：***、** 和 * 分别表示在 1%、5% 和 10% 的水平下显著。

（四）异质性分析

众所周知，流动人口群体内部具有差异性，而差异性可能导致不同流动人口群体的环境污染感知与城市定居意愿存在差异。因此，通过异质性分析，可以更好地发现环境污染对流动人口定居意愿的影响机制。基于此，本文通过年龄、教育水平以及所处经济带几个特征来进行异质性研究，从而探讨环境污染对不同特征流动人口城镇定居意愿的影响。

一般来说，新生代流动人口与第一代流动人口不仅在家庭决策与社会资本上存在差异性，而且二者对环境关注度也不同。据此，表 1–9 中分析了环境污染对不同代际流动人口城市定居意愿的影响。研究发现，无论是新生代流动人口还是第一代流动人口，环境污染与城市定居意愿均存在负相关性，且第一代流动人口对环境污染更敏感。究其缘由在于以下两方面：一方面，新生代流动人口的身体素质更好，愿意以一定的健康代价来换取较高的经济收入。另一方面，定居城市既可以提高自我认同感，同时也是一种个人的投资行为，即通过一定社会资本、人力资本以及货币资本积聚以期未来获得更好的福利，但对于第一代流动人口来说，其个人资本水平远超过新生代流动人口，根据边际效用递减的规律，当环境污染较为严重时，他们将选择更有利于自身福利水平的乡村或其他低污染城市。

教育水平影响着流动人口的人力资本与思想观念，教育水平不同的流动人口城市定居能力也有所差异。表 1–10 中报告了环境污染对不同教育程度流动人口的城市定居意愿。研究发现，环境污染与未受过高等教育的流动人口城市定居呈负相关性，而环境污染与受过高等教育的流动人口城市定居没有显著影响。原因可能有以下两点：一是接受过高等教育的流动人口与未接受过高等教育的流动人口对于环境污染的认识存在差异性；二是接受过高等教育的流动人口收入更高且从事的工作以第三产业为主，对环境污染的感知是间接的且定居行为是相对较为稳定的。

不同经济带的产业类型有差别，作为流动人口定居行为的驱动因素，经济收入受不同产业类型的影响。表 1–10 报告了环境污染对不同经济带流动人口城市定居意愿的影响，研究发现除了京津冀地区未能通过显著性检验，环境污染挤出了珠三角、长三角地区的流动人口城镇定居。我们认为，京津冀地区经常发生雾霾，使得流动人口对环境污染的容忍度较高，而珠三角与长三角地区由于环境质量较高，其环境污染产生的边际效用更大，进而不利于流动人口城镇定居。

表 1–10　异质性分析：代际、教育与区域

变量	新生代	第一代	未接受高等教育	高等教育	京津冀	珠三角	长三角	其他地区
	（1）	（2）	（3）	（4）	（5）	（6）	（7）	（8）
PM2.5 指数	–0.016***	–0.029***	–0.022***	0.004	–0.046	–0.038**	–0.024***	–0.010***
	（0.004）	（0.004）	（0.003）	（0.015）	（0.042）	（0.016）	（0.008）	（0.003）
个体特征	YES	YES	YES	YES	YES	YES	YES	YES
家庭特征	YES	YES	YES	YES	YES	YES	YES	YES
城镇特征	YES	YES	YES	YES	YES	YES	YES	YES
Constant	–4.219***	–3.549***	–4.624***	–5.066***	–5.814***	–5.870***	–4.779***	–3.782***
	（0.245）	（0.364）	（0.095）	（0.655）	（0.450）	（0.260）	（0.235）	（0.124）
Observations	65 087	57 218	115 813	6 492	7 399	23 821	21 094	69 991
变量	新生代	第一代	未接受高等教育	高等教育	京津冀	珠三角	长三角	其他地区
	（9）	（10）	（11）	（12）	（13）	（14）	（15）	（16）
PM10 指数	–0.0205	–0.197***	–0.091***	–0.286	–0.046	–0.326***	–0.405***	–0.017
	（0.032）	（0.035）	（0.024）	（0.233）	（0.042）	（0.110）	（0.119）	（0.026）
个体特征	YES	YES	YES	YES	YES	YES	YES	YES
家庭特征	YES	YES	YES	YES	YES	YES	YES	YES
城镇特征	YES	YES	YES	YES	YES	YES	YES	YES
Constant	–4.458***	–2.696***	–4.519***	–2.980***	–5.814***	–5.135***	–7.261***	–4.056***
	（0.350）	（0.497）	（0.169）	（1.007）	（0.450）	（0.690）	（0.669）	（0.188）
Observations	40 738	35 379	71 400	4 717	6 399	15 989	14 783	45 345

注：***、** 和 * 分别表示在 1%、5% 和 10% 的水平下显著。

（五）作用机制分析

本文的实证结果表明，环境污染显著降低了流动人口城镇定居意愿。那么，一个随之而来的问题是：环境污染通过何种机制影响流动人口城镇定居意愿？我们认为可能的影响机制有以下两种：一是环境污染可能影响流动人口健康感知，进而降低了流动人口城镇定居意愿；二是环境污染可能影响流动人口生活满意度，从而降低了流动人口城镇定居意愿。对此，我们分别对健康感知与城市是否获得最具幸福感城市进行分析，具体结果见表 1–11。

表 1-11 Panel A 报告了健康感知的作用机制，模型（1）和模型（2）的回归结果显示，环境污染对流动人口健康感知具有积极效应，即环境污染显著提高了流动人口对健康的感知。在模型（3）和模型（4）中，参加了防治环境污染健康教育的流动人口比未参加防治污染健康教育的流动人口更愿意在城市定居，对环境感知程度较高的流动人口可以更好且更积极地应对环境污染带来的健康问题，从而更有意愿在城市定居，而没有意识到环境污染对身体健康有负面影响的流动人口往往在健康受到威胁时，无法采取措施进行应对，只能选择返流或继续迁移。

表 1-11 Panel B 报告了城市幸福感的作用机制，模型（1）和模型（2）的回归结果显示，环境污染对城市进入幸福感城市具有消极效应，即环境污染显著降低了城市进入幸福感城市的概率。在模型（3）和模型（4）中，如果城市入选最具幸福感的城市，那么将可能促进流动人口选择城镇定居。由此可见，环境污染将可能通过幸福感影响居民城镇定居。究其缘由在于以下两点：一是流动人口城镇定居是为了获得更高质量的生活，如果在城镇生活不幸福，那么将可能阻碍他们在城镇定居；二是最具幸福感城市能够吸纳流动人口在城镇定居，如果环境污染严重，将不可避免降低城市入选最具幸福感城市的可能，进而阻碍流动人口在城镇定居。

表 1-11　作用机制分析：健康感知与最具幸福感城市

变量		健康感知		城镇定居	
		（1）	（2）	（3）	（4）
Panel A	PM2.5	0.195***		-0.083***	
		（0.035）		（0.006）	
	PM10		0.262***		-0.034***
			（0.046）		（0.009）
	健康感知			-0.191***	-0.255***
				（0.025）	（0.052）
	其他变量	YES	YES	YES	YES
	常数项	0.186***	-0.234***	-0.234***	-0.671***
		（0.013）	（0.133）	（0.021）	（0.152）
	Observations	122 305	76 118	122 305	76 118

续表

变量		最具幸福感城市		城镇定居	
		（1）	（2）	（3）	（4）
Panel B	PM2.5	−0.174***		−0.031***	
		（0.056）		（0.007）	
	PM10		−0.176***		−0.096***
			（0.043）		（0.004）
	最具幸福感城市			0.120***	0.140***
				（0.006）	（0.007）
	其他变量	YES	YES	YES	YES
	常数项	0.816***	−0.597***	0.756***	0.109
		（0.046）	（0.156）	（0.046）	（0.139）
	Observations	122 305	76 118	122 305	76 118

注：***、** 和 * 分别表示在 1%、5% 和 10% 的水平下显著。

五、结论与讨论

流动人口城镇定居是中国新型城镇化建设与实现的重要内容。本文基于 2014 年全国流动人口卫生计生动态监测调查数据与中国城市年鉴数据，实证检验了环境污染对流动人口城镇定居意愿的影响。研究发现，环境污染与流动人口城镇定居存在负向关系，随着环境污染的加剧，流动人口城镇定居意愿呈现减弱的趋势，采用工具变量法处理内生性与稳健性检验后，环境污染依然对流动人口城镇定居具有“挤出效应”。机制检验发现，环境污染通过健康水平与生活质量影响流动人口城镇定居。异质性结果显示，新生代、高等教育与京津冀流动人口对环境污染更加敏感，环境污染对流动人口城镇定居的影响也更大。

本文研究发现了具有重要意义的政策意涵。《2021 年新型城镇化和城乡融合发展重点任务》明确指出：有序放开城镇落户政策，根据城镇社会发展需要及城镇环境资源的承受能力，合理确定落户条件，坚持存量优先原则；同时推动流动人口特别是农民工举家迁移，尤其是针对在城镇具有稳定就业的新业态流动人口等人群提供落户便捷通道。可见，城市定居已经成为流动人口个体的目标期许与政府推动城市高质量发展的战略任务。

流动人口城镇定居看似仅是流动人口的个人选择，却影响着中国新型城镇化的有序推进。流动人口是否完全能够融入城市生活，实现从农民到市民化的转型，直接关系到中国新型城镇化的发展路径与成败。如果新型城镇化建设与流动人口主观意愿契合，那么新型城镇化的发展与推动则可能取得事半功倍的效应。为实现流动人口的城镇化，不能只关注农民工群体的就业、收入等状况，更应注重流动人口在城镇定居的问题。真正高质量发展的新型城镇化，不在于城镇面积规模的扩张，而是让定居在城市的流动人口实现定居且生活幸福。否则，即便流动人口在城市定居被纳入了城镇人口，但现实生活中其生活质量却在下降，这样不仅背离流动人口城市定居的初衷，而且也背离了新型城镇化高质量发展的战略目标。

亲清政商关系可以缓解城市更新对政府资金的依赖吗?

——基于2020年165个城市的实证检验[①]

张钊　毛义华　胡雨晨

摘要：受当前减税降费、加大基建投资、新冠疫情等影响，财政面临巨大压力，城市更新过度依赖政府财政支持与该支持不能满足项目推进条件之间的矛盾越发明显，城市更新过程中政府的职能迫切需要从主导向引导转变。本文对2020年165个城市的城市更新水平和财政支持进行评价，随后利用分位数回归模型分析政商关系和财政支持对不同规模的城市更新的影响程度，并探讨政商关系对城市更新财政支持依赖的调节作用。研究发现：（1）财政支持与政府服务对城市更新水平有显著的正向影响，减税降费对城市更新水平有显著的负向影响；（2）随着城市更新规模的增大，财政支持与减税降费的影响逐渐增强，政府服务的影响逐渐减弱；（3）政府关心和政府透明度对城市更新财政支持依赖存在负向调节作用。进而从财政支持、政府关心、政府服务、减税降费、政府透明度5个角度提出推动城市更新高效运行的对策建议。

关键词：政商关系；城市更新；财政支持；服务型政府改革

一、引言

经过二十年的快速城镇化，我国的建筑业正在迈入一个全新的阶段，房

---

① 作者简介：张钊，浙江大学建筑工程学院博士研究生，从事城市发展与养老问题等研究；毛义华，浙江大学建筑工程学院教授、博士生导师，兼任浙江大学滨海产业技术研究院常务副院长，从事城市发展等研究；胡雨晨，浙江大学滨海产业技术研究院博士后，从事城市更新等研究。

屋建筑趋于饱和。2020年党的十九届五中全会通过《中共中央关于制定国民经济和社会发展第十四个五年规划和二〇三五年远景目标的建议》，明确提出要实施城市更新行动，为未来城市开发建设指明了方向——建筑业必须从“增量建设”向“存量提质”转变，城市的发展逐渐从城市边际扩张向城市更新转变，推动城市结构的调整优化和品质提升。城市更新是一项带有公共政策属性的集体行动，一直以来政府在城市更新中占据着重要的地位。但城市更新离不开资金的持续投入，仅靠财政支持难以实现高质量、可持续的城市更新，伴随着现阶段新冠疫情、减税降费带来的财政吃紧，需要政府充分调动社会资本的市场积极性，创建服务型政府引导社会资本参与城市更新迫在眉睫。

当前学术界大多是从城市更新单一项目的政商合作模式或融资策略等微观视角展开研究（杨晓冬，2019①；张佳丽，2022②），以宏观的城市政商关系、财政支持为切入点的研究较少，对于城市更新过程中营商环境营造关注不足。本文从宏观视角，通过实证分析探讨城市更新水平、财政支持、政商关系三者之间的影响机制，并提出改善政商关系、优化营商环境，降低城市更新财政依赖的对策建议，以吸引更多社会资本参与城市更新进程，高质量、可持续地推动城市发展。

二、文献回顾与研究假设

城市更新是构建可持续更新城市、落实中国高质量发展战略的重要手段（曹可心等，2021③）。在城市发展转型背景下，城市更新项目不仅要考虑社会经济发展、城市繁荣，还需要重视人们生活质量的改善和城市文化的保留（王晖等，2022④）。当前大量学者结合新时代美好生活需要与城市更新具体实践，从多个维度探究城市更新的理念、方案与行动，切实提升中国城市更新

① 杨晓冬，张家玉．既有建筑绿色改造的PPP模式研究：演化博弈视角［J］．中国软科学，2019（03）：183-192.

② 张佳丽，张恒斌，刘楚，等．基于国际比较视角下的我国城镇老旧小区改造市场化融资模式研究［J］．城市发展研究，2022，29（02）：7-11.

③ 曹可心，邓羽．可持续城市更新的时空演进路径及驱动机理研究进展与展望［J］．地理科学进展，2021，40（11）：1942-1955.

④ 王晖．城市转型发展背景下我国城市更新项目PPP模式研究［J］．中国市场，2022（09）：24-25.

的品质（赵雨亭，2022①）。随着时代的发展，政府在城市更新进程中所扮演的角色经历了“管制型”“增长型”和“服务型”3个政体阶段（韩文超等，2020②）。目前我国的城市更新治理模式逐渐由政府一元主导向多元主体协同合作转变（林辰芳等，2019③），政府由“主导者”转型成为“监管者”，从主导改造走向联动市场与社会协作改造。而这种转变在欧美日韩等国家已经取得了成熟的经验，在美国斯普林菲尔德市核桃街的改造实践中，社会组织有效协同行政组织、商业机构、城市公民展开合作，实现多元化空间权力的平衡（王玉龙等，2021④）。如何把多元主体的积极性调动起来，有效协调好各方利益，实现公共利益最大化，是新时代城市更新必须面对的新问题（陈毅等，2022⑤）。城市更新应注重因地制宜，发挥地方政府的主体作用，在各地城市更新实践中积极探索政府和社会资本合作模式，构建和谐的政商关系，更好地吸引社会资本参与（任荣荣等，2021⑥）。

要破解城市更新的治理困境，需要从社会网络的视角出发，引导多元利益相关方通过有效参与和充分协商，从而获得城市更新治理问题的最优解（黄志基等，2022⑦）。政府通过一定的政策倾斜，提升服务能力与廉洁程度，构建和谐的政商关系，吸引社会资本参与社会效益和经济价值兼具的城市更新项目（徐文舸等，2021⑧）。2016年习近平总书记提出的“亲清论”既明确了中国政商关系的边界，又确定了政府工作者和商业人士各自的角色和责任

---

① 赵雨亭 . 新时代城市更新的三个维度［J］. 人民论坛·学术前沿，2022（01）：103–105.

② 韩文超，吕传廷，周春山 . 从政府主导到多元合作：1973年以来台北市城市更新机制演变［J］. 城市规划，2020，44（05）：97–03+110.

③ 林辰芳，杜雁，岳隽，等 . 多元主体协同合作的城市更新机制研究：以深圳为例［J］. 城市规划学刊，2019（06）：56–62.

④ 王玉龙，安百杰 . 城市更新中的社会组织与空间权力平衡：基于美国核桃街历史街区改造的研究［J］. 东岳论丛，2021，42（05）：88–96.

⑤ 陈毅，衷培圆 . 基于权力、资本和权利三维视角的旧城更新运行机制研究：以历史文化名城苏州为例［J］. 江淮论坛，2022（01）：140–148.

⑥ 任荣荣，高洪玮 . 美英日城市更新的投融资模式特点与经验启示［J］. 宏观经济研究，2021（08）：168–175.

⑦ 黄志基，韩丹，易成栋，等 . 社会网络视角下城市更新治理模式比较与机制优化［J］. 城市发展研究，2022，29（03）：15–25.

⑧ 徐文舸，赵惠 . “十四五”时期新型城镇化拓展投资空间的趋势和潜力［J］. 宏观经济管理，2021（06）：10–17+25.

（张国清等，2016[①]）。政商关系呈现的是国家与社会、政府与市场、制度运行机制与官商行为方式之间的关联与博弈（黄毅，2021[②]），良好的政商关系，是国家主导之经济发展模式得以成功的重要因素（苏政等，2015[③]）。2018 年起中国人民大学国家发展研究院政企关系中心连续发布《中国城市政商关系排行榜》，形成了政府关心、政府服务、减税降费、政府廉洁度、政府透明度五个评价指标，对全国一百多个地级以上城市的政商关系从“亲”和“清”两个方面对新型政商关系进行系统评价（聂辉华等，2020[④]）。政府关心与服务、低廉的税务以及清明的执政环境可以提升企业的投资效率，形成“资本洼地效应”，即通过发挥本地比较优势，吸引更多社会资本流入本地区，以更好地带动本地区经济发展。为有源头活水来，社会资本源源不断地流入在提升城市更新水平的同时也可以缓解城市更新对财政支持的依赖。基于此，本文提出以下三条假设：

假设 1：财政支持与亲清政商关系可以提升城市更新水平。

假设 2：亲清政商关系可以缓解城市更新对财政支持的依赖。

假设 3：在不同政商关系的城市中城市更新对财政支持的依赖程度不同。

三、指标评价体系构建

（一）指标选择

本文选取 2020 年中国地级以上城市作为初始研究样本，为满足各指标计算需要，对初始研究样本进行筛选处理，剔除相关指标缺失的城市，总共得到 165 个观测样本。数据来源于《中国统计年鉴》、各城市的《国民经济和社会发展统计公报》以及《中国城市政商关系排行榜 2020》。

1. 政商关系

新冠疫情让全球经济陷入了严重衰退，而营商环境的改善使中国经济呈

① 张国清，马丽，黄芳 . 习近平“亲清论”与建构新型政商关系［J］. 中共中央党校学报，2016，20（05）：5–12.

② 黄毅 . 市场化进程中政商关系的共生庇护、寻利型变通与治理之道［J］. 地方治理研究，2021（04）：16–30+77–78.

③ 苏政，孟天广 . 在权力与财富之间：政商关系及其分析视角［J］. 国外理论动态，2015（11）：54–62.

④ 聂辉华，韩冬临，马亮，等 . 中国城市政商关系排行榜 2020［Z］. 中国人民大学国家发展与战略研究院：政企关系与产业发展研究中心年度报告，2020.

现出强大的动力和韧性。在此特殊背景下，人大国发院政企关系中心发布了《中国城市政商关系排行榜 2020》。聂辉华教授根据所建立的政商关系健康指数评价指标体系（见表 1–12）[①]，对选取指标进行逆指标正向化处理（企业的税费负担、政府廉洁度）、指标标准化处理和加权求和处理后，计算得到了中国各个城市的政商关系健康指数，并且进行年度排名。

表 1–12　中国城市政商关系健康指数评价指标体系

方面指标 I：亲近指标		
一级	二级	三级
政府对企业的关心（10%）	领导人到企业视察次数（5%）	领导人（市长、市委书记）到企业视察次数
	领导人与企业家座谈次数（5%）	领导人（市长、市委书记）与企业家座谈次数
政府对企业的服务（40%）	基础设施（10%）	道路面积 / 城市面积
		高铁和动车经过班次
	金融服务（10%）	年末存贷款余额 / 市区 GDP
		金融业从业人数 / 城市人口
		银行网点数量 / 城市人口
	市场中介（10%）	律师事务所数量 / 城市人口
		会计师事务所数量 / 城市人口
	电子政务效率（10%）	政府网站在线服务事项和效率
		移动政府服务效率（微信公众号和官方微博）
企业的税费负担（10%）	企业的税收负担（10%）	规模以上工业企业主营业务税金及附加 / 全市工业总产值
		本年应交增值税 / 全市工业总产值
方面指标 II：清白指标		
一级	二级	三级
政府廉洁度（10%）	食品安全许可证代办价格（5%）	食品安全许可证代办价格 / 最低工资
	百度腐败指数（5%）	腐败网页数量 / 网页总数
政府透明度（30%）	网络信息公开（15%）	网上信息公开发布情况
	财政透明度（15%）	财政透明度

① 聂辉华，韩冬临，马亮，等. 中国城市政商关系排行榜 2020［Z］. 中国人民大学国家发展与战略研究院：政企关系与产业发展研究中心年度报告，2020.

2. 城市更新水平

环境、交通、社会效益是我国城市更新的焦点，土地是城市更新的物质载体，而且随着增量规划向存量规划转型，土地的集约利用程度也是城市更新的一个重要环节。为此，把被解释变量城市更新水平分为环境、交通、社会和土地四个维度[①]。

生态环境是城市可持续更新的重要因素。当前我国城市发展已由单一的重视经济发展向生态环境和居民生活质量提升转变，人们也意识到了以往粗放式的开发建设带来了严重的环境污染，生态环境将是未来城市更新效率度量体系中的重要指标。生态环境维度选取的指标为生活垃圾无害化处理率、建成区绿化覆盖率增长和污水处理厂集中处理率。

交通是城市良好运营的基础，道路交通正面临着城市扩张的冲击，进一步完善交通能更好地保障社会经济活动正常运行。同时，交通基础设施建设具有乘数效应，能带来几倍于投资额的社会需求和国民收入。交通维度选取实有公共汽（电）车营运车辆增加量（辆）、公路客运增加量和实有城市道路面积增加量来度量城市道路交通基础设施更新水平。

社会系统良好的运行是城市更新的一个重要体现，社会包含的方面很广，主要有教育、医疗、文化、薪资、保险等方面。社会维度选取了学校新增数量、公共图书馆图书新增藏量、博物馆新增数量和医院新增数量四个指标度量社会发展更新水平。

土地是城市建设与发展的载体，土地的稀缺性决定了我国城市发展必须由重视人口数量和空间规模扩张的增量规划向提升发展内涵和质量的存量规划转型，需要提高空间利用效率，避免城市盲目扩张，对有限的土地进行高效利用成为城市更新的一个重要方面。土地维度选取城市建设用地占市区面积比重增长和棚户区改造面积来度量土地集约利用程度。

3. 财政支持

城市更新离不开财政的支持，基于城市更新水平指标的选择，本文选择利用政府对该城市 2020 年的基础建设投资、公共服务投资和节能环保投资来评价政府对该城市的城市更新财政支持。

---

① 孙胜举 . 城市修补视角下的我国旧城更新模式研究［D］. 哈尔滨：哈尔滨工业大学，2019.

（二）评价体系

本文利用信息熵赋权法对165个城市的城市更新水平与财政支持进行评价，信息熵可以度量评价对象在某个指标的分值差别的程度，差别越大，熵值越小；反之，差别越小，熵值越大。信息熵赋权法是客观赋权法，通过计算熵值来反映各个评价指标的变异程度，从而确定各指标权重，客观反映各评价指标在综合评价指标体系中的重要性，因此变异程度大的指标具有较大的权重即信息熵越小指标效用价值越大，赋权结果如表1–13所示。

表1–13　指标体系层次与赋权情况

目标层	指标层	熵值	差异性系数	指标权重
财政支持	基础建设投资（亿元）	0.8718	0.1282	0.3910
	公共服务投资（亿元）	0.9141	0.0859	0.2620
	节能环保投资（亿元）	0.8862	0.1138	0.3470
城市更新水平	建成区绿化覆盖率增长（%）	0.9930	0.0070	0.0479
	污水处理厂集中处理率（%）	0.9955	0.0045	0.0305
	生活垃圾无害化处理率（%）	0.9987	0.0013	0.0092
	实有城市道路面积增加量（万平方米）	0.9964	0.0036	0.0249
	实有公共汽（电）车营运车辆增加量（辆）	0.9901	0.0099	0.0679
	公路客运增加量（万人）	0.9980	0.0020	0.0135
	学校新增数量（所）	0.9933	0.0067	0.0456
	公共图书馆图书新增藏量（万册）	0.9943	0.0057	0.0389
	博物馆新增数量（个）	0.9862	0.0138	0.0947
	医院新增数量（个）	0.9939	0.0061	0.0418
	棚户区改造面积（万平方米）	0.9913	0.0087	0.0596
	城市建设用地占市区面积比重增长（%）	0.9231	0.0769	0.5256

（三）综合评价

结合指标体系的各个指标权重，运用TOPSIS法计算2020年165个地级市的财政支持与城市更新水平的综合指数，并根据综合指数得出各城市的排名情况。接近程度Ci越趋向于1，说明各评价对象越靠近最优水平；反之则说明越靠近最劣水平。将接近程度划分为五个等级，分别为低（0 ≤ Ci

< 0.2）、较低（0.2 ≤ Ci < 0.4）、中（0.4 ≤ Ci < 0.6）、较高（0.6 ≤ Ci < 0.8）、高（0.8 ≤ Ci < 1）[①]。结果如表 1-14 所示。

表 1-14　综合评价前五名城市

评价维度	城市	最优方案距离 D+	最劣方案距离 D-	接近程度 Ci	综合评价等级
财政支持	北京	0.0633	0.5445	0.8959	高
	深圳	0.0972	0.5096	0.8398	高
	上海	0.1124	0.5075	0.8187	高
	重庆	0.1326	0.4765	0.7823	较高
	广州	0.3253	0.3220	0.4974	中
城市更新水平	郑州	0.1066	0.5297	0.8325	高
	深圳	0.1484	0.4172	0.7377	较高
	洛阳	0.1842	0.3748	0.6705	较高
	合肥	0.2449	0.3100	0.5587	中
	新乡	0.2534	0.3026	0.5443	中

由 TOPSIS 评价可知，深圳市在财政支持与城市更新水平的综合评价等级均为较高或高强度，说明国家对深圳市财政支持力度较大，深圳市当前正处于高速发展的阶段；而北京、上海等财政支持等级较高的城市更新水平的等级却较低，说明城市发展较为成熟已经进入了缓慢更新的阶段；而郑州、洛阳等城市的城市更新水平较高，财政支持却略显不足，需要得到政府的关注。

四、实证分析

（一）财政支持与政商关系对城市更新水平的直接影响

选用 165 个地级以上城市政商关系中的政府关心、政府服务、减税降费、政府廉洁度、政府透明度五个一级指标作为调节变量，将变量名称设为 t_1~t_5，为了减弱异方差的影响对 t_1~t_5 进行自然对数处理。根据第三节得出的各指标权重计算各城市财政支持总指数，参照政商关系的评价方法对总指数进行百分制赋分，记为变量 x；同理可得各城市城市更新水平的评分，记为变

① 张家玉，杨晓冬．三度空间理念下城市韧性评价与提升策略研究［J］．工程管理学报，2021，35（06）：55-60.

量 y。我国幅员辽阔，城市历史与发展基础各异，不同城市处于不同的发展阶段，如北京、上海等城市的基础设施与文化设施发展较为成熟，已经迈入了城市微更新阶段，为了探讨不同城市发展阶段财政支持与政商关系对城市更新水平的影响，除了构建基础 OLS 模型，本文还构建分位数回归模型，如公式（1），利用 0.1~0.9 五个分位数线性关系进行分位数回归，并与最小二乘回归进行比较，可以更加深入分析自变量对因变量分布范围的影响，从而得到全面的分析[①]。OLS 与分位数回归结果如表 1–15 所示。

$$Q_\theta(y \mid x) = x'\beta(\theta) \tag{1}$$

表 1–15　财政支持与政商关系对城市更新水平直接影响的回归结果

	OLS	0.1	0.3	0.5	0.7	0.9
x	0.214*** （4.458）	0.007 （0.350）	0.140*** （4.000）	0.204*** （4.976）	0.399*** （7.980）	0.576*** （4.786）
t_1	−0.291 （0.295）	−0.845** （2.076）	−0.585 （0.823）	−0.652 （0.788）	0.052 （0.005）	1.160 （0.485）
t_2	2.880** （2.170）	4.157*** （7.580）	2.496*** （2.605）	1.914* （1.717）	1.946 （1.420）	−0.501 （0.155）
t_3	−1.446*** （2.875）	−0.377* （1.813）	−0.727** （2.003）	−0.688 （1.630）	−1.992*** （3.838）	−2.653** （2.173）
t_4	−0.121 （0.133）	−0.695 （0.374）	−0.170 （0.260）	0.335 （0.440）	−0.469 （0.501）	−0.346 （0.157）
t_5	−0.868 （0.774）	−0.065* （1.858）	0.184 （0.222）	0.769 （0.799）	−0.367 （0.301）	−1.228 （0.441）
常数项	25.431*** （4.238）	14.480*** （5.851）	18.257*** （6.048）	18.118*** （3.596）	28.463*** （4.594）	39.950*** （2.743）
Adj/Pseudo-R^2	0.298	0.133	0.151	0.153	0.216	0.332

注：*、**、*** 分别表示在 10%、5%、1% 的置信水平下显著，括号内为显著性 t 值。

表 1–15 汇报了财政支持与政商关系对城市更新水平直接影响的回归结果，列（1）是基于 OLS 的基准回归，回归结果显示财政支持与政府服务的系数为正，减税降费系数为负且具有统计学意义，其他政商关系变量对城市更新水平

① 黄醇醇，王晓文，李琳娜 . 城市轨道交通对沿线住宅价格的时空效应：以福州地铁 1 号线为例［J］. 地理研究，2021，40（10）：2808–2822.

影响并不显著，这说明对于中国地级以上城市来说，财政支持与政府服务正向推动了城市更新，企业减税降费负向阻碍了城市更新，假设 1 得到部分验证。地方政府推动城市更新的主要资金来源是中央政府的财政支持、企业投入的社会资本以及地方税收，减税降费降低了地方政府的财政收入，因而对城市更新的推进产生了阻碍作用。列（2）~（6）是 0.1~0.9 分位的分位数回归结果，除去 0.1 分位点的结果，财政支持的系数随着分位数的增加而增加，且显著为正，说明随着城市更新水平的增大，城市更新对财政支持的依赖逐渐加深。政府服务的系数随着分位数的增加而减小直至 0.7 分位处开始不显著，说明政府服务只能在中小规模城市更新中起到积极作用，对于处于发展旺盛期的城市作用并不明显。减税降费的系数随着分位数的增加而降低，说明随着城市更新水平的提升，减税降费对城市更新的负向阻碍作用逐渐增强。

（二）政商关系对城市更新财政支持依赖的调节效应

政商关系除了直接影响城市更新水平还可以作为调节变量通过影响城市更新的财政支出依赖程度影响城市更新水平，为了检验这种机制是否存在，本文构建调节变量模型展开分析①，回归结果如表 1–16 所示。

表 1–16　政商关系对城市更新财政支持依赖的调节效应回归结果

	政府关心	政府服务	减税降费	政府廉洁度	政府透明度
x	0.297***	0.165*	0.215***	0.291***	0.443***
	（5.278）	（1.845）	（4.185）	（3.635）	（4.287）
t_1	−0.224	−0.275	−0.279	−0.347	−0.299
	（−0.232）	（−0.278）	（−0.282）	（−0.351）	（−0.308）
t_2	2.398*	3.119**	2.871**	2.667**	3.176**
	（1.828）	（2.261）	（2.151）	（1.996）	（2.424）
t_3	−1.395***	−1.435***	−1.436***	−1.464***	−1.407***
	（−2.827）	（−2.844）	（−2.770）	（−2.912）	（−2.841）
t_4	0.078	−0.173	−0.128	0.102	0.232
	（0.088）	（−0.190）	（−0.140）	（0.110）	（0.257）
t_5	−1.217	−0.8	−0.87	−1.071	−4.614**
	（−1.077）	（−0.649）	（−0.756）	（−0.926）	（−2.462）

① 温忠麟，侯杰泰，张雷．调节效应与中介效应的比较和应用［J］. 心理学报，2005（02）：268–274.

续表

	政府关心	政府服务	减税降费	政府廉洁度	政府透明度
xt_i	−0.264*** （−2.729）	0.048 （0.648）	0.003 （0.076）	0.078 （1.210）	−0.507** （−2.500）
常数项	29.454*** （4.773）	36.34*** （6.248）	23.469*** （3.828）	29.613*** （5.228）	23.678*** （4.283）
N	165	165	165	165	165
F	12.287	10.804	10.716	11.024	12.035
Adj.R^2	0.325	0.295	0.293	0.300	0.320

注：*、**、*** 分别表示在 10%、5%、1% 的置信水平下显著，括号内为显著性 t 值。

列（1）~（5）分别是政府关心、政府服务、减税降费、政府廉洁度、政府透明度对城市更新财政支持依赖的调节效应检验结果，五个模型中财政支持、政府服务、减税降费对城市更新的影响与基准回归结果大致相同，说明了结果的稳健性。列（1）与列（5）中交互项 xt_i 的相关系数符号为负与 x 的系数符号相反，且在 0.01 的水平上通过了显著性检验，说明政府关心与政府透明度的提升可以减弱城市更新的财政依赖，政府透明度交互项系数更大则说明政府透明度的提升对城市更新的财政依赖的减弱效果更为明显。其他政商关系变量对城市更新的财政依赖并无显著调节作用，假设 2 得到部分验证。

（三）异质性分析

在上述分析的基础上，进一步探讨不同亲清政商关系城市对财政支出的依赖，根据将 165 个城市按亲近指数和清白指数分为亲近清白型、清而不亲型、亲而不清型、不亲不清型四种类型①，探讨不同类型城市的财政支出与城市更新水平之间存在何种关系，回归结果如表 1–17 所示。

表 1–17　异质性分析结果

	亲近清白型	亲而不清型	清而不亲型	不亲不清型
x	0.085 （1.284）	0.547*** （3.249）	0.894** （2.265）	1.209*** （3.607）

① 梅德平，洪霞．论“亲”“清”新型政商关系的构建［J］．江汉论坛，2018（08）：31–35.

续表

	亲近清白型	亲而不清型	清而不亲型	不亲不清型
t_1	-1.14 (-0.766)	1.206 (0.396)	-2.212 (-0.68)	2.357 (1.441)
t_2	8.948*** (2.801)	-1.68 (-0.314)	-5.451 (-0.582)	0.952 (0.429)
t_3	1.985 (1.397)	-3.404*** (-2.734)	-0.892 (-0.565)	-1.281* (-1.774)
t_4	-0.937 (-0.644)	-0.02 (-0.009)	1.647 (0.63)	0.825 (0.462)
t_5	6.575 (0.615)	0.39 (0.194)	10.833 (0.675)	-5.353** (-2.154)
常数项	-32.562 (-0.707)	33.475 (1.378)	-7.53 (-0.107)	29.861** (2.423)
F	8.483	5.525	1.084	4.058
N	55	28	28	54
Adj.R^2	0.454	0.501	0.012 8	0.257

注：*、**、*** 分别表示在 10%、5%、1% 的置信水平下显著，括号内为显著性 t 值。

列（1）~（4）分别是亲近清白型、亲而不清型、清而不亲型、不亲不清型四类城市的回归结果，列（1）中除政府服务系数正向显著外其他系数均不显著，这说明亲近清白型城市的城市更新并不存在财政依赖，政府服务是提升城市更新水平的主要途径。列（2）~（4）中财政支持的系数均正向显著且逐渐增大，说明这三类城市的城市更新存在财政依赖，且依赖程度不亲不清型＞清而不亲型＞亲而不清型，假设 3 得到验证。除此之外，回归结果表明在不清型城市中，减税降费对城市更新水平均产生负向影响，不亲不清型城市中政府透明度对城市更新水平产生负向影响。不清型城市企业对政府的信任程度较低，并不愿意投资在城市更新等政商合作项目中，导致城市更新资金来源受限，更多地依赖于财政支持与地方税收，因而减税降费对城市更新水平带来负向影响。在不亲不清型城市中政府的服务能力与信赖度都较低，政府发布招标信息后企业的响应概率较低，导致大量无用信息的产生，这些信息并不会为城市更新带来正向影响。

五、结论与启示

（一）结论

本文通过构建分位数回归模型探讨了政商关系与财政支持对城市更新水平的影响；利用调节效应模型研究了政商关系对城市更新财政依赖的调节作用；并基于异质性分析进一步得出了不同类型城市的城市更新水平对财政的依赖水平。研究结论如下：

第一，财政支持与政府服务对城市更新水平有正向影响，减税降费对城市更新水平有负向影响，且随着城市更新规模的增大，财政支持与减税降费的影响逐渐增强，政府服务的影响逐渐减弱。

第二，政府关心与政府透明度对城市更新财政依赖具有明显的调节作用，提升政府关心与政府透明度可以减弱城市更新过程中对政府财政支持的依赖程度，且政府透明度的调节作用更为明显。

第三，不同类型城市的城市更新水平对财政依赖水平不同，不亲不清型＞清而不亲型＞亲而不清型，亲近清白型城市的财政支持对城市更新水平并无显著影响。此外，亲近清白型城市中政府服务对城市更新水平存在正向影响，不清型城市中减税降费对城市更新水平存在负向影响，不亲不清型城市中政府廉洁度对城市更新水平存在负向影响。

（二）启示

1. 财政支持视角：研究中发现北京、上海等城市虽然已经发展较为成熟，城市更新水平较低但政府仍给予较大的财政支持，相反，郑州、洛阳等城市仍处于高速发展、大规模更新的阶段却缺乏来自政府的财政支持。现阶段财政支持仍然是影响城市更新水平的重要因素，面对这样的资源错配，中央政府应加大对洛阳、郑州这类高更新水平低财政支持城市的关注，为其高速、高质量发展提供助力。

2. 政府关心视角：政府关心可以提升财政支持的投资效率，搭建投资杠杆，利用公共资金撬动社会资本，从而形成新的模式来推动城市更新的进程，让每一笔投资都有迹可循得到最好的利用，减弱城市更新的财政依赖。政府和企业是城市更新中的主要利益主体，合理分配双方的利益能够加强政商合作，吸引更多企业参与城市更新，推动城市更新进程。国家或城市根据城市特点制定相应的更新标准和导向，地方政府在城市更新中有把控全局的作用，故能在一定程度上避免市场化主导更新项目同质性，同时也能在城市更新过程中塑造鲜明的城市特点。此外，政府关心还应该合理配置政府和企业在城市更新中的权利，调动企业对基础设施和公共服务投入的积极性。城市更新中政府和企业的关系由纵向的政府主导拓展为横向的政商合作结构，实现由“任务导向为中心”向“关系导向为中心”的转变。应加强基层政府的自由裁量权，建立反馈机制，能够有效回应城市更新中政商合作遇到的实际问题，做到具体问题具体分析，提高企业对政府的信任度，加大和政府合作参与城市更新的意愿。

3. 政府服务视角：政府服务是中低城市更新规模城市以及亲近清白型城市的城市更新水平的主要影响因素，这两类城市大多发展水平较高、基础设施与文化设施较为成熟，如北京、上海等，它们本身对社会资本的吸引力较高，对财政支持的依赖程度较低，对于这类城市提高政府服务能力、优化营商环境尤为重要。不同的企业对营商环境有不同的需求，例如传统产业、制造业企业对营商环境的需求更注重商务成本、劳动力、土地获取便利度、政务环境的效率等因素；数字经济、创新创业型企业对营商环境的需求更注重企业开办的便利性，营商环境相关规则的规范性、稳定性，公共数据的可获得性等。因此，地方政府在优化营商环境中需要找准企业对营商环境的需求和痛点，根据企业需求层次和企业特点，对政务服务内容进行细分实施，打造差异化、精准化的企业服务制度，以优质的服务促进企业对城市经济发展的贡献，带动城市更新的效率。面对市场主体种类繁多、新兴产业不断诞生的情况，容易出现政府服务供给跟不上企业发展实际需求的困境，政府部门应当突破旧有的服务框架体系，令政府各部门主动关切不同类型企业的发展需求，提升个体层面的政务服务满意度，打造令企业满意的营商环境。

4. 减税降费视角：地方政府的税收是城市更新资金的重要来源，城市减税降费对城市更新水平产生了负向影响，在此基础上，拓展资金筹措渠道，以社会资本代替地方政府的税收至关重要。城市更新应按照“政府引导、市场运作、多方参与、互利共赢”的原则，促进政府和社会资本合作，以盘活国有存量资产。面对新冠疫情的冲击，政府债务压力加大，亟须引入民间企业对城市建设进行投资，国家发展改革委印发了《引导社会资本参与盘活国有存量资产中央预算内投资示范专项管理办法》，推出了REITs和PPP模式新的融资渠道，吸纳社会资本投入到基础设施建设中去。目前以银行为主的间接融资占大多数，但直接融资的比例有所提高，融资方式呈现多样性。政府应引导市场金融机构根据城市更新项目的资金筹措、建设方式和还贷来源等具体情况，在以土地使用权和建筑工程抵押担保发放贷款的基础上，探索贷款投放和担保新模式，创新信贷金融产品、改善金融服务，通过构建融资平台、提供贷款、建立担保机制等方式对城市更新项目予以支持，优先保障符合条件城市更新项目的信贷资金需求。

5. 政府透明度视角：政府透明度提升可以增强企业对政府的信任，提升企业的投资效率，减弱城市更新的财政依赖。提升政府透明度需要民众具有参与政民互动的积极态度，高水平的透明政府，离不开民众的积极参与，也离不开公众对政府工作的了解和评价。要建立一个透明政府，需要公众贡献时间、精力和能力并要负起责任。公众应该在政府工作中培养知情权，提高对政府信息认知、学习和利用的观念，积极参与透明政府的合作治理。城市更新是一个以公民为主体的综合社会项目，它的发展方向取决于公众的需求。因此，政府在制定城市更新规划时，要充分听取市民的意见。构建互动开放的公众参与体系，把公众参与贯彻于城市更新决策及后续管理环节。创新舆论宣传和公众参与的方法模式，广泛采用新媒体、自媒体平台、立体宣传等方式来传播城市更新信息，营建优良的城市改造舆论氛围。探索建立城市更新公共平台，充分利用数据、信息与知识支撑，开发城市更新应用平台。

第二篇　城市更新规划治理

职能分配与空间映射：政府边界视角下的更新单元模式研究[①]

江璇　孙洁

摘要：“更新单元”是城市更新重要的对象与载体，当前更新单元定义不统一，边界类型混杂。本文从南京市秦淮区的实证案例出发，总结试点地块、项目包和规划单元三种典型的更新单元边界模式。进而借助政府边界理论，分析不同模式的形成机理：（1）政府的权力、职责、能力和效率四重边界动态变化，形成不同“权力—职责”维度和“效率—能力”维度的组合，决定了更新单元边界划定事务的职能分配：中等的维度组合对应试点地块模式，较低的维度组合对应项目包模式，而最高的维度组合对应规划单元模式。（2）三种模式对应生成零散独立、局部组合和全域覆盖的三种边界形态。（3）边界划定的原则经历了绩效导向、成本导向到治理导向的变迁；划定主体由社会为主、政府为辅变为市场主导，再回归政府主导。城市更新不同阶段应动态调整政府、社会、市场的职能分配，选择适用的单元边界划定模式。

关键词：政府边界理论；职能分配；城市更新；更新单元边界；秦淮区

一、引言

我国城镇化进程已从“量能扩张”的上半场转入“品质提升”的下半

① 作者简介：江璇，硕士，南京市城市规划编制研究中心，规划师，研究方向为城市规划管理与政策、城市更新；孙洁，博士，南京大学建筑与城市规划学院，南京大学中产化研究中心，助理研究员，研究方向为城市社会空间、绅士化、城市更新。

场，城市更新经历了半个多世纪的内涵发展，已不仅局限于物质空间环境的改善[①]，而是正迈向土地集约增效、功能置换提升、文化传承活化、产业创新转型等多维目标[②]，城市更新正在逐渐成为城市综合治理的重要抓手[③]。近年来，全国各地的城市更新已经从理论走向实践，从试点走向全域，从“大事件”走向“常态化”。其中，更新单元作为实现城市更新综合目标的本体、“规划—实施—管理”全流程的载体，扮演着至关重要的角色。

究竟什么是城市更新“单元”，学界尚没有统一界定。“单元”本义是样本中自成系统的独立成分。广义上来说，凡是城市更新地区内自然或人为划定了边界的空间范围，均可称为更新单元。在我国既往更新工作中，“单元”字眼频繁出现且定义不一而足。《深圳市城市更新办法》将“更新单元”作为城市更新活动的基本空间单位，涵盖所有需改造的城市区域[④⑤]；佛山设置“三旧改造单元”作为衔接分区控制大纲和具体项目改造地块的过渡空间[⑥]；广州针对“三旧”改造地块进行动态“标图建库”，库中公共设施、自然边界、产权边界较为完整的地区可划定为一个单元[⑦]；北京推行以街区为单元的城市更新模式，更新单元对应中观层面控规尺度[⑧]。各地实践证明，“更新单元”已经成为城市更新的核心空间管控工具。科学划定更新单元，是推动更新实施、保障社会效益的前提。当前有关更新单元边界类型及划定机制的讨论较为匮乏，有必要补充相关理论及实证研究。

---

① 文林峰，杨保军．全面实施城市更新行动，推动城市高质量发展：专访住房和城乡建设部总经济师杨保军［J］．城乡建设，2021（16）：4–35.

② 南京市规划和自然资源局，南京市城市规划编制研究中心．南京城市更新规划建设实践探索［M］．中国建筑工业出版社，2022：69–71.

③ 庄少勤．上海城市更新的新探索［J］．上海城市规划，2015（5）：10–12.

④ 程慧，赖亚妮．深圳市存量发展背景下的城市更新决策机制研究：基于空间治理的视角［J］．城市规划学刊，2021（06）：61–69.

⑤ 王承旭，钱征寒．融合治理理念的深圳城市更新实践［J］．城市发展研究，2021，28（10）：8–11.

⑥ 陈晨，赵民，刘宏．珠三角“三旧”改造中的土地利益格局重构及其运作机制：以佛山市“三旧”改造经验为例［J］．中国名城，2013（01）：33–40.

⑦ 唐燕，杨东．城市更新制度建设：广州、深圳、上海三地比较［J］．城乡规划，2018（04）：22–32.

⑧ 马红杰，赵晔，贾欣，等．推进以街区为单元的城市更新：北京街区更新工作规划研究［J］．北京规划建设，2021（04）：7–10.

二、边界理论的引入

（一）更新单元边界的类型

更新单元作为有限面域，必然拥有边界特性。从空间拓扑关系上来看，有相离、邻接和重合等类型。据观察，以试点项目或阶段性工程为契机划定的更新单元，往往尺度悬殊，分布零散，难以连接成片，甚至出现边界重叠、重复划定的情况；而区域性规划引导下的更新单元，与街区、行政街道、控规图则单元等既有边界吻合度较高，更新单元两两之间、更新单元与其他空间管控单位之间多为简单邻接关系。从划定依据角度看，一类是将其与国土空间详细规划的空间单元相对应，分层次进行不同深度的方案编制与实施指引；另一类则不拘泥于现有的规划编制单元，而是结合自然要素、现状需求、发展意向、实施计划、治理主体等要素另行划定，以单元关联具体的更新项目。从划定方式角度看，一种是“政府主导的客观要素识别”型，往往由地方政府采用客观评价的方式，识别问题和需求较大的地区，例如因地制宜地筛选更新评价因子，建立分类型、分层次评估体系①②，并统筹考虑各方收益与其价值贡献比例，尽可能在边界内达到效益平衡③④。另一种是“主观申报+政府计划”型，典型案例为深圳的“全区—片区—单元”三级更新规划管控体系，由市场或社会主体自主申报更新范围，市区政府提出单元最小面积和公共设施用地完整性等前置性要求，并对毗邻的单元进行整合调优，引导零星改造向适度有序的规模改造转变⑤，从而尽可能避免资本趋利性造成的公共服务供给缺失等弊端⑥。

---

① 濮蕾，赵明利，侏源．建立单元划定评估机制促城市更新高质量推进［C］．面向高质量发展的空间治理：2020 中国城市规划年会论文集（02 城市更新），2021：1196–1203.

② 蔡琪琦，徐姝．基于提升城乡发展品质为目标的更新单元规划探究：以成华区旧城更新为例［C］．面向高质量发展的空间治理：2020 中国城市规划年会论文集（02 城市更新），2021：1922–1929.

③ 聂家荣，李贵才，刘青．基于夏普里值法的城市更新单元规划空间增量分配方法探析：以深圳市岗厦河园片区为例［J］．人文地理，2015，30（02）：72–77.

④ 王玉．产权单元为工具的老城更新实施规划工作路径探索：基于高平老城更新实施规划的实践［J］．中外建筑，2018（09）：99–103.

⑤ 刘昕．城市更新单元制度探索与实践：以深圳特色的城市更新年度计划编制为例［J］．规划师，2010，26（11）：66–69.

⑥ 盛鸣，詹飞翔，蔡奇杉，等．深圳城市更新规划管控体系思考：从地块单元走向片区统筹［J］．城市与区域规划研究，2018，10（03）：73–84.

纵观更新单元定义与边界类型可知，我国尚未建立起统一的更新单元讨论语境。一方面，各种类型的更新单元空间层次不统一，重复化、破碎化，协调难，影响更新的整体效益；另一方面，更新单元的管理体系不明确，与法定规划交叉重叠，与项目计划相互混淆，在规划审批、实施管理时面临掣肘。当下，更新试点全面铺开，存量开发模式向常态化迈进，城市更新单元边界划定的原则亟须深入探讨。

值得关注的是，无论在何种更新单元划定方式中，政府行为的重要性均不容忽视。城市更新单元的空间边界与政府的职能边界具有显隐性关系。换言之，更新单元并不仅仅是空间分析、筛选、拟合的结果，更是政府权责与效能不断变化过程中的行政选择。因此，厘清单元边界背后的政府职能边界特征十分必要。本研究引入政府边界理论，对南京市三种更新单元划定模式进行剖析，以期为各地的城市更新治理提供决策参考。

（二）政府边界分析模型

政府边界概念最早起源于西方的有限政府理论。早期的西方政治哲学家认为政府权力来源于个人权利的让渡，政府权力是有限的。其后衍生出关于政府职能有限性的讨论，以凯恩斯为代表的干预主义提出政府应该是社会秩序与经济生活的积极干预者，以亚当·斯密为代表的自由主义崇尚最小职能的政府。围绕“小政府大社会”理念，西方学者提出政府决策是行政成本、资源配置、权利保护等多因素影响下的公共选择过程[①]，进一步论证了政府能力和效率有限性。我国学者就政府、社会组织、市场三者的职能边界展开讨论，共识是“凡属政府应当履行的职能必须由政府履行，凡属于社会和市场可自行解决的职能则必须交由社会和市场完成”[②]。政府干预公共事务需考量价值、领域与效率的边界[③]，实现有效限权、放权和分权[④⑤]。

如何建设有限而有为的现代政府？关键在于政府履职方式的优化。有学者对此全面构建了政府边界体系：除了显性层面的组织实体边界外，政府还

① 陈向芳．基于清单管理模式的政府权责边界构建问题研究［J］．理论导刊，2017（01）：4-9.

② 徐宇珊．政府与社会的职能边界及其在实践中的困惑［J］．中国行政管理，2010（04）：36-38.

③ 荀明俐．政府干预市场的三重边界：基于公共责任视角［J］．中国行政管理，2016（04）：122-125.

④ 高丽媛．从再分配过程看公利性政府的权力边界［J］．现代经济信息，2017（04）：45-49.

⑤ 董陈丽．政府权力边界与政府清单制度研究［J］．统计与管理，2016（03）：121-123.

具有隐性边界，包含权力、职责、效率和能力四个要素，按照“权力—职责”维度以及“效率—能力”维度的组合可以分为九个区域的矩阵（见图 2-1），可据此指导公共领域中政府作为，优化职能安排①。

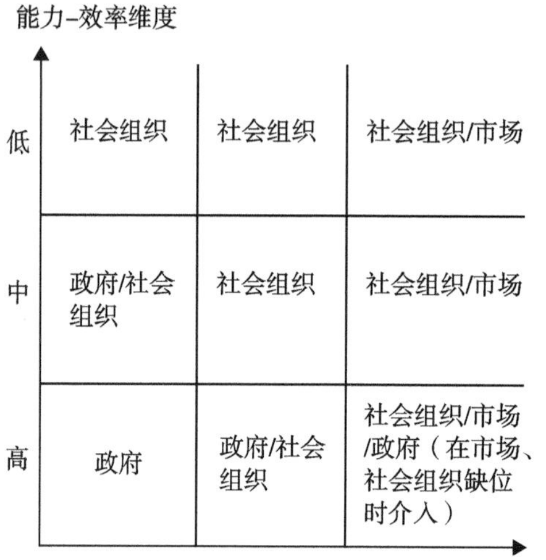

图 2-1　公共领域职能矩阵

图片来源：根据相关文献整理。

（三）模型适用性与机制预测

政府边界理论为认识城市更新单元边界问题提供了一种全新视角。首先，城市更新是典型的公共管理事务，更新单元既是空间范围，也是事权范围，迫切要求政府积极作为、科学施策；同时，市场、社会组织同样在城市更新中起到不可忽视的作用，政府行为的边界效应必然存在。其次，四种政府边界在此项公共事务中均有所显化：权力边界限制政府在制定单元划分规则时的权力运行范围；职责边界则界定了政府为推动单元划定理应发挥什么样的作用；效率边界反映了在哪个范围内政府主导单元划定是有效率的；能力边界则体现政府为保障单元划定科学性、有效性所能发挥的最大作用。

因此可预测，政府职能在更新单元边界划定工作中受“权利—职责”“效率—能力”两个维度的限制；不同的更新单元划定模式对应着职能矩阵中的

① 何哲．政府边界问题及行政体制改革的基本原则研究：基于政府权力边界、职责边界、效率边界与能力边界分析［J］．北京行政学院学报，2016（04）：55-65.

不同维度；不同的政府边界在空间上映射为不同单元边界形态。本文将从南京市秦淮区的实证案例入手，验证并修正上述猜想。

三、更新单元边界的实证演变

秦淮区是南京古都文化的起点，承载了丰厚的历史遗存，展示出独具特色的市井风貌；但同时危旧房、棚户区较多，面临着城市发展、民生改善和特色塑造等多重难题。作为南京市城市更新的先行军，秦淮区在划定更新边界问题上做出了试点地块模式、项目包模式和规划单元模式三种尝试。

（一）试点地块模式

南京市秦淮区早期的城市更新以高效推动单个项目落地为目标，具有强烈的实施导向性，单元边界勾勒出更新需求最为显著的地块。案例有以石榴新村为代表的十个更新试点。石榴新村是秦淮区典型的历史遗留问题地块，在“毛地出让”十多年后，因民意难调和收支难平等问题，始终未能实现搬迁更新，成为周边开发带动模式遗留下来的“硬骨头”。其更新工作重点面向危房消险、民生改善、片区功能提升等目标，原本限定在更新需求最大的产权边界内开展，但由于地块面积小、不规则、碎片化，更新开发的规模效益有限。基于此，南京市出台了试点针对性政策《开展居住类地段城市更新的指导意见》，将周边边角地、夹心地、插花地、非居住用地一并纳入更新范围，来解决地块规模效应不足等问题。

对比石榴新村等更新试点范围（见图 2–2）与其所在的规划管理单元红线可以发现，试点单元边界均小于控规图则边界，且不拘于规整的地块形态。试点单元的更新规划通常被称为“某地块控详单元调整方案”。此阶段的更新单元遵循自下而上的生成逻辑，以需求为基，辅以形态和规模微调，通过实施方案反向校调控规图则。

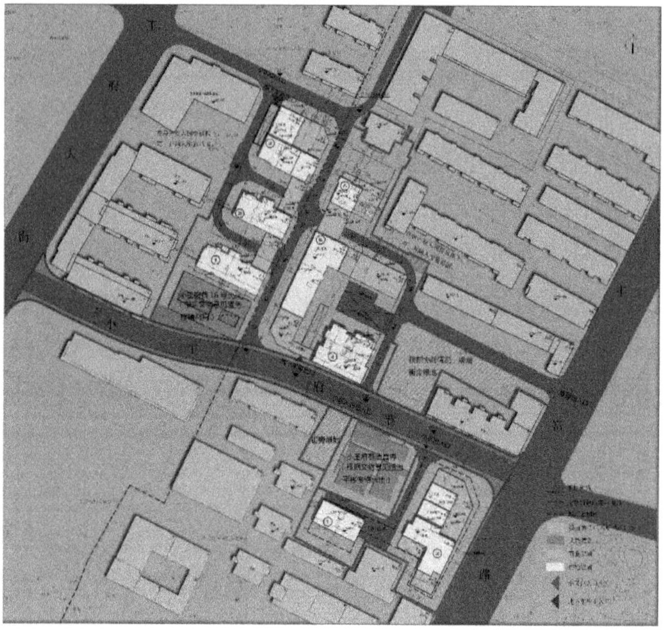

图 2-2　石榴新村更新单元边界

图片来源：石榴新村城市更新（安全消险）项目规划设计方案。

（二）项目包模式

“十四五”前期，秦淮区全面梳理全区更新需求，将拟更新对象划分为53个更新项目包。在“打包”对象的选择上，一方面着力补齐民生短板弱项，以民生类对象为主体；另一方面考虑收益平衡，便于项目运作，形成具有融资推介性的“标的”。具体的“打包”方式是以历史地段、棚户区、老旧小区等民生类主体带动点状非成套化改造、低效用地开发、低效楼宇更新、文保历史建筑修缮，按更新“标的”涵盖的范围划定。每个项目包含1～3个控规单元，边界与控规图则单元边界重合，原则上不跨越街道，便于后续以街道为单位推动实施。

“项目包”模式无论从划定原则还是从管控指引内容上来看，均呈现出极强的成本思维。由于资源本底不均质，能相互组合“做平经济账”的更新对象分布具有随机性，所以此类单元边界的密度并不均衡。且内部具体实施范围通常远小于单元边界，也就是说，一个项目包内实际获得更新投入的仅仅是一小部分，所谓单元边界更像是一种涵盖多个经济测算对象的“百宝箱”

和划分责任主体的“楚河汉界”。

图 2-3　秦淮区城市更新项目包单元示例

图片来源：秦淮区“十四五”城市更新项目规划研究。

（三）规划单元模式

随着国土空间规划体系不断完善，与规划传导相关的单元类型登上了秦淮区城市更新的舞台，更新单元边界逐渐与地方详细规划编制指南中的“单元”“街区”“地块”边界相适应①。当前阶段，秦淮区采用“客观要素识别”型单元划定方法，构建更新潜力评价指标体系，其中包含本体、配套、适应性和外部条件四个维度共32个指标。以街区为评分对象，根据分值进行全域空间分析，识别出现状问题较突出、更新需求较高的地区。在更新潜力评价结果的基础上按照详细规划“单元”边界划定“更新编制单元”，明确更新目标，开展可行性研究，制定规划方案，并从居住品质、历史文化、产业发展、公共服务、市政交通、景观环境六个方面提出管控指引；内部划分“更新实施单元”，落实上位规划要求制定更新策略，编制详细方案，提出实施指引。

此阶段的更新单元边界以客观评价结果为基底，对应详细规划空间层次，呈现出均质、规则的形态。不仅仅围绕“一栋危房、一个小区、一条街巷”

① 依据《江苏省城镇开发边界内详细规划编制指南（试行）》，江苏省自然资源厅2021年发布。

等微观实施对象，更关注片区社会空间效益的整体提升。城市更新单元规划替代相应地区详细规划，作为实施管理的法定依据，体现出全域性、长期性、综合性的管控思路。

四、政府边界的理论演绎

在政府边界理论中，权力边界和职责边界由意识形态、社会需要等决定；效率边界与能力边界由组织资源、管理技术等决定。在城市更新单元不同模式中，政府边界受以上诸多因素影响而动态变化，呈现出不同的尺度大小，进而影响更新单元划定的职能分配，并在空间上体现为更新单元边界形态的差异（见图 2–4）。

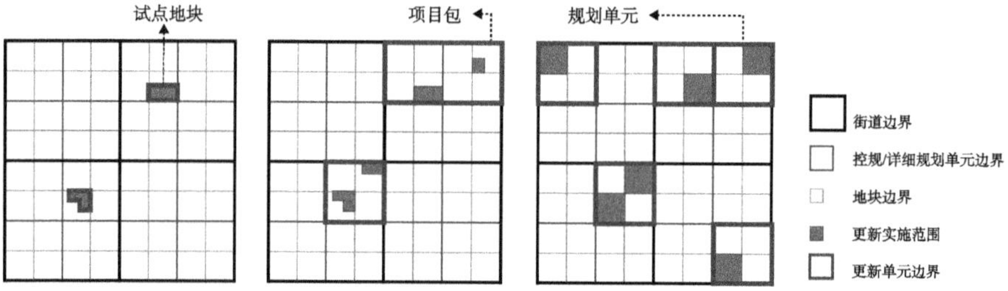

图 2–4　三种更新单元边界形态

（一）权责边界渗透，效能边界固化

在试点地块模式中，受全市“样板”身份、“十四五”开局节点等因素影响，政府积极参与划定更新单元这项公共事务；社会主体则因能效优势，在其中起到主导作用。

从“权力　职责”维度看，更新试点通常与民生关系最密切、更新难度最大、更新需求最迫切，也是建成宜居城市、提高困难群众的获得感、满意度必须要攻克的难点。首先，更新试点的划定通常与政府年度工作计划及大事件相关联，例如石榴新村更新项目的开工仪式在南京城市更新论坛上举办，一定程度上加速了前期的方案制定和意见征询。试点项目的高效推进对于提升当地政府城市更新工作美誉度、打响地区城市更新创新名片具有举足轻重的作用。简言之，因时间紧、任务重，政府的职责边界是扩散的。其次，因试点项目备受重视，在事权层级上跨越了街道范围，得到省、区、市各级政府的“保驾护航”，故能迅速组建由建设、房产、规资各部门全力配合的工作小组，并能根据基层政府实际需求，尽快出台包含规划管理、用地管理、资金支持、不动产登记等办法的政策包。试点更新方案的落地可以说是“一路绿灯”，在这一点上，政府权力的边界自上而下“渗透”。

在“效率—能力”方面，原征收拆迁模式频频引发社会不安定因素，政府强制划定更新单元的行为出现边际效率递减，触及投入不抵产出的临界点Q2（绝对效率边界）（见图2-5）。因此，试点地块边界划定的职能向非政府主体转移，具体包括物业权利人、政府指定的国有平台公司及联合体等。例如，石榴新村的居民通过与实施主体签订更新协议，自愿向管理部门申请启动城市更新项目。与此同时，政府自身积极提升治理能效，着力解决社会公众无法把握的全局问题，维系了自身在边界划定事务中的调控地位。具体表现为：在规划政策方面，适度调整、合并或拆分地块，将无法独立更新的用

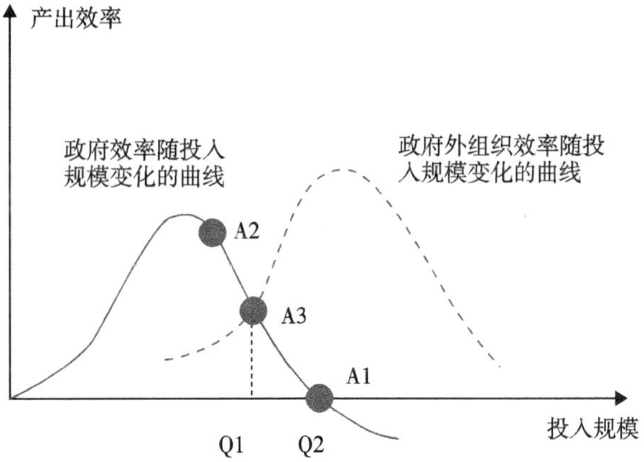

注：Q1——政府在投入效率低于其他组织类型投入效率的规模临界点（即相对效率边界）。
Q2——随着边际效率递减，政府投入不抵产出时的投入规模临界点。
A1——原征收拆迁模式中政府投入达到绝对效率边界。
A2——试点地块模式中，社会自愿申报，政府提升治理能效。
A3——更新全域铺开后，政府调控效率下降至相对效率边界。

图2-5 政府效率随投入规模的变化趋势

图片来源：作者依据文献[①]绘制。

① 何哲．政府边界问题及行政体制改革的基本原则研究：基于政府权力边界、职责边界、效率边界与能力边界分析［J］. 北京行政学院学报，2016（04）：55-65.

地、相邻的非居住低效用地纳入片区，通过允许调整边界、简化程序、放宽

指标，提高更新规划可行性。在公众意见协调方面，组织多轮意见征询，允许通过分步实施的方式平衡整体需求和个人意愿。例如，石榴新村项目中，在签约率达到95%后，涉及危房消险的建筑，可按照抢险优先、人房分离的原则，向不同意签约的居民提供临时居住保障方案，守住了更新边界的公共利益底线，避免了更新行动“知难而退”的局面。

总体看来，试点模式下，“权力—职责”维度高，意味着政府基于公共利益需求，必须涉足单元边界划定领域；“效率—能力”维度初始较为低下，社会替代政府自下而上主导单元边界塑造，同时，政府作为规则制定者和实施监督者参与边界调整，实现了效能边界的提升与稳固（见图2-6）。

（二）权责边界收缩，效能边界衰退

在项目包模式中，更新任务在全区范围内铺开，“集中力量办大事”的试点模式难以为继，更新单元边界划定的职能阶段性地向市场倾斜。

在“权力—职责”维度方面，因更新工作趋于常态化，社会关注度逐渐分散，且经年度计划分解，更新战线逐步拉长，单个项目的时限压力降低，故政府的权责边界随之缩小。

从“效率—能力”维度看，虽在试点项目的推动下已出台针对性政策包，但由于更新类型多样，实际操作仍面临诸多困难。例如，缺少市级层面的协调机制及管理机构，现行日照、安全、消防等技术标准不适用，房屋产权认定标准缺失，公共参与机制尚待完善等。其中直接影响更新计划落地的痛点是资金平衡压力大，秦淮区虽以南部新城土地出让的收益专项支持城市更新，但依然存在较大的资金缺口。当全域存量更新的发展趋势与诸多实施操作障碍相碰撞，单纯从实际需求与政府计划出发划定更新单元边界，似乎已经成为“纸上谈兵”，能效欠佳，必须将市场预期贡献纳入考量。根据效率边界定律，当政府效率衰退至相对效率边界（Q1）时，有必要将部分公共事务交由市场组织负责（见图2-5）。因此，在项目包边界的划定中，市场化的成本估算成为核心内容。预计支出包括民生类项目的征拆费用、建筑修缮费用、基础设施改造费用等；预计收益不仅包含市区专项资金补助、出让金返还等政策性收益，还重点将老旧小区改造增加面积的经营性收益、低效用地再开发的市场投资、历史及文保建筑改造租赁的收益等考虑在内。

总体而言，在项目包模式下，政府的“权力—职责”维度随更新面域扩

大、更新时限拉长、政策红利消失而降低；“效率—能力”维度因操作困难、成本限制等原因衰退，从而引发市场开发主体介入，并基于资金平衡的原则主导单元边界的划定，而单元所属街道起到协调和监督作用（见图 2–6）。

（三）权责边界扩张，效能边界回升

在规划单元模式中，为弥补市场短板、适应国土空间规划管控要求，更新单元边界划定的职能重新回归政府手中。

在“权力—职责”维度方面，城市更新的公益性质重新浮现，政府“守夜人”的天职促使其担起前瞻性、全局性的治理责任。具体而言，项目包的市场化漏洞渐渐暴露，例如，忽视历史投入成本和产权人意见，造成重复性更新建设；对于公益性项目的投资积极性不足，导致公共设施的发展空间被进一步挤压；增值潜力大的项目包成为开发热土，而产权主体复杂、更新投入收益微薄的民生类项目不受市场青睐，成为遗留问题等。因此，政府必须加强顶层设计，通过科学评估确定更新对象，提升更新边界划定的公平性和公共性，并将城市更新任务以规划导则的方式前置化、法定化。

从“效率—能力”维度看，政府借助国土空间规划体系改革契机，探索更新单元规划方法，创造提升能效的治理工具。相较而言，市场划定的项目包只能满足城市近期的更新需求，忽略了地区整体中长期发展的有序控制；而政府主导的更新规划单元模式，一方面能够以更长远的目光优化调整城市功能布局，另一方面也可通过针对性的管控条目指导近期实施，如在一般详细规划内容基础上增加公共要素清单、更新主体、更新模式、实施方案、赋权证明、附加政策等细则。因此，尽管城市更新单元规划的后续实施离不开社会、市场主体的共同参与，但仅论单元边界划定这一前期事务，政府的能效仍占上风：一是在更新地区识别体系的构建方面，政府及时准确地掌握城市战略发展方向，可设定全面覆盖社会、空间、产业、产权等维度的指标；二是在对接详细规划方面，能够利用好部门间信息互联的优势，保障规划层次的一致性和规划传导的有效性，实现实施项目与管控单元从“建管分离”向“一体统筹”的转变。

综上所述，规划单元模式下，“权力—职责”维度回升，并达到全要素治理的新高度，更新单元规划既是政府履行社会治理职责的工具，又是政府巩固城市更新全生命周期管控权力的抓手，将发挥建设性职能和规范性效力；

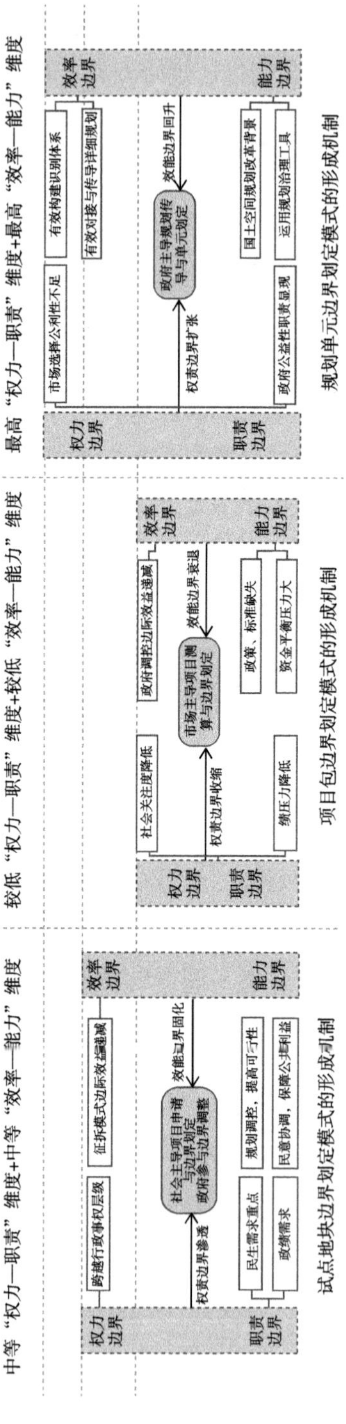

图 2-6　三种更新单元边界划定模式的形成机制与维度对比

“效率—能力”维度将取得长足增长，政府不仅在近期具备边界识别的视野和手段，还能促使更新单元与详规空间单元对接、等效，推动全域规划管控工具的扁平化，绕过各类空间管控边界重叠、冲突的陷阱（见图 2-6）。

（四）更新单元划定的职能矩阵与空间映射

通过对三种更新单元划定模式中政府边界的分析，可以做出如下评判：政府的“权力—职责”维度、“效率—能力”维度由高到低排列为：规划单元模式、试点地块模式、项目包模式（见图 2-6）。将三种模式置于“权责—能效”二维坐标中，可以较为直观地展示出各自的政府边界特性（见图 2-7）。与公共领域的职能划分矩阵比对可以发现，基本符合理论预设的普遍规律。

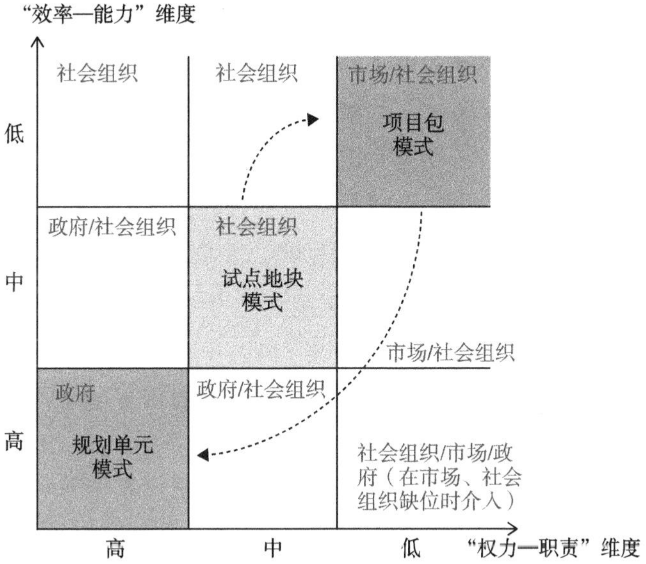

图 2-7　更新单元边界划定中的职能矩阵

纵向观察发现，三种边界划定模式对应三个不同的城市更新阶段，边界划定的原则经历了绩效导向、成本导向到治理导向的变迁；划定主体由社会为主、政府为辅变为市场主导，再回归政府主导。反映在空间上，试点地块边界因由社会主体申请，表现为点状分散、规模较小的不规则形态；项目包边界因由市场经成本估算划定，呈现为尺度差异大且分布不均衡的组团；规划单元边界因与详细规划空间层次对应，边界规整均质且与一般性详规单元无缝对接，联合实现全域管控。

五、结论

本文从南京市秦淮区的实证案例出发，总结了试点地块、项目包和规划单元三种典型的更新单元边界划定模式。进而借助政府边界理论分析阐述了不同模式的形成机理。主要结论有：第一，政府的权力、职责、能力和效率四重边界受意识形态、社会需求、组织资源和管理技术等因素影响动态变化，进而形成不同“权力—职责”维度和“效率—能力”维度的组合，决定了更新单元边界划定事务的职能分配：中等的维度组合对应试点地块模式，较低的维度组合对应项目包模式，而最高的维度组合对应规划单元模式，最终生成零散独立、局部组合和全域覆盖的三种边界形态。今后在开展相关政策制定及研究时，需要进行准确的单元类型界定，不可一概而论。第二，在城市更新的理论建构方面，本文验证了公共管理学中政府边界理论的适用性，通过与职能矩阵的拟合，反向证实了城市更新事务的公共属性。城市更新单元划定是政府、社会组织、市场多元主体相互牵制与合作的结果，政府的角色从调控者变为监督者，最后成为规划管控平台的操盘者。在治理能力现代化的时代要求下，应加强对政府城市更新职能的考察和动态调整，科学引导社会、市场参与城市更新。此外，本文实证案例中的模式选择具有阶段必然性，且层层嵌套关联——正因试点模式难以复制，市场介入才成为必然之举，而市场失灵势必促使政府加大治理力度，开发新的规划管控工具。在规划管理决策中，应明晰地区所处发展阶段和核心需求，选择适用的更新单元边界模式，并及早预设可能出现的问题，及时转变更新单元划定策略，保证后续的规划、建设、管理高效推进。

我国城市更新实践中的开放赋能式设计治理机制研究①

梁潇亓　王世福

摘要：近十年，广州、深圳在部分城市重点片区探索总设计师制度（以下简称总师制）创新实践，利用片区统筹规划、城市设计等规划治理手段，在中观尺度上协调市场、社会等多元主体利益诉求，破解价值导向缺失、系统调控乏力、规划实施脱节等城市更新过程中的治理问题。地方政府采用总师制推进城市更新行动的治理机制如何运作？基于对现有城市更新治理模式的研究综述，借鉴城市设计治理理论，尝试构建“主体—权责—工具”设计治理机制分析框架；运用项目跟踪、关键人物访谈、文献综述等研究方法，对广州市传统中轴线历史城区、深圳市龙华区的总师制实践进行案例研究。研究发现：区级政府以采购企业提供规划设计服务的形式，外聘总规划师团队为其提供规划决策咨询、规划整合与论证、规划设计咨询、设计审查等技术服务；总师在获得政府设计授权后，运用7类9项设计治理工具在特定片区范围内协助政府开展城市更新治理；城市片区更新治理结构在传统政府行政管理科层结构的基础上，逐步转向以技术主体为纽带串联政府、市场、社会多元主体的“网络化”治理结构，以开放赋能的片区总师模式设计治理推进片区更新的整体性治理。

关键词：城市更新；总规划师；设计治理；治理机制；广州深圳

---

① 作者简介：梁潇亓，华南理工大学建筑学院博士研究生，主要从事城市规划设计研究；王世福，华南理工大学建筑学院教授、博士生导师，主要从事城市规划设计、城市更新研究。

一、广深城市片区更新治理的困境与挑战

（一）强区放权促进城市更新治理方式转变

为高标准高质量推进城市重点片区开发建设，广州和深圳推进“强区放权改革”。2017 年，深圳市政府制定《深入推进简政放权促进重点区域开发建设的若干措施》，确定下放 55 项市重点区域分指挥部事权。2022 年，深圳市规土委起草《全面深化规划国土体制机制改革方案》，精简下放 70% 的规划国土等行政职权事项。一是强化区级政府的属地责任，使其更能利用综合手段解决多方面更新问题，更积极推动项目实施；二是强调更新的“整体性”，有利于跨层级、跨部门的各项改造要求、技术指标与内容的整合。城市更新治理工作由原市级规划部门转向以区级政府为主导，区政府在更新项目统筹决策、技术审查、跨部门联合行动等方面有更多自主空间、更积极主动。在此背景下，区政府作为更新项目的主要监管负责单位和实施管理部门，负责项目立项、编制、审批、实施、监管等全环节工作，责权利统一，对项目实施效果负有全部责任；在区政府与实施企业根据发展需求和客观存在问题进行协商后，提出具体工作诉求，更能推进更新项目的实施。在区政府平台上，综合运用“拆除重建、综合整治、土地整备、交通改善、市政扩容、环境提升”等手段，避免因部门条块分割导致的手段隔离，综合手段促进片区整体发展。

（二）城市片区更新治理的三方困境

城市片区更新治理面临政府、市场、社会的三方困境。一是政府治理困境，区级政府和街道办等基层政府的城市开发建设事权缺乏、组织内部缺乏更新经验和技术人才、一级开发缺资金、联合开发缺合规性，管控体制尚待完善，更新实施规划需要逐步从指标管控型空间规划向多规一体的空间治理逐步转变。二是市场转型困境，企业转型压力大、土地获取算账难、三条红线融资难、突破审批难。三是公众参与困境，社会主体诉求主要是民生改善和消费升级，需要在城市更新过程中满足人民群众对美好生活的向往；市民及社会组织参与存量更新的路径尚待挖掘。

（三）创新实践：城市重点片区总设计师制度

城市重点片区总设计师制度（以下简称总师制）是对现有政府主导的规划管理制度的一种柔性补充制度①。目的是保障城市空间的公共利益最大化、提高城市空间品质、高效推进城市建设。总师制是近年来广深城市新兴出现的由区级政府主管部门聘请的半正式设计治理组织，区级政府以采购企业提供规划设计服务的形式，外聘总规划师团队为其提供规划决策咨询、技术咨询、设计审查等服务；同时，赋予总规划师若干规划管理事权，如规划论证建议权、规划许可审查建议权等权力，但仍缺乏地方行政立法部门的正式立法授权②。以城市设计技术为主要手段、以城市空间为对象，协调各个相关利益主体、设计愿景与工程实现能力之间的关系，需要“市—区”两级政府之间、各部门之间，政府和市场企业、社会组织之间形成合力。广州国际金融城是首个探索总师制实践的重点片区，由何镜堂院士担任总师，其团队从2012年至今已服务10年。随后总师制模式逐步推广至广州历史城区、老城片区、新城片区等部分城市重点片区（见表2–1）。

表2–1　近十年广深城市重点片区总设计师制度代表性项目

空间类型	行政区	城市重点片区	用地面积（hm^2）	总师团队	服务时间	工作内容
新城片区	广州天河区	广州国际金融城启动区	1.32	何镜堂＋华工院团队	2012年至今	片区城市设计 片区控规优化 各地块设计审查
	广州海珠区	广州琶洲西区（互联网集聚区）	2.1	孙一民＋华工院团队	2014年至今	片区城市设计 片区控规优化 各地块设计审查
	深圳南山区	深圳湾超级总部基地片区	1.17	孟建民＋深建院团队	2018年至今	片区城市设计 统筹专项规划 规划条件审查 各地块设计审查

① 司马晓，单樑.显隐之间：深规院城市总设计师工作的深度实践［J］.当代建筑，2022（05）：30–35.

② 王世福，梁潇亓.半正式城市设计治理的中国实践［A］.孙施文（等）著，治理·规划Ⅱ，2021年中国城市规划年会论文集.中国建筑工业出版社，2021.

续表

空间类型	行政区	城市重点片区	用地面积（hm^2）	总师团队	服务时间	工作内容
历史城区	广州越秀区	广州传统中轴线历史文化街区	1.7	王世福 + 华工院团队	2017 年至今	片区城市设计 更新类实施规划 重点项目跟踪 更新方案审查
老城片区	东莞中心城区	三江六岸片区	48.7	王富海 + 蕾奥团队	2020 年至今	片区实施规划 规划项目整合 更新潜力研究
	深圳龙华区	超级商圈片区 观澜小镇片区	超级商圈 5.39 观澜小镇 3.19	王富海 + 蕾奥团队	2020 年至今	片区城市设计 片区更新规划 空间品质提升 古墟保护与运营
	深圳福田区	香蜜湖片区	1.9	单樑 + 深规院团队	2020 年至今	片区城市设计 片区更新专项规划 片区控规优化

资料来源：作者统计。

二、研究综述与理论借鉴

（一）城市更新治理模式相关研究

城市更新治理模式（Mode of Urban Regeneration Governance）强调政府、市场、社会三方多元主体在城市更新空间增值分配博弈过程中，各主体之间形成的关系类型与特征①。其研究秉承了城市政体研究范式，即围绕政府、市场和社会三大利益集团展开治理模式构建，分析不同主体的利益诉求和利益实现机制的特征，寻求利益整合机制②。现有研究以第二次世界大战后西方城市更新实践为案例，根据更新治理主体构成不同划分为政府主导型、公私合作型、协作治理型、自主治理型四类③；根据政策目标的差异划分为促进经济

① 张磊．“新常态”下城市更新治理模式比较与转型路径［J］. 城市发展研究，2015，22（12）：57-62.

② 陈易．转型期中国城市更新的空间治理研究：机制与模式［D］. 南京：南京大学，2016.

③ PIERRE J. Models of Urban Governance：The Institutional Dimension of Urban Politics［J］. Urban Affairs Review，1999，34（3）：372-396.

增长型、社会改革型、社会福利型三类更新治理模式①。中国语境下，城市片区设计治理的核心主体是“市—区”两级人民政府，其中，国有企事业单位、民营房企是推动城市更新的实施主体；而公众、社团组织等社会力量在有的地方仅停留在“象征性公众参与”层面②。国内学者田莉（2020）根据南方某城市城中村改造实践提出“政府统筹+村集体自主更新”模式③，唐婧娴（2016）根据广州、深圳、佛山三地城市更新治理模式政策利弊成因分析，讨论在强政府主导模式、政府“守夜人”模式、政府补贴市场模式下政府与市场的关系对空间发展产生的不同影响④。

（二）城市设计治理理论

城市设计治理（Urban Design Governance）概念是2016年由英国城市设计专家马修·卡莫纳（Matthew Carmona）率先提出，他在城市设计的公共政策属性研究基础上，将治理理念、城市治理理论引入城市设计领域。在英国语境中城市设计和城市规划常混用，在我国的语境下，可以泛指城市规划设计的实践。城市设计治理是主张以政府为核心，建立技术专家、市场、社会等多元主体共同构成的行动与决策体系⑤，通过谈判、协调等方式在城市空间规划设计和开发建设过程中介入国家认可的设计干预手段，使城市设计过程与结果更符合公众利益，从而实现协同发展的过程⑥。城市设计治理本质上探讨的是城市政体干预城市设计的基本手段，是对“良好”设计本质进行判断的政治过程的一部分⑦。城市设计治理的目标是“获得良好城市设计创意方案”和“确保良好城市设计实施过程”。卡莫纳通过对1999年至2010年期间英国

① STONE C N. Regime Politics：Governing Atlan ta，1946—1988［M］. Lawrence：University Press of Kansas，1989.

② 何艳玲 . 治理框架下的公民参与和发展路径［J］. 上海城市管理职业技术学院学报，2009，18（04）：17-20.

③ 田莉，陶然，梁印龙 . 城市更新困局下的实施模式转型：基于空间治理的视角［J］. 城市规划学刊，2020（03）：41-47.

④ 唐婧娴 . 城市更新治理模式政策利弊及原因分析：基于广州、深圳、佛山三地城市更新制度的比较［J］. 规划师，2016，32（05）：47-53.

⑤ 祝贺，唐燕 . 英国城市设计运作的半正式机构介入：基于CABE的设计治理实证研究［J］. 国际城市规划，2019，34（04）：120-126.

⑥ CARMONA M, MAGALHÃES C D, NATARAJAN L. Design Governance—the CABE experiment［M］. 唐燕，祝贺，蔡智，译 . 北京：中国建筑工业出版社，2020.

⑦ 祝贺，唐燕 . 英国城市设计运作的半正式机构介入：基于CABE的设计治理实证研究［J］. 国际城市规划，2019，34（04）：120-126.

政府及其非政府公共部门英国建筑与建成环境委员会（CABE）的设计治理方法进行分类归纳，总结出正式与非正式共八大类27项设计治理工具。其中，正式设计治理工具是指政府干预城市规划设计的方法，具有明确的国家权力和法律效应，分为“引导、激励和控制”三大类12项治理工具；非正式设计治理工具是指CABE等非政府公共部门干预城市设计的方法，分为“证据、知识、促进、评价、辅助”五大类15项治理工具（见表2-2）。

表2-2　设计治理工具箱及其使用性质

正式设计治理工具

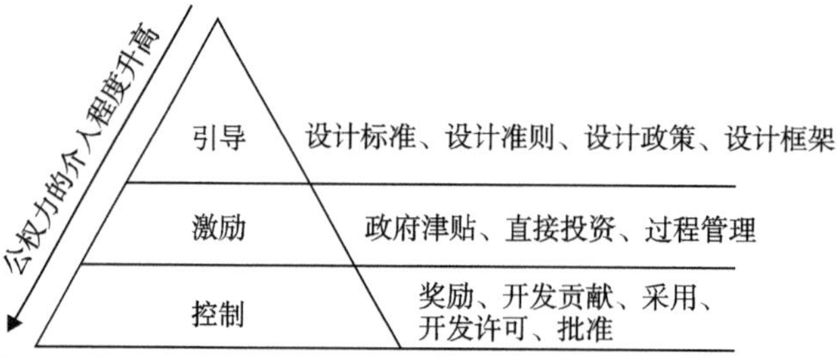

控制类工具	以法律法规为支撑，满足政府给出的条件或期望后，政府许可非政府主体进行城市建设活动。包括设计标准、设计准则、设计政策、设计框架。
激励类工具	政府赋予非政府主体额外的利益，以激励非政府主体提供“好的设计”和塑造“良好的城市环境”。包括政府津贴、直接投资、过程管理。
引导类工具	政府部门为约束、指导其他非政府主体遵守的设计要求。包括奖励、开发贡献、采用、开发许可、批准。

非正式设计治理工具

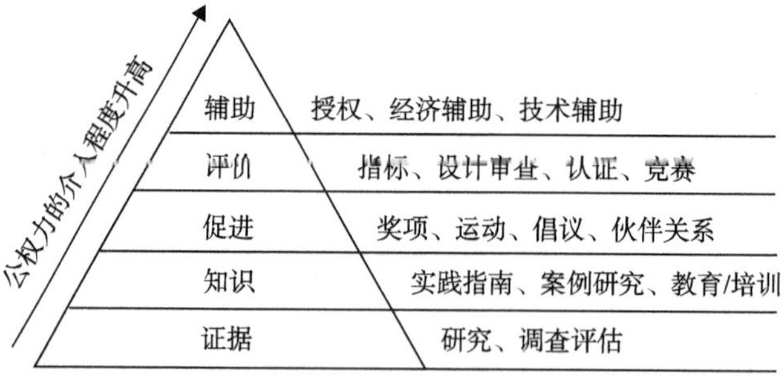

证据类工具	设计师收集并提供设计论证证据以支撑或反驳设计观点、设计目标、政府决策等，主要为政府提供设计咨询服务。包括研究、调查评估。
知识类工具	设计师或相关机构以设计论证证据为基础，传播好的设计方案、设计质量、设计价值以及优秀设计实践案例等专业设计知识，以提高设计从业者、公众、管理者、开发商的设计意识，凝聚多方共识。包括实践指南、案例研究、教育/培训。

续表

促进类工具	设计师主动促进设计决策过程中的多方沟通与交流，促进公众参与，促进多方达成设计共识。包括奖项、运动、倡议、伙伴关系。
评价类工具	设计师运用一定设计技术方法和程序，对具体项目的设计目标、设计过程与设计成果进行评价，目的是通过评价来影响最终设计结果或提供借鉴。包括指标、设计审查、认证、竞赛。
辅助类工具	为提高建成环境的设计质量，政府或其他公共机构运用资金、技术与人力资源对具体项目进行直接或间接的资金支持或技术援助。包括授权、经济辅助、技术辅助。

资料来源：笔者根据 Design Governance：the CABE Experiment 整理重绘。

三、城市重点片区总设计师制度的更新治理机制

（一）开放赋能式设计治理机制

总师参与片区更新治理的内在逻辑是地方政府向设计师开放“做事的可能性空间”、赋权并允许其辅助规划管理、促使其角色从行动者逐步转变为“技术总管”，调动并激发其专业潜能参与设计治理。目的是建立以政府为核心，技术专家辅助，包容市场企业、社会组织等多元主体共同构成的行动与决策体系；在城市空间规划设计和开发建设过程中运用国家认可的设计治理工具进行设计干预，使城市设计过程与结果更符合公众利益，从而实现空间结果最优、社会善治的过程。目标是使城市空间发展潜力更强、空间品质更优、空间内涵更丰富、空间活力提升，以及使利益相关者的社会资本和社会治理能力有所增加。

地方政府采用总师制的更新治理模式可归纳为开放赋能式设计治理：“开放”是指地方政府通过聘任总设计师团队，使其治理结构在传统政府科层结构的基础上，逐步转向以技术主体为纽带串联政府、市场、社会多元主体的“网络化”治理结构；“赋能”是指政府向总师进行设计授权，进而激发设计对城市更新治理的能量。设计赋能的过程包含两层含义：

一是设计赋权，指政府将城市空间规划设计相关的公权力及其对应职责授予或部分转移到特定设计师手中，被赋权的设计师有一定程度的自主权和独立权，这类设计师因此可称为“责任设计师”，即从事城市规划、建筑、景观、市政、交通设计的专业技术人员，通过城市政府委派行为进入特定行政辖区，以参与式设计方法提供空间设计知识和技术服务，协助辖区政府推进

空间治理问题的解决或者空间环境品质提升。

二是设计激能，是设计赋权的真正目的，即通过强调规划设计的作用来获得共谋共建共享的共同收益，激发设计对于城市空间治理的正能量，其机制之一是责任设计师在获得设计赋权的基础上，激发更强实施结果导向的设计过程与设计结果更优的工作动能，之二是设计促进了利益相关者的实质性参与，其作为场所问题与价值的代表者，激发更直接的设计解决方式，也相当程度地调动了参与者的主动性，让其在城市空间治理过程中有更多实现目标的机会（见图 2–8）。

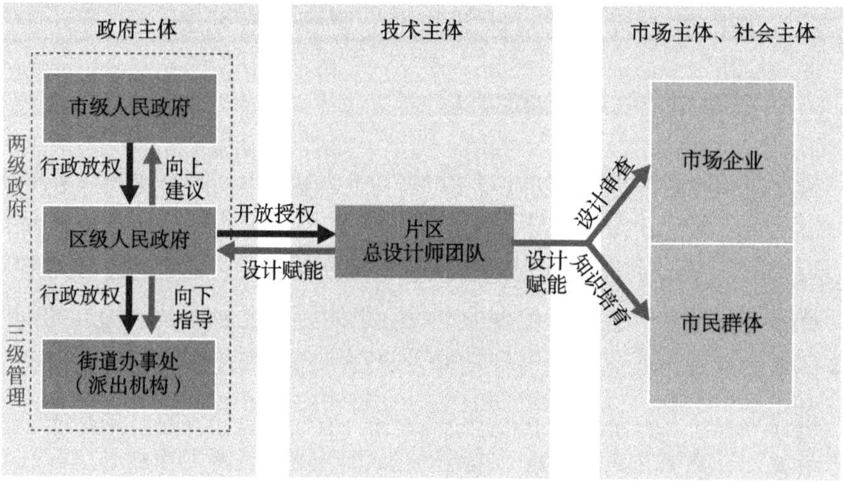

图 2–8　城市重点片区总设计师制度的更新治理机制分析图

（二）片区总师的权责与工具

根据广深城市政府简政放权的相关政策文件，结合城市重点片区总师制实践调研，归纳总结出城市重点片区总设计师团队承接部分政府治理权责的列表清单，及其设计治理工具（见表 2–3）。

表 2–3　城市片区总设计师团队的设计治理权责与工具

片区总设计师团队的设计治理				
阶段	权力		职责	工具
规划编审阶段	规划编制权	参与编制	参与制定《重点片区近远期开发建设实施方案》	控制类工具 设计框架 设计政策
		编制建议	城市总体规划、土地利用总体规划、基本生态控制线、法定图则（控规）等法定规划的重大调整建议；区级各专项规划、市级各专项规划等规划编制建议	
	规划论证权与建议权	规划论证	负责对重点片区开发建设重大问题进行研究并提出发展对策与政策建议	证据类工具 研究
			负责《重点片区发展战略》《重点区域产业空间》《城市更新潜力》等统筹性规划研究	
			负责《城市空间品质设计导则》《城市形象及风貌特色》等专项规划设计研究	
		规划整合	全面梳理整合已批规划，明确建设困境、预判发展方向、研判发展战略	证据类工具 调查评估
		项目提案	对重点片区内开发建设项目及其建设时序进行梳理，提出近远期重点项目、新增项目等建议	
		创意获取	为特定片区或项目，组织城市设计、建筑设计等国际设计竞赛	评价类工具 竞赛
	规划审查建议权	规划初审	负责《重点片区相关专项规划研究》设计审查，包括城市空间品质提升、城市形态及风貌特色、产业空间统筹专规研究	评价类工具 设计审查
			负责对重点片区内政府和社会的城市更新项目的《城市更新单元计划》《更新与土地整备空间规划研究》等规划方案进行设计审查，提出技术意见	
规划实施阶段	规划许可审查建议权	用地选址初审	负责对重点片区内政府和社会开发建设项目的用地选址进行技术审查，提出技术意见	引导类工具 开发许可
		临时建设初审	参与重点片区内临时用地、临时建筑的审查工作	
		规划条件初审	负责对重点片区内土地出让合同中的规划设计要点（规划条件）及其相关附件进行技术审查，提出技术意见	
		建设方案初审	负责对重点片区内政府和社会开发建设项目（更新改造项目）的规划设计、建筑设计概念性方案设计进行技术审查，提出技术意见	评价类工具 设计审查
			负责对重点片区内政府和社会开发建设项目（更新改造项目）的方案设计有重大调整的施工图修改方案进行技术审查，提出技术意见	

续表

片区总设计师团队的设计治理				
阶段	权力		职责	工具
规划实施阶段	规划许可审查建议权	项目遴选建议	对重点片区内各产业行政主管部门组织的工业及其他产业用地重点产业项目遴选方案进行审查，并提出建议	评价类工具 设计审查
		方案设计招投标建议	对相关部门组织的社会投资项目、公共建筑配套设施项目的方案设计招投标提出建议	
规划监管阶段	规划监督权	实施监督	在建设项目的用地选址、土地出让、规划建设管理过程中，监督其按已批准的规划设计方案实施	辅助类工具 技术辅助
		施工跟踪	在重点项目施工建设过程中，总师团队在选材、放线等环节与施工单位进行及时沟通，定期对施工进展评估，确保规划实施符合规划设计方案要求	
开发建设全过程	宣传权	项目宣传	配合、协助有关部门开展重点片区的产业遴选、企业服务、招商引资、宣传推介、风貌展示等相关宣传工作	促进类工具 伙伴关系 倡议
	教育权	设计知识传播	总师讲座、总师论坛	知识类工具 教育 / 培训 案例研究
			协助组织城市规划设计相关的策展活动	
		调研	负责重要调研及文稿起草工作，组织调研	
		其他咨询服务	召集组织相关技术专家、企业高管等举办高端论坛	辅助类工具 技术辅助
			重点片区内开发建设相关实施主体来函咨询	
			派遣技术专员为政府部门提供驻场咨询服务	

四、广深地区实践研究

（一）广州市传统中轴线历史片区“总师制”实践

广州传统中轴线（近代）历史文化街区是广州历史城区内 23 片历史文化街区中面积最大的一片。越秀区政府为了落实一系列有关历史保护、城市功能和空间优化布局、环境景观品质提升等目标，于 2017 年通过招投标方式选聘广州传统城市中轴线历史片区总设计师团队（以下简称“中轴线总师团队”）。该项目是中国首个推行历史地区总设计师制度的实践项目。中轴线总师团队以历史街区保护规划为统领，伴随服务广州传统中轴线历史文化街区改造、统筹地区更新建设项目、制订分期联动实施计划并跟踪服务重点项目开发建设全过程。

1. 设计治理结构

中轴线总师团队以第三方咨询机构身份介入越秀区更新治理结构（见图2-9），在其中充当准牵头者以及“协调员”的作用，重新厘清具体某一项目中各部门的职权，提前预判并协商各社会群体的诉求，缓解历史文化保护与城市环境品质提升之间多元利益相关者的冲突，统筹考虑历史城区建设活动之间的文化关联性。中轴线总师团队在开展设计治理工作过程中，需要对接广州市政府内部4个职能部门的14个处室以及广州市公安局交警支队，越秀区政府内部6个职能部门的9个科室，以及8个设计团队，其中包括市规划设计院、市交通院、励丰公司、普邦园林设计公司等，还涉及更新项目周边大地块产权业主，如星寰的恒基集团、南方医科大学口腔医院、广州宾馆业主、缤缤广场业主等在内的十几个业主。中轴线总师团队按职能分为设计协调、设计审查、现场咨询三个小组，分别负责对接各个利益相关者，通过召开协调会、咨询会及现场咨询等多种方式并以书面意见回函等提供技术咨询。

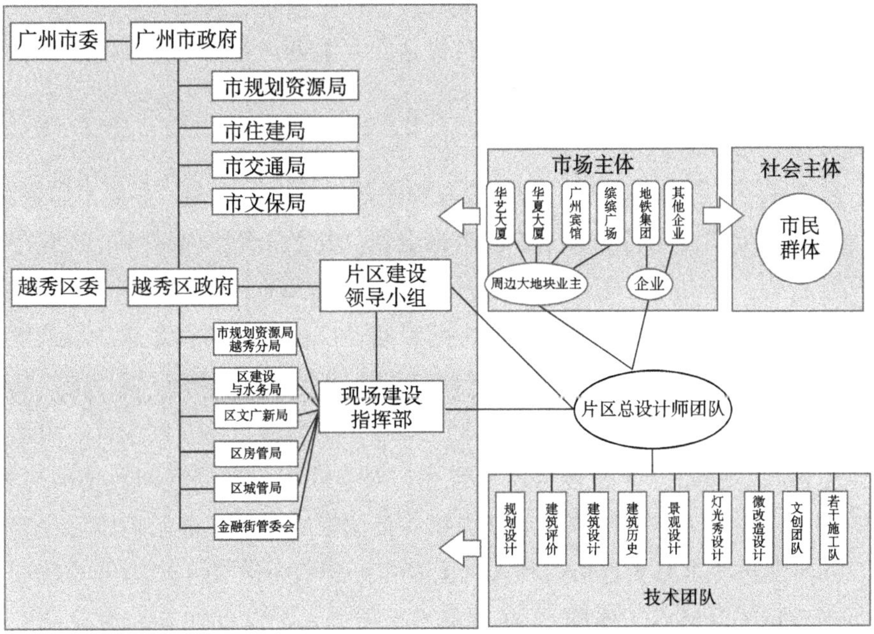

图2-9　广州传统中轴线片区更新的“片区总师”设计治理架构图

2. 设计治理权责与工具

中轴线总师团队对传统中轴线地区进行了规划纲要编制、亮点工程项提案、重要节点设计比选、环境提升详细设计顾问、施工现场咨询、环境提升工程验收等系列工作。

一是证据类的“研究”工具：中轴线总师团队的研究工作包括《广州城市意象感知研究》《广州传统中轴线片区红色指数研究》《南越国宫署国家考古遗址公园保护与展示研究（项目建议书）》《海珠桥承重结构论证研究》等，为政府决策提供证据支撑。二是知识类“实践指南”工具：中轴线总师团队推出的实践指南文件包括《广州传统中轴线提升计划设计纲要》《广州传统中轴线实施方案（实施指南）》《海珠广场及其周边片区环境品质提升实施指南》等实施指南。三是评价类“设计审查”工具：中轴线总师团队最核心的工作就是设计审查，对越秀区内的规划设计方案、建筑设计方案、施工方案进行设计审查，并提出审查意见，方案设计师在根据中轴线总师团队的审查意见对方案进行修改后，才提交政府部门进行审查审批。2018—2020 年中轴线总师团队出具书面审查意见约 400 份，参加政府内部的方案审查会、专家评审会约 100 次，会议上听取设计师的方案汇报并当场给出审查意见。四是辅助类“技术辅助”工具：越秀区政府授权中轴线总师团队对海珠广场改造项目提供全流程专家辅助，从项目策划、方案设计到施工建设的全流程跟进提供技术支撑。

3. 设计治理成效

从 2017 年至 2020 年底，中轴线总师团队通过会议咨询、现场工作咨询、邮件咨询等形式，主持开展 126 次咨询会议、23 次行政决策会议、320 个咨询回复意见，成功提案亮点项目 11 个。中轴线总师有针对性地实现了历史城区核心地带环境的总体提升，尤其在北京路、广州起义路、海珠广场及周边地区。其一，2017 年广州财富论坛筹备期间对北京路北整治、财厅前广场整治、新大新立面整治、铜壶滴漏景观改造等一系列项目的方案设计、改造实施，中轴线总师团队全程参与设计咨询、方案评审、现场咨询及辅助决策，有效促进广州北京路文化核心区获得第一批国家级文化产业示范园区创建资格，同时促进北京路步行街顺利入选国家商务部牵头开展的 2019 年全国商业步行街改造提升试点工作的 11 条试点步行街之一，在 2020 年的北京路新一轮提升中适逢新冠疫情的影响，但也积极配合区委、区政府的工作，在北京路提升整体规划、千年古道铺装提升、立面提升详细设计、沿线业主单位提升策略建议等方面，进行了现场、网络等会议讨论，并以推荐整合历史保护、环境艺术、结构安全等专业团队的形式，对亮点工程提升进行尽可能的技术支持与协调。其二，2019 年初由中轴线总师团队牵头设计并由多家单位协力合作，历经数十轮方案修改，最终形成面向 70 周年国庆庆典的设计方案，改造后的海珠广场于 2019 年 10 月 1 日成功地举办了广东省、广州市庆祝中华人民共和国成立 70 周年升旗仪式，海珠广场的成功改造和惊艳亮相，引起社会广泛关注和强烈反响，并成为广州城市打卡的新热点，广州传统中轴线焕发新活力（见图 2-10、2-11、2-12、2-13）。

图 2-10　海珠广场改造前航拍图

（2019 年 2 月）

图 2-11　海珠广场改造后航拍图

（2019 年 10 月）

图 2 12　北京路改造前航拍图

（2019 年 12 月）

图 2-13　北京路改造后航拍图

（2020 年 10 月）

图片来源：广州市岭南建筑研究中心团队摄影。

（二）深圳市龙华重点片区“总师制”实践

深圳市市级重点片区是城市高质量建设的抓手，为保障重点片区的城市规划实施，深圳市规划和国土资源委员会于 2018 年 7 月印发《深圳市重点地区总设计师制试行办法》指导市级重点片区有序推进总设计师制度。龙华区政府于 2019 年通过招投标方式聘请总设计师团队（以下简称“龙华总师”）。

龙华总师服务于龙华区行政范围内的 6 个片区，其中观澜小镇片区历史文化资源丰富，拥有深圳目前唯一完整保留的古墟街区——观澜古墟，该片区更新设计治理难度大，总师团队从 2021 年开始为该片区提供发展谋划、活动策划、常规技术咨询等服务。

1. 设计治理结构

龙华区政府针对重点片区开发建设采取“专班 + 分指挥部”运作机制，在区重点片区开发建设领导小组下设 1 个专班和 6 个片区指挥部、大地块整备现场指挥部，搭建“市—区—片区”三级统筹协调机制（见图 2–14）；强化落实“区重点区域建设推进中心（区政府直属事业单位）”牵头单位的统筹、协调、跟踪推进等主体责任。龙华总师团队作为技术主体介入，并定期

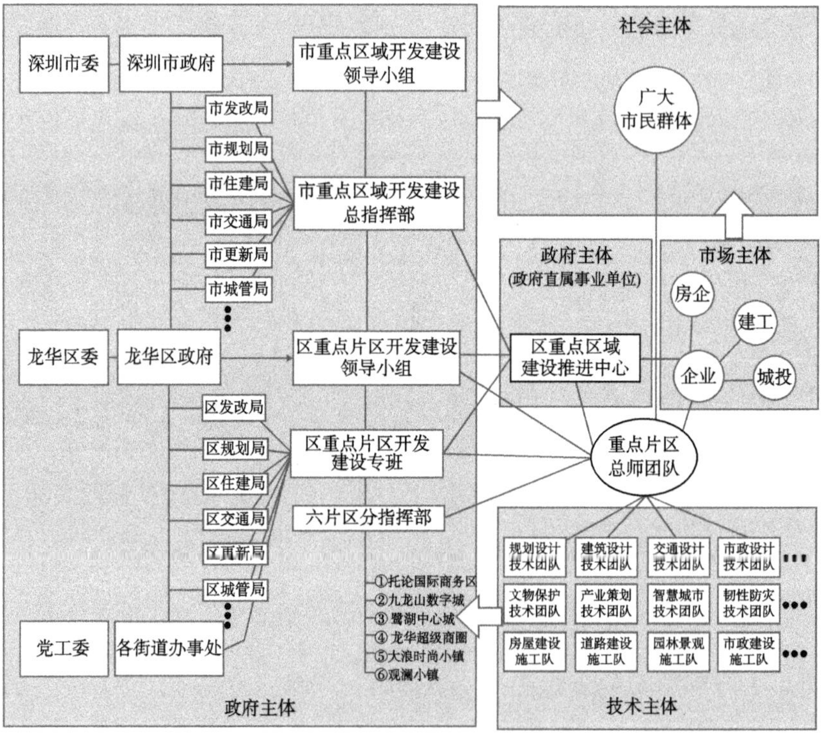

图 2–14　深圳龙华区重点片区城市开发建设的设计治理架构图

召开工作会议。龙华总师团队需要对接多个政府部门和多个实施企业，大概包括 3 个市级政府部门、8 个区级政府部门、1 个区政府直属事业单位，若干

个房企及其雇用的技术团队；其中，区重点区域建设推进中心、龙华区城市更新与土地整备局、市规划和自然资源局是其工作对接最频繁的三个单位部门。

2. 设计治理权责与工具

龙华总师团队为观澜小镇片区提供发展谋划、活动策划、技术咨询、实施谋划与推进等 8 类设计治理服务。发展谋划包括片区现状信息梳理一张图、片区年度实施计划、片区统筹发展规划纲要 3 个研究类课题，通过现状梳理和规划整合，明晰小镇的总体建设框架和近期行动项目；活动策划包括组织 1 次“文化传承、古村复兴”主题论坛和组织召开 1 次“小镇发展谋划”专家研讨会；技术咨询包括 28 次技术审查及技术咨询服务，协助小镇建设管理中心拟定城市空间品质提升类项目需求书，派遣技术人员提供驻场专职对接并及时响应技术咨询。实施谋划与推进包括实施谋划观澜古墟的后续运营模式，实施推进观澜古墟周边的停车、沿街立面、标识系统、沿河景观、夜景等多项配套工程，并谋划实施游览观光车线路，统一包装旅游 IP。

五、结论

以开放赋能式设计治理协助推进城市片区更新治理。城市区级政府向片区总师开放部分事权，以激发其设计治理潜能；片区总师团队介入后，片区更新治理结构在传统政府科层制组织结构基础上，逐步转向以技术主体为纽带串联政府、市场、社会多元主体的“网络化”治理结构；其运用 7 类 9 项设计治理工具为多方主体开展技术咨询和审查服务，在特定片区范围内开展规划整合、更新规划技术审查、更新项目实施统筹、重点更新项目全流程跟进等设计治理工作，保障推进城市更新实施。因地制宜探索城市更新治理模式，以开放赋能的片区总师模式设计治理推进片区更新的整体性治理。

空间生产视角下的城市更新特征探究
——以珠海市横琴十村为例[①]

杨竞松　黎斌

摘要：在我国城市由增量开发转向存量改造的背景下，横琴粤澳深度合作区作为中国"一国两制"实践的新焦点，在独特政策驱动下迎来了高速的城市发展，也使得横琴的城市更新呈现出独有的特点。本研究通过实地调研、访谈和一些二手数据收集，对横琴粤澳深度合作区内的十个大型自然村落：洋环村、上村、下村、向阳村、粗沙环村、石山村、四塘村、三塘村、深井村、红旗村的更新进行调查研究，以空间生产的视角对十村更新过程的多方利益主体关系进行分析，发现独特的政策条件使得横琴在进行城市更新时拥有更多的资源，且更重视空间表征的生产，这也为横琴的城市更新带来了不同于平常的特征：（1）增量开发与存量改造近距离并置共存；（2）原住民同时得到增量与存量发展模式下的发展红利。而这些特征也为横琴村民完美融入城市生活提供了过渡的可能性。

关键词：空间生产；城市更新；横琴粤澳深度合作区

一、引言

横琴岛位于珠海市的南端，东邻澳门，全岛面积106.46km^2。自2009年

---

① 基金项目：国家自然科学基金面上项目（41871154）适应性治理视角下的城市更新：广州与圣彼得堡的比较研究；北大—林肯中心2018—2019年度研究基金国家自然科学基金与澳门科学技术发展基金联合科研资助专案：澳门填海造地高密度城市空间环境评价与优化研究，项目批准号：（0039/2020/AFJ）。作者介绍：杨竞松，澳门城市大学创新设计学院城市规划硕士，研究方向为城市更新；黎斌，澳门城市大学创新设计学院助理教授，研究方向为城市更新。

成为国家级新区以来，横琴就开始了自己快速城市化的进程。2021 年 9 月 5 日，国务院正式公布《横琴粤澳深度合作区建设总体方案》，使得横琴粤澳深度合作区（以下简称横琴）作为承担独特战略任务的国家级跨界合作平台，政治地位再次上升①。在这期间，当地政府也对横琴现存的全部大型自然村落包括洋环村、上村、下村、向阳村、粗沙环村、石山村、四塘村、三塘村、深井村、红旗村（以下统称横琴十村）进行了城市更新。依山而建的地理区位、丰裕的建设资源以及特殊的整体发展战略使得地方政府在对横琴十村进行城市更新时选择了不同于平常的生产方式，并带来了独特的结果。

空间生产理论源于法国新马克思主义学家列斐伏尔，在空间生产的理论下，空间权利被作为一个实质的载体来进行社区权利的研究，使研究者能够更加直观地研究空间变化背后的逻辑关系。从空间生产的视角看，城市更新中原住民往往因为项目遵循空间生产的经济增长原则而损失掉部分原有的空间权利，但在横琴的城市更新中，原住民在未付出任何代价的情况下获得了收入与空间质量的大幅提升，这在城市更新中并不常见。因此本文以空间生产的视角对横琴的城市更新过程中多方利益主体的关系与其所掌握的空间权利的变化进行系统分析，解释这一独特城市更新现象的成因与特征。文章剩余部分内容如下：第二部分是对相关研究的回顾；第三部分介绍了横琴的城市更新；第四部分分析了横琴城市更新过程中多方利益主体的关系；第五部分是总结与讨论。

二、文献回顾

“空间权利”或者“城市权利”最早由法国新马克思主义学家亨利·列斐伏尔提出。列斐伏尔指出“社会空间是社会产物”，每个社会（群体）都会生产属于自己的空间，而这些空间包含了这些群体的意识形态，使空间本身具有了深刻的社会性；“空间生产是生产关系的再生产”则是将空间看作一种巨大的社会资源，受诸多因素的影响，是人类各种意识形态与社会生产关系所构成的复杂产物，也是社会关系与秩序不断重组构建的过程。将空间生产的视角引入城市研究，不仅将空间代表为一种生存环境，更认为其具有一定

---

① 中共中央 国务院．横琴粤澳深度合作区建设总体方案［Z］．中国政府网，2021 年第 26 号国务院公报．

的生产逻辑。在城市空间生产的过程中，不同利益主体博弈其中，并主导着整个生产过程[①]。空间生产过程中产生的内在矛盾也是居民追求城市空间权利的表现，这种矛盾源自不同群体对其自身空间的生产与扩张。空间生产的概念往往被应用于城市不公正现象、城市冲突等城市研究之中[②]，在城市更新中，这一视角也为研究更新过程中不同利益群体关系提供了一个载体，使研究者能够更直观地研究城市空间变化背后的逻辑关系[③]。

三元空间分析框架是列斐伏尔在社会—空间辩证思想的基础上提出的理解空间如何产生的研究框架，它由空间的表征、表征的空间和空间实践三部分组成。空间的表征（Representations of Space）是指规划方通过知识与话语建构而成的抽象的空间，基于构想，服务于空间的交换价值，也就是自上而下的政府主导规划的城市发展模式，这种模式往往受到政策制度的巨大影响，例如，由政府主导规划的城市发展战略、新区建设、城中村拆迁改造等。表征的空间（Representational Space）是基于日常生活形成的对空间的感知与想象，是自发形成的生活的空间，服务于空间的使用价值。即实践中自发的，自下而上的“村落—乡镇—城市”城市化发展模式，例如，由农村工业化的发展而产生的乡村城镇化[④]。空间实践（Spatial Practices）则是指人们在日常生活中感知和使用到空间的经历。因此在空间生产的视角下，城市更新过程中政府、开发商、原住民之间的利益纠纷实质上源自同一片空间内空间的表征与表征的空间不统一所产生的矛盾。

一般而言，城市更新的产生源自投资者对乡村空间表征中经济价值的追求，也就是对空间交换价值利润的追求。因此，城市更新中的乡村往往都是与城市化发展有着密切关系，这种城乡关系主要有三种情况：1. 城市在扩张过程中直接“吞噬”乡村；2. 村庄受城市扩张影响被迫迁移；3. 城市绕过村庄发展，形成城中村。实践中，大多城市更新的改造对象都是第 3 种情况的乡村，也就是城中村。这也是中国快速城市化过程中，由于二元规制环境作

---

① 彭恺. 新马克思主义视角下我国治理型城市更新模式：空间利益主体角色及合作伙伴关系重构［J］. 规划师，2018，34（6）：5－11.

② 孙小逸. 空间的生产与城市的权利：理论、应用及其中国意义［J］. 公共行政评论，2015，8（3）：176–192+205–206.

③ H L. The Production of Space［M］. Oxford：Blackwell，1991.

④ 赵新平，周一星. 改革以来中国城市化道路及城市化理论研究述评［J］. 中国社会科学，2002（2）：132－138.

用而产生的一类独特的地域空间[①]，也是中国城市中一种重要的空间类型。城中村问题的复杂化与阻碍城市发展的特性为市场带来了大量的改造、更新和治理项目[②]。这些项目的发展往往遵循城市增长机器的利益，以空间生产理论的视角看，这些更新的过程中原住民的空间权（交换价值压倒使用价值的不正义）、原有租户的使用权（租客群体的更替）以及改造前后空间的使用价值（空间功能的强制转换）在很大程度上被忽视和损害。“微更新”“综合整治”等更新模式的应用缓解了城市更新中由于空间被不同行动者所定义而产生的矛盾，但其或多或少所携带的经济任务依然会伴随着一些群体的利益受损。然而在空间生产的过程中，国家作为独立的行动者，并不仅仅服务于经济利益，更有其自身的统治利益。在一些情况下，国家统治利益驱动下的城市更新会更加关注空间的表征与话语而减少对经济效益的需求，从“政府—居民—开发商”的开发模式回归到“政府—居民”的开发模式。横琴十村的更新便是如此，由于生产目标的转变，横琴十村的更新采用了一种不符合常规市场规律的更新模式，并造成了独特的结果。即：村民完全受益，城乡并置共存。

三、横琴的城市更新

横琴十村成型于1988年以前，全部位于大小横琴岛的山脚区域，客观上使得横琴十村始终处于城市的边缘且无路可退（见图2-15）。横琴的城市化最早可以追溯到1992年开始的大规模围海造地，之后的时间里，在制度体系内持续不断的地位升级为横琴带来了倾倒式的资源注入，并驱使横琴开始了飞速的城市化建设，这一历程大体如下：2009年《横琴总体发展规划》实施，同年12月中国第三个国家级新区珠海横琴新区成立，标志着横琴完成了从地方特区到国家新区的制度层面的飞跃，这种飞跃为横琴带来了政策、资金等资源的大量输入，进而推动了横琴城市基础设施的建设。2011年《国务院关于横琴开发有关政策的批复》中同意在横琴新区实施比“经济特区更特殊”的政策优惠，大力鼓励金融、旅游、商贸等行业的发展，对岛内符合条件的企业提供了免税、保税或是15%的税率减免，为横琴吸引了大量的投资。

---

① 张京祥，赵伟．二元规制环境中城中村发展及其意义的分析［J］. 城市规划，2007（1）：63－67.

② 周新宏．城中村问题：形成、存续与改造的经济学分析［D］. 上海：复旦大学，2007.

2021年9月，国务院印发《横琴粤澳深度合作区建设总体方案》，赋予横琴丰富“一国两制”实践、挖掘制度创新潜力的战略目标，使横琴成为我国唯一的跨制度、跨边界的独特特区。这标志着在制度层面，横琴获得了质的提升，得到了来自中央的关注与支持，并获得了自上而下的大量资源注入[①]。

图2–15　1985—2021年横琴岛城面积变化与村落（黑点标记）区位图

图片来源：Google Earth。

这种持续不断的身份变化也改变了横琴对自身发展的规划，2009年横琴的功能规划以商务、旅游、科研为主[②]，2021年横琴功能规划为文旅会展商贸、科技研发、高端制造产业、现代金融产业。而除旅游业外，原生的横琴十村基本无法承担其他功能规划，同时这些村落在设施、空间甚至房屋安全上都存在大量的问题[③]。因此，在2017年，当地政府开始了针对横琴十村的城市更新[④]，此时的横琴依然处于快速城市化进程之中，使得横琴的很多地方都出现了“城市建设—道路—城市更新—山体”这种独特的增存并置的空间格局（见图2–16）。

图2–16　横琴空间格局现状图

---

① 陈宏胜，李志刚，肖扬，等. 基于区域功能视角的边界新区发展研究：对深圳前海合作区与珠海横琴合作区的比较［J］. 城市规划，2022，46（4）：21–29.

② 广东省人民政府，广东省发展改革委. 横琴总体发展规划2009［Z］. 广东省人民政府官网，2009.

③ 林观文. 地域语境下的珠海横琴岛村落空间改造研究［D］. 长沙：湖南大学，2018.

④ 珠海市住房和城乡规划建设局. 2017珠海市住房和城乡规划建设年报［Z］. 珠海市住房和城乡规划建设局官网，2018.

（一）更新模式与过程

横琴十村改造的具体内容包括建筑外观、房屋加固、景观提升以及市政配套设施的建设，政府在前期组织了“微改造专项调研队伍”联合各村居民小组征求居民对改造的需求与意见，项目发起方为横琴新区的国有独资公司，项目资金全部来源于政府财政预算，村民不需要对自家进行的房屋修缮付费，也不需要拆迁部分房屋作为城市更新费用的置换。与近十几年被广泛使用的“政府—居民—开发商”开发模式相比，此次更新采用的“政府—居民”开发模式更为直接。

在“政府—居民—开发商”的开发模式中，资本逐利的天性带来开发商对更新区域利益最大化的需求，强调空间的交换价值必然压榨空间的使用价值，三方空间利益主体也因此围绕改造空间的空间权利相互纠缠，产生复杂的三方博弈关系。在这一过程中，开发商寻求空间交换价值的最大化，通过空间使用价值与交换价值的概念混淆来减少对原住民失去空间权利的补偿；政府由于经济因素往往会同开发商达成某些方面的共识，并在原住民拆迁的过程中对开发商的一些行为保持沉默；原住民则会通过上访、媒体等渠道为自己发声，希望维护自己的空间权利；租客作为空间的租赁者与使用者则直接排除在博弈之外；设计方则因为受甲方（开发商）的限制无法为原住民的生活空间进行补救与置换。“政府—居民”的更新模式剔除了开发商的参与，极大地减少了更新过程中产生的利益纠缠，也给了设计方更大的空间来进行更利于民生的相关设计，使他们将目光更多地聚焦在居民生活条件的改善上，保证了居民生活空间的完整性。这种模式看似与数十年前的城市更新模式相同，但实际上，旧时的更新项目多是利益驱动的，并不关注原空间的历史与其中的生活，而现在的政府则会较多地注意到改造区内的人文环境，这使得当前模式下的设计方会将目光更多地聚焦在居民的生活上，并会试图去保证居民现有生活空间的完整性。

在横琴的城市更新中，政府不求回报地出全款看似不符合城市更新中的经济原则，但实际上，这种行为遵从了列斐伏尔三元空间分析框架中国家基于其自身的利益诉求所进行的空间的表征生产的理论，在政策目标的驱动下，横琴十村作为空间生产中的生产资料，通过更新这一生产手段产生的空间质量的提高所带来的收益并不直接来源于项目本身，而是来自项目内容与城市发展战略的呼应。此时政府对横琴建设的政策目标是营造良好城市形象带动市场投资，调研中村民们普遍认为他们的城市更新源自于政府需要一个“好形象”给澳门看，这种目标最终使得横琴乡村脱离了原有的发展轨迹，选择了一种不同于一般城市更新的独特模式。这表明在城市更新的过程中，乡村空间生产模式的选择会受到上一级空间生产目标的影响，也就是说，对于乡村空间进行的生产活动一定会为开发者带来收益，但这种收益并不一定会即时体现在这次的更新之中，也可能会反映在更高一级的空间生产活动中。

（二）更新结果

目前横琴十村更新都已完成。从空间性质与业态看，改造后的红旗村与深井村由于地理位置优势已发展为旅游业主导的村落，其中红旗村已成为横琴多个政府部门的办公地；其他村落则多是以公寓类型的房屋出租（价格与质量较低，可日租可长租）为主。其中四塘村中建材商众多，公寓多服务于货车司机，其他村落公寓使用人群多为工人与少量学生。但大多数学生在村内所住的公寓并不是直租，而是居住于房屋租赁公司承保的一些楼房之中，并且房屋租赁公司对这些房屋进行了二次改造。从空间质量看，更新为老旧村落带来了全新的基础设施，包括公园绿地、活动中心、小学中学等多方面的显著提升。笔者调研统计了各村落的房屋租金更新前后差价。以一房为例，更新前的房屋租金多在 400~500 元，更新后多为 600~800 元，普遍比更新前提高了约 50%，位置较好的村落房屋租金更是提高了一倍多。这些房屋内部大多摆满了上下铺，其租赁人群多是在横琴打工的人员与建筑工人。在调研中，笔者多次遇到房东因为打牌而忽视笔者看房要求的情况；也遇到了租客看房多到让房东应接不暇的情况。表面看来，在疫情影响下的时期，横琴快速城市化所带来的大量流动人口仍然使得这些地方的房屋供不应求，房东们并不担心自己的房子租不出去。这表明横琴村民在获得了乡村改造这一存量发展所带来的空间质量提升福利的同时，也获得了快速城市化所带来的增量发展福利（见图 2-17）。

图 2-17　更新前后的横琴十村

图片来源：网络与作者自摄。

（三）改造后空间权利的归属

由于项目定位为政治类城市更新，原有房屋并未被拆除，原住民的空间权利得到了保留。而未改变或改变程度较低的空间使用性质也表明改造并未剥夺原住民的空间使用价值。在更新前，原住民房屋的租客群体主要是前来横琴打工的工人群体，更新后部分村落增加了学生与游客群体的入住。其中深井村已完全变为民宿，接待游客群体。下村、上村、石山村等距横琴口岸相对较近的村庄则入住了部分学生与跨境工作者，但这些群体所租赁的房屋多为前文所提及的由房屋租赁公司进行统一管理并进行过二次改造的房屋。调研发现当前有八个村落的租客群体没有产生较大的变化，这些村落依然为前来横琴打工的相对低收入群体提供了相对廉价的住房。租客群体的变化主要来源于区域更新带来的绅士化对原住民群体向城市外围的驱逐。在横琴的村落更新中，一方面，横琴本身即位于珠海边缘，且为新城区，政治类型的城市更新模式也并未对现有村落空间进行拆除重建；另一方面，这些村落中房屋的租金价格原就较低，在今天即使价格上涨 50% ~ 100%，仍被部分原租客群体所接受（见表 2-4）。

表 2-4　横琴十村更新前后空间权利的变化

名称	更新前租客群体	更新后主要租客群体	村民空间权利	租客空间权利	社会生态系统
下村	工人	工人、学生	保留	基本保留	保留

续表

上村	工人	工人、学生	保留	基本保留	保留
向阳村	工人	工人	保留	基本保留	保留
粗沙环村	工人	工人、学生	保留	基本保留	保留
石山村	工人	工人、学生	保留	基本保留	保留
洋环村	工人	工人、学生	保留	基本保留	保留
三塘村	工人	工人、学生	保留	基本保留	保留
四塘村	工人	工人、司机	保留	基本保留	基本保留
深井村	游客	游客	保留	民宿，无长租	改变
红旗村	游客	游客、办公	保留	租金上涨，租客迁移	改变

四、横琴城市更新过程中多方利益主体的关系

从空间生产的视角来看，在横琴的城市更新中，横琴十村所包含的地理空间是此次生产过程中的“商品”，而对横琴十村所进行的城市更新项目便是对这一“空间商品”的再加工，更新过后的横琴十村空间便是最终的产品。当城市更新中存在三方主体时，空间的生产商往往是开发商，而地方政府更像是委托方或监管方，原住民则是生产资料的持有者。在生产的过程中，开发商往往会通过对空间的交换价值和使用价值的概念模糊来减少对原住民的现金赔偿，地方政府在对开发商进行管控的同时又会由于经济和发展原因与其进行合作，促使更新的顺利完成。原住民在这一过程中交出了自己所拥有的空间权，但正如前文所讲，在这一交易过程中，开发商往往采用当前空间面积使用价值的市场价格来对空间权进行购买，并将这一金额折算为房产赔付给原住民。但在这一过程中，购买原住民所拥有的空间面积时所采用的价格指标为使用价值，这一价格在折算为房产赔付时，所采用的价格指标却是空间的交换价值。在相同的条件下，同一空间的交换价值一般要远大于使用价值，因此，除去我国初始阶段进行城市更新时由于经验不足导致的过量赔付外，在当前的城市更新中，原住民都会受到一定程度的空间权利损害，而他们又会通过媒体来给政府施压，以获取更高额的赔付金额。此外，租客作为合法的空间租赁群体，并没有话语权，也不会获得相应的补偿。而当政府

对空间生产的目标逐渐偏向空间的表征时，空间生产过程中原本所遵循的即时利润最大化的原则就会发生改变，此时，城市更新的生产目标不只源于经济，更源于其在上级空间中的战略规划，在这种情况下的城市更新就会显示出看似不符合一般经济规律的状态，更重视空间表征的生产，横琴的城市更新便是如此。制度层面对横琴的重视所带来的丰富资源和配合澳门多元发展的政策目标共同使得横琴在进行城市更新时选择了更快、更直接的政府出资模式，以此来达成对整个横琴空间表征生产目标的附和。而这也在无意间造成了横琴原住民在无须付出的情况下获得了城市化与城市更新的双重制度红利的现状（见图 2–18）。

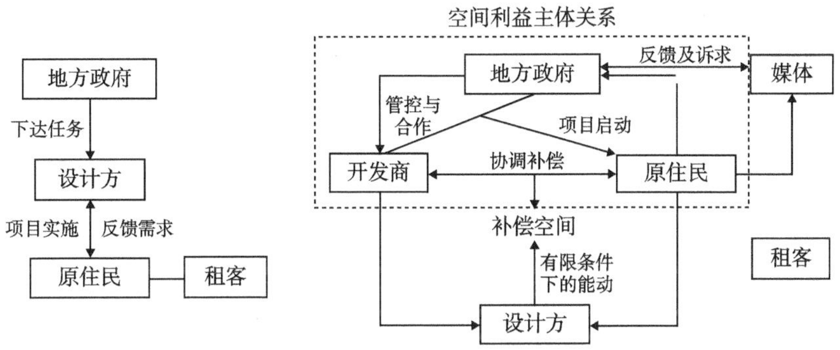

图 2–18　空间生产视角下的利益主体关系

五、结论与讨论

从经济特区，到国家级新区，再到粤澳深度合作区，制度层面的地位提升为横琴带来巨量资源的同时，也带来了特殊的战略目标，这也为横琴的城市更新带来了独特的表现，体现出了一些不同于一般模式城市更新的特征，这主要表现在以下几点。

（1）增量开发与存量改造近距离并置共存

由于发展的一般规律和资源的限制，城市的增量发展往往是其快速扩张时期的特征，存量发展则是稳定期的机制，因此一个城市的增量与存量开发通常不会同时存在。但在横琴，制度引致的倾倒式资源输入和对空间表征的过分追求使得横琴可以无视市场规律同时进行增量与存量的开发，产生二者共置的局面。

（2）原住民同时得到增量与存量发展模式下的发展红利

这种增量存量并置的局面同时也为横琴原住民带来了增量存量的双重发展红利：增量的城市化建设为横琴带来了大量的流动人口，保证了租客群体的充足；存量的乡村改造则为原住民带来了房屋外观与生活空间质量的大幅提升。这共同为横琴原住民带来了居住环境的改善与租金收入的激增。

此外，这种独特的城市更新特征也为横琴村民完美地融入城市生活带来了机会与希望。横琴十村村民在二十多年的时间里见证了这片土地由海洋到陆地再到城市的独特历程，又在之后的时间里几乎独享了横琴的大部分建成环境，并在无付出的情况下获得了双重的发展红利，他们有时间、有空间、也获得了利益，这看似形成了一个极佳的融入城市的过渡机会，但从空间生产的角度看，过度重视空间的表征（规划战略）而忽视掉表征的空间（村民的生活与感受）必然会导致二者的割裂，对村民的市民化形成阻碍。在实践中，快速城市化模式所带来的倾倒式资源注入对村民价值观的冲击、农民知足享乐的小农思想以及城市能否为村民提供合适的就业与创业机会等一些问题，都使得村民在面对这一从天而降的机遇时缺乏动力、能力与必要的外部条件，使得他们即使已经身居城中，但依然与“城市群体”显得格格不入[①]。因此，横琴原住民能否完美地接住这一过渡机遇依然是一个值得探讨的问题。

① 张京祥，胡毅，孙东琪．空间生产视角下的城中村物质空间与社会变迁：南京市江东村的实证研究［J］．人文地理，2014，29（2）：1–6.

地方城市更新指引体系构建的探索与思考
——以湖北省内城市为例[①]

郑重　位欣

摘要：实施城市更新行动，是党中央、国务院作出的重大决策部署。湖北省内各城市都面临着切实的城市更新需求，但整体上推进较为缓慢。如何以系统思维建立适应于湖北省情的更新指引体系，有效指导各地开展实践，成为湖北亟待解决的客观问题与重大挑战。基于此，本文在解读城市更新内涵和任务的基础上，从工作组织、规划编制、工程实施等方面探讨如何建立适应湖北省情的城市更新指引体系。

关键词：城市更新；指引；体系

一、问题的提出

城市更新是国家对新时期做好城市工作的新要求，是城镇化新阶段推进城市高质量发展的新途径，也是实现城市功能完善和品质提升的新方式。湖北省内各城市都面临着切实的城市更新需求，但全省层面推进城市更新的上位依据不足，适应存量建设的法律法规体系不完善，可参考、可借鉴的成功案例较少，可复制、可推广的经验做法不多，造成多数县市对城市更新工作重点理解不透、工作流程把握不准，存在等待观望心理，整体上推进较为缓慢。

考虑到湖北省城市发展的不均衡性、城镇化水平的差异及各城市的特色，

① 作者简介：郑重，湖北省规划设计研究总院有限责任公司研创中心主创，高级工程师，注册规划师，主要从事城乡规划设计与研究；位欣，湖北省规划设计研究总院有限责任公司研创中心主任，高级工程师，注册规划师，主要从事区域经济与人文地理研究。

不能一蹴而就地推动全域“随大溜”式开展城市更新，需要从源头上紧抓城市更新的工作重点，建立适宜于湖北省情的城市更新指引体系，引导各地充分研判城市发展阶段和规律，找到城市更新的工作抓手，审时度势开展城市更新，稳妥、有序推进具体工作，从而达到优化城市空间格局、完善城市功能、提升城市环境品质等目的。

二、湖北省城市更新工作背景与推进情况

（一）切实的更新需求

2021 年湖北省平均城镇化率已达到 64.09%，其中，武汉、黄石、荆州、宜昌、十堰、荆门、襄阳、咸宁等地市辖区城镇化率超过 72%，人口大量集聚使得各类城市问题逐步暴露，持续扩张的城市发展思路已逐渐不适应新的城市发展阶段，需要回过头来解决快速城镇化过程中产生的一系列问题。而长阳、浠水、蕲春、宣恩、随县、英山、巴东等城镇化率低于 40% 的县级单元，虽然仍处于城镇化水平快速提高阶段，但也暴露出基础设施和公共服务设施短板明显、人居环境品质不高、城市管理服务水平低下等问题，循序渐进的城市有机更新正是治理不同发展阶段“城市病”的有效手段。

2022 年 5 月以来，全省各地按《自然资源部关于在全国开展“三区三线”划定工作的函》（自然资函〔2022〕47 号）要求开展的城镇开发边界优化划定方案，均有较大规模收缩，城市用地的扩张面临制约，以“存量提质”为内核的城市更新将成为城市内涵式发展的必经之路。

2022 年 6 月 18 日，中国共产党湖北省第十二次代表大会报告提出要以城市体检评估为手段，以统筹城市规划建设管理为路径，健全体系、优化布局、完善功能、管控底线、提升品质、提高效能、转变方式，加快建设宜居、绿色、韧性、智慧、人文城市[①]，努力建设全国构建新发展格局先行区。城市更新将成为湖北省内各城市下一步工作的重中之重，推进速度将进一步加快。

（二）艰难的推进实情

目前，湖北省内多地在国家决策部署下开始谋划推进城市更新，武汉、

① 王蒙徽．立足新发展阶段 贯彻新发展理念努力建设全国构建新发展格局先行区 奋进全面建设社会主义现代化新征程：在中国共产党湖北省第十二次代表大会上的报告［N］. 湖北日报，2022-06-24.

宜昌、黄石等地城市更新工作相对走在前列。其中，在顶层设计政策文件方面，湖北省级在不同文件中响应了国家关于城市更新的要求，但缺乏针对湖北省情的城市更新专项工作的系统性指引，地级市针对辖区城市更新工作开展探索和机制建设，相关政策文件在制定或征求意见当中，但尚未形成覆盖全域的工作体系，尤其是县级行政单元。

表 2-5　湖北省内城市已发布的城市更新相关指引文件

城市	相关文件
武汉市	《城市更新项目试点工作操作规则（试行）》
	《关于加快武汉市城市更新项目试点工作实施的若干意见》
宜昌市	《关于全面推进城市更新工作的实施意见》
襄阳市	《襄阳市城市更新管理办法（试行）》
荆门市	《荆门市中心城区城市更新暨新型城镇化建设五年行动计划（2021—2025 年）》
黄石市	《黄石市城市更新管理办法》（征求意见稿）
孝感市	《孝感市城市更新（政府投资类）工程建设项目审批流程图》
十堰市	《关于新时代推动十堰高质量跨越式发展加快建设“现代新车城、绿色示范市”的实施意见》
荆州市	《荆州市城市更新实施办法》（征求意见稿）

规划编制体系方面，武汉实践时间长，形成了“五年规划—年度计划—单元规划—实施方案”的多级规划体系，与特大城市发展规律相匹配；宜昌形成了“中心城区城市更新专项规划—片区城市更新改造规划—城市更新项目实施方案”的三级规划体系雏形，强化了以规划引领城市更新的制度；黄石作为国家级城市更新试点城市，形成了“中心城区城市更新专项规划—城市更新项目实施方案”的简洁规划体系，与市辖区高度集聚的空间形态呼应，针对性较强。其他多数县市多以老旧小区改造规划、农贸市场等商业设施专项规划等形成了相对片面的规划，城市更新规划体系尚未建立。

主管机构、市场主体方面，省级于 2021 年 10 月成立湖北省城市更新集团，华润置地控股有限公司、湖北省联合发展投资集团有限公司持股；地市级武汉成立城市更新工作领导小组，并于 2020 年 7 月成立武汉市城市更新中心，襄阳、宜昌、黄石等地成立了城市更新投资有限公司；区县级武汉市各区成立了城区改造更新局，通城县成立了城市更新建设运营有限公司。可以看出，省级、地市级有意成立主管机构、市场主体推进城市更新，但是多数县市处于摸索甚至空白阶段，缺乏推进支撑。

实施情况方面，武汉市武昌古城复兴重点建设项目、宜昌市 809 工业遗址一期改造项目已向住建部推荐为城市更新示范项目，具有较强的代表性，对历史文化保护类、工业遗产利用类更新项目具有一定的借鉴意义。从其他地方实践上看，城市更新实践力度与经济实力、城建水平等有较大关系，武汉等大城市更新项目类型较为丰富，一般县市仅停留在老旧小区改造等专项层面。

整体上看，城市更新逐步显现出“点状”突破到“面状”铺开的趋势，但当前进度差异较大，实施效果尚未显现。城市更新的推进力度与城镇化水平高度正相关，城镇化水平高的地区更新需求强烈，推进相对积极，重点关注城市品质、文化彰显等软实力提升方面；城镇化水平低的地区也有城市更新需求，但重点关注基础设施、人居环境改善等刚需方面。说明城市更新更应遵循城市发展规律。

（三）复杂的困境成因

1. 顶层指引文件和配套法律法规缺失

城市更新涉及土地、产权、空间、社会和经济等方方面面，具有周期长、范围广等特点。多数城市尚未构建城市更新全过程规划、管理机制，特别是实施和监管力度不足。此外，有城中村、棚户区、老旧小区改造等相关指引在先，当前可用的城市更新政策更适配于拆除重建类型，在微更新、微改造方面还缺乏健全的行政审批程序和制度[①]。同时，适应存量建设的法律法规体系不完善，2015 年《中华人民共和国立法法》修改后湖北省内 12 个设区市和 1 个自治州被赋予地方立法权，但仅有 3 个市开始制定地方性法规，针对城市更新工作的配套法律法规迟滞一定程度上影响了整体推进。

2. 城市更新事权主体不清晰

除武汉设有市级城市更新中心和区级改造更新局外，其他城市尚未确定城市更新工作主管部门或成立专设机构，一般由住建局牵头开展相关工作。由于城市更新具体实施工作涉及的主管部门较多，参与的主体和相关利益人复杂，多系统协同要求与单一职能部门的事权局限产生冲突，导致由单一职

---

① 王嘉，白韵溪，宋聚生．我国城市更新演进历程、挑战与建议［J］．规划师，2021，v.37；No.348（24）：21–27.

能部门牵头的城市更新工作一旦面临困境就陷入停滞。

3. 城市更新规划与国土空间规划体系之间的关系尚未界定

一方面，详细规划与城市更新专项规划的重复内容较多，在一定程度上造成规划专业资源的浪费。另一方面，由于详细规划旨在落实上位规划，是自上而下地编制，而城市更新专项规划更侧重于对接实施，是自下而上地校正，两个规划编制的出发点并不相同，当雷同的编制和管控内容分别出现在详细规划与城市更新专项规划中时，往往相互矛盾，需消耗更多精力来进行协调。对城市更新项目主体而言，完成详细规划的调整程序及城市更新专项规划的编制工作，需付出较大的时间成本，在一定程度上提高了参与城市更新主体的准入门槛；对规划主管部门而言，城市更新带来了一系列额外的规划调整工作，详细规划调整前已完成的城市更新前期工作也面临返工的风险[①]。

4. 多元主体参与途径不明晰

城市更新不只着眼于土地经济增值和物质环境改善，还涉及政府、市场、公众等多元权利主体的不同利益。但目前城市更新规划的作用途径仍以物质空间管控为主，存在物质空间规划的局限性，解决社会问题的作用力度不足，多元主体的参与途径也不清晰，缺乏与基层治理机制的有效衔接。

5. 大拆大建的逐利思维难以短时间内转变

目前市场行为主导的城市更新项目往往以土地、房产市场的短期经济利益为核心目标，对房地产化路径的过度依赖，导致部分城市担心城市更新中禁止大拆大建的要求会造成制约，从项目资金平衡角度出发，各类实施主体不敢“轻举妄动”，与上级政策提出的鼓励先行先试形成反差。

（四）必要的系统指引

考虑到湖北省城市发展的不均衡性、城镇化水平的差异及各城市的特色，不能一蹴而就地推动全域“随大溜”式开展城市更新，需要从源头上紧抓城市更新的工作重点，建立适宜于湖北省情的城市更新指引体系，引导各地充分研判城市发展阶段和规律，找到城市更新的工作抓手，审时度势开展城市更新，稳妥、有序推进具体工作，从而达到优化城市空间格局、完善城市功

① 杨慧祎．城市更新规划在国土空间规划体系中的叠加与融入［J］．规划师，2021，v.37；No.332（08）：26–31.

能、提升城市环境品质等目的。

三、其他先行地区实践经验及城市更新指引体系构建情况

从已经公开发布的地方城市更新相关指引文件来看，主要以指导意见、专项技术导则为主，法律法规较少。其中，辽宁作为部省共建城市更新先导区，率先制定地方城市更新条例作为地方性法规，并配套多项城市更新相关技术导则，构建起了城市更新基本制度体系框架。重庆作为直辖市，2018 年出台《重庆市城市提升行动计划》，后续制定《重庆市城市更新管理办法》，构建了“1+2+N”城市更新政策技术体系。其中，《重庆市城市更新管理办法》明确了“政府引导、市场运作”的原则，调动了市场主体参与的积极性，对指导省级开展城市更新工作具有重要意义。

表 2–6　湖北省外已发布的地方城市更新相关指引文件

指引文件类型	省市	文件名称
指导意见	江苏省	《关于实施城市更新行动的指导意见》
	云南省	《关于统筹推进城市更新的指导意见》
	贵州省	《贵州省城市更新行动实施方案》
	安徽省	《关于实施城市更新行动推动城市高质量发展的实施方案》
	内蒙古自治区	《关于实施城市更新行动的指导意见》
	辽宁省	《辽宁省建设城市更新先导区“十四五”期间项目建设方案》
	山东省	《关于推动城乡建设绿色发展若干措施的通知》
法律法规	辽宁省	《辽宁省城市更新条例》
	北京市	《北京市城市更新条例》
	上海市	《上海市城市更新条例（草案）》《上海市城市更新实施办法》
	重庆市	《重庆市城市更新管理办法》
技术导则	云南省	《云南省城市更新工作导则（试行）》
	河北省	《城市更新专项规划编制导则》（在编未发布）
	江苏省	《江苏省城镇老旧小区改造技术导则》（征求意见稿）
	重庆市	《重庆市城市更新规划设计导则》
	辽宁省	《城市既有建筑顶升改造技术规程》《辽宁省既有建筑绿色改造评价标准》《辽宁省城市园林绿化智慧养护技术标准》

从先行城市看，广州城市更新制度体系是以广州市城市更新局作为核心机构引领，核心政策突出由“开放市场”逐渐向“政府主导”的演变，规划控制上以“旧城、旧村、旧厂”为指引的分类更新方式曾长期延续，并以此形成“1+3+N”的规划编制体系。深圳市以规划和国土资源委员会为核心机构，将城市更新分为“综合整治、功能改变、拆除重建”三类进行分类指引，突出“法治化、市场化”特点，并以城市更新单元为核心建立起“1+N”的规划编制体系。上海市以城市更新工作领导办公室为核心机构，核心政策突出“政府引导下的减量增效”，实行“区域评估—实施计划（全生命周期管理）”的实施路径，将城市更新单元作为城市更新的基本规划单位，采用“先评估，后规划”的规划编制流程，以城市更新单元作为项目实施依据。成都以公园城市引领高品质城市空间，走向成片化、体系化、系统化的城市更新，搭建“1+N”政策体系框架，建立“更新总体规划、区（市）县更新专项规划及行动计划更新单元实施规划”三级规划体系。

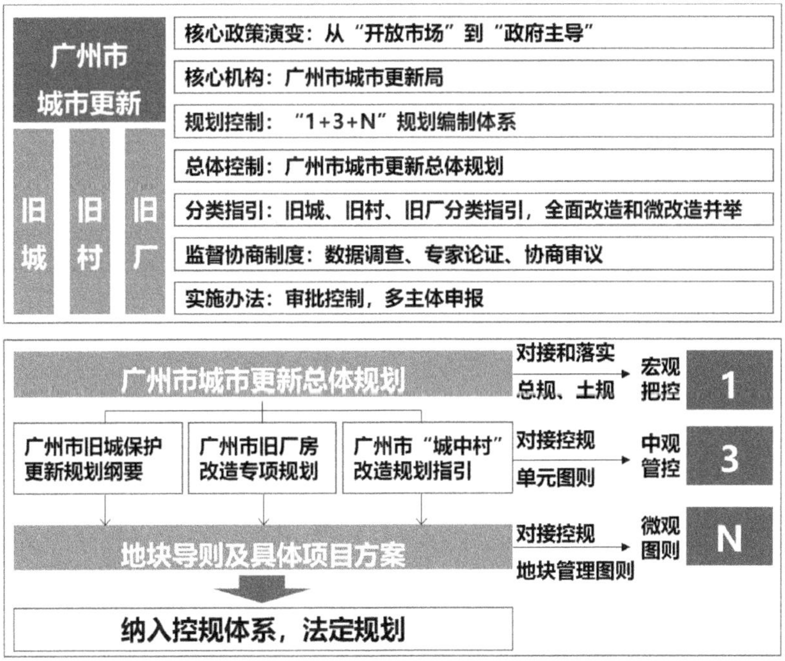

图 2-19　广州市城市更新工作体系

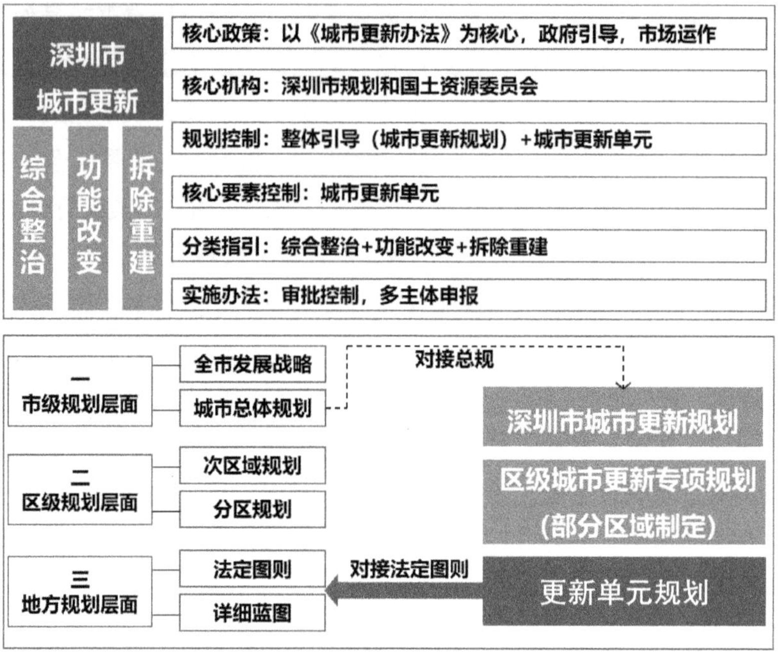

图 2-20　深圳市城市更新工作体系

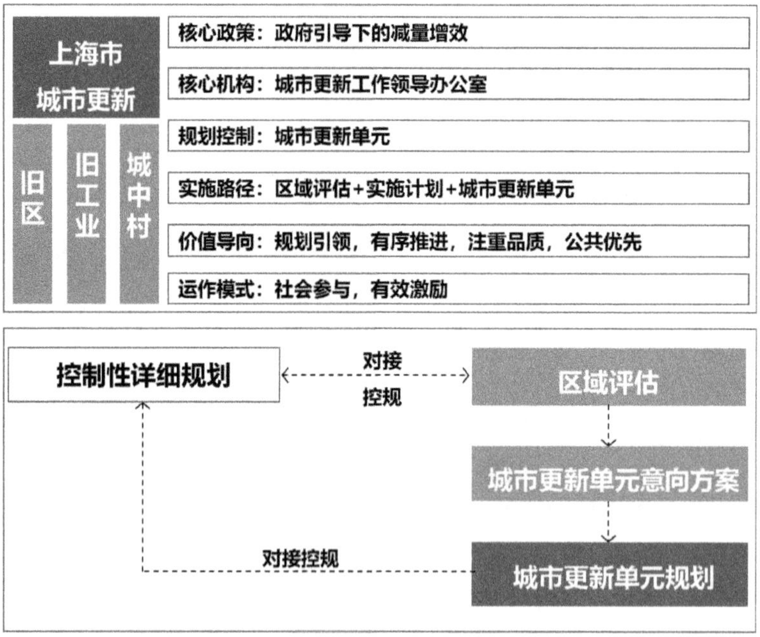

图 2-21　上海市城市更新工作体系

类别	政策文件
纲领文件	《成都市城市有机更新实施办法》
配套政策体系	《成都市城市有机更新资金管理办法》
	《〈成都市城市规划管理技术规定（2017）〉的补充规定》
	《成都市中心城区城市有机更新保留建筑不动产登记实施意见》
	《关于进一步推进“中优”区域城市有机更新用地支持措施》
	《“中优”区域内利用老旧厂房及其他非住宅性空闲房屋发展新产业、新业态、新商业实施流程》
	《关于开展“社区微更新”专项行动的通知》
	……

“中优”区域城市有机更新总体规划　　区（市）县更新专项规划及行动计划　　城市更新单元实施规划

成都市公园城市有机更新导则　　剩余空间更新规划设计导则　　成都市城市有机更新设计导则

图 2–22　成都市城市更新工作体系

国内城市更新先行地区总体呈现“顶层设计政策文件 + 配套法律 + 规划编制 + 技术标准”的工作技术指引框架，对建立湖北省级指引体系具有借鉴意义，但在城镇化水平及行政管理等方面有一定差异。规划编制基本呈现“总体—县区—单元—项目”的三 / 四级规划体系，对武汉、襄阳、宜昌等大城市具有借鉴意义，但不适用于中小城市的发展阶段和更新模式，且规划繁复，不利于具体项目推进实施。

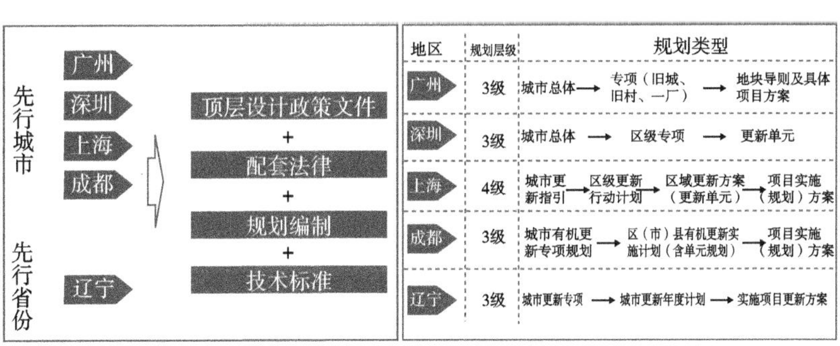

图 2–23　广州、深圳等先行地区城市更新工作体系小结

四、地方城市更新指引体系需要思考的几个问题

如何结合湖北省情特征制定一套普适性的指引体系？我们认为地方城市更新指引体系应该考虑以下几个方面的问题。

一是在顶层政策上，要考虑省级指引文件的普适性，促成各地对城市更新的共识，尤其是中小城市；二是在配套法律法规上，要充分利用地方立法权，对城市更新全流程给予立法保障；三是在规划体系上，坚持“无规划不更新”，但是也要“简规划促更新”，要将土地政策导向下的用地重划和基于城市发展规律的空间形态设计紧密结合，简化规划编制审批、修改流程，减少规划因规划程序反复造成的实施困难，保障城市更新的精细治理思维能快速在用地空间上落实；四是在工作流程上，要打通与城市体检的关系，将城市体检评估结果作为编制城市更新规划的重要依据，从源头上强化对城市更新实践工作的方向引领。

（一）考虑城市规模、城镇化水平和地方立法权等因素

结合《湖北省新型城镇化规划（2021—2035 年）》城镇规模体系，大城市、超大城市考虑结合地方立法权，建立“配套法律 + 规划编制 + 技术标准”的工作指引体系和“总体—县区—单元—项目”的多级规划体系；中等城市、小城市可沿用上级配套法律法规，适当简化规划层次，并依此研判在预期规模下的城市更新指引需求。

表 2-7　基于城镇规模结构的城市更新指引体系需求

	城市	工作指引	规划编制	技术指引	配套法律法规
超大城市、I 型大城市	武汉、襄阳、宜昌	×× 城市更新实施意见 / 实施方案	×× 城市更新总体规划城市更新专项规划城市更新单元详细规划城市更新项目实施方案	规划编制指引更新要素指引	×× 城市更新条例 /×× 城市更新管理办法

续表

	城市	工作指引	规划编制	技术指引	配套法律法规
Ⅱ型大城市、中等城市	黄石、十堰、荆州、荆门、孝感、黄冈、鄂州咸宁、随州、恩施、仙桃、潜江、天门、大冶、枣阳、汉川	×× 城市更新实施意见 / 实施方案	市、县城市更新规划 城市更新单元详细规划 城市更新项目实施方案	规划编制指引 更新要素指引	×× 城市更新条例 / ×× 城市更新管理办法（具有地方立法权的城市，无立法权的参照上级政府文件）
小城市、大镇	阳新、丹江口、宜城、谷城、老河口、宜都、枝江、当阳、松滋、公安、石首、监利、洪湖、京山、钟祥、应城、云梦、安陆、大悟、孝昌、红安、麻城、浠水、蕲春、武穴、赤壁、崇阳、广水、利川、郧西、房县、竹山、南漳、保康、远安、兴山、秭归、长阳、五峰、江陵、沙洋、团风、英山、嘉鱼、通城、通山、随县、建始、巴东、宣恩、咸丰、来凤、鹤峰	参照上级政府文件	市、县城市更新规划 城市更新项目实施方案	规划编制指引 更新要素指引	参照上级政府文件
其他建制镇、乡驻地	《湖北省“擦亮小城镇”建设美丽城镇工作导则（试行）》		擦亮小城镇规划	《湖北省“擦亮小城镇”建设美丽城镇技术指南（试行）》	

（二）考虑设区市、县级市、县的行政管理体制

城市更新工作与其最近一级政府之间关系最为紧密，城市更新的规划与实施应该充分考虑市辖区等管理边界。从规划编制层次上看，设区（2 区以上）城市的市辖区、城镇开发边界、城市更新单元、城市更新项目的空间递进关系更适宜于多层级的规划体系，设 1 区市、不设区市和县城镇开发边界、城市更新单元、城市更新项目空间关系，更适宜于简洁的规划体系。

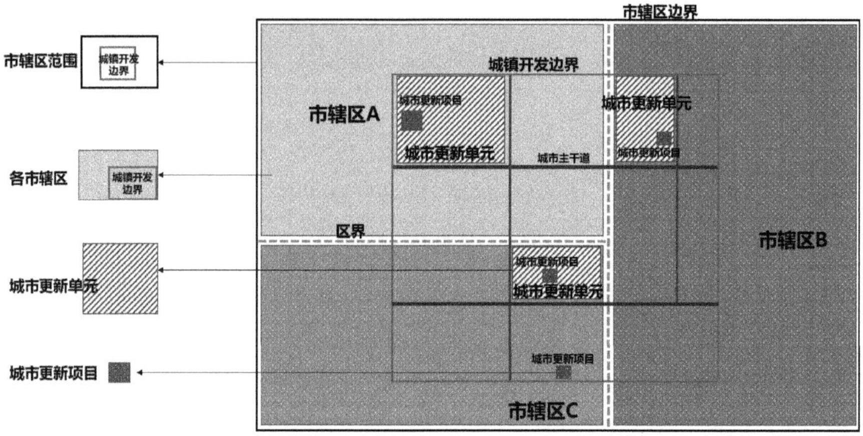

图 2-24　设区（2 区以上）市城市更新空间单元与管理区界关系

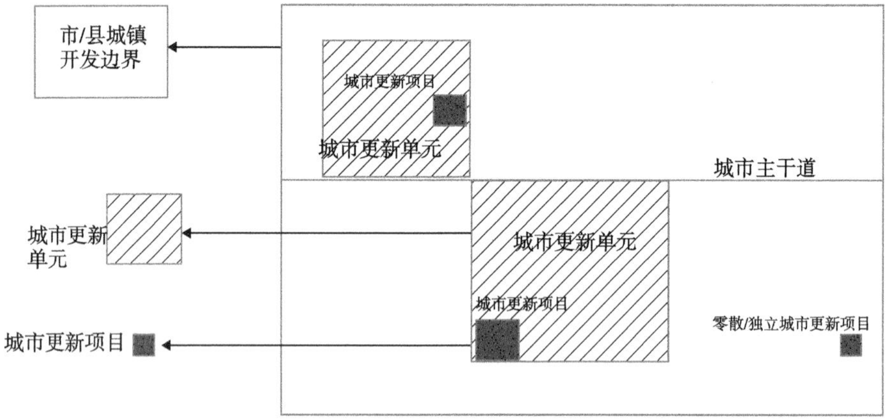

图 2-25　设 1 区市、不设区市、县城市更新空间单元与管理区界关系

空间范围	规划编制层次	规划编制主体	规划编制指引需求
市辖区范围（城镇开发边界）	城市更新总体规划（建制）	市城市更新主管部门	市、县城市更新规划编制指南
各市辖区（城镇开发边界）	区城市更新（专项）规划（应该编制）	区城市更新主管部门	市、县城市更新规划编制指南
城市更新单元	城市更新单元详细规划（应该编制）	区城市更新主管部门/街道办	城市更新单元规划编制指南
城市更新项目	城市更新项目实施方案（应该编制）	城市更新实施主体	城市更新项目实施方案编制指南

图 2-26　基于城市更新空间单元与管理区界关系的城市更新体系框架（设 2 区以上市）

空间范围	规划编制层次	规划编制主体	规划编制指引需求
市/县城镇开发边界	城市更新（专项）规划（应该编制）	市、县城市更新主管部门	市、县城市更新规划编制指南
城市更新单元	城市更新单元详细规划（视情况编制）	市、县城市更新主管部门/街道办	城市更新单元规划编制指南
城市更新项目	城市更新项目实施方案（应该编制）	城市更新实施主体	城市更新项目实施方案编制指南

图 2-27　基于城市更新空间单元与管理区界关系的城市更新体系框架（设 1 区市、不设区市、县）

从上图可以看出，城市更新单元是比较有共识的中间层次，但多数城市的更新单元尺度差异较大，与单元统筹管理方式、开发方式有较大关系。从广州、深圳等地的城市更新单元规划内容上看，与上层次城市更新规划或下层次实施方案有一定的重复。《广州市城市更新单元规划编制指引》提出需要解释说明城市更新单元详细规划的编制目的，论证编制的必要性。

在实际情况下，也存在很多独立于任何城市更新单元的更新项目，这在湖北省内的中小城市也非常普遍，如城市新区中的某个老旧小区。因此，城市更新单元规划可以视情况向上级或下级规划合并，在总体性的更新规划中制定更有利于下一步实施项目的计划制订和实施。

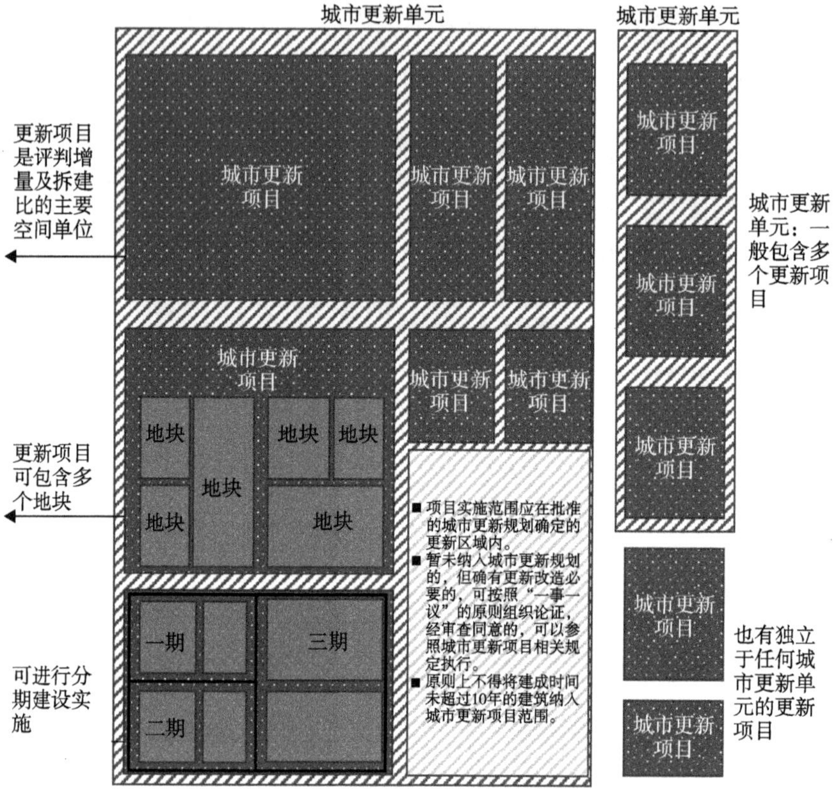

图 2-28　城市更新单元与更新项目空间关系

五、湖北省城市更新指引体系框架初步思路

基于上述研究，建议湖北省内城市形成“更新规划 + 实施方案”两级城市更新基本规划体系，建立“工作指引 + 规划指南”双线并行的技术导引，在此基础上架构“1+2+N”全要素更新指引文件，地级市、州配套法律法规加以保障，共同形成适应湖北社会经济发展阶段、城市规模、行政区划特征“由粗到细”、覆盖全面、行之有效的政策体系框架和技术指引体系。

（一）“更新规划 + 实施方案”两级规划

形成《×× 市 / 县城市更新规划》《×× 市 / 县 ×× 城市更新项目实施方案》两级城市更新基本规划体系，有条件或有需要的城市可在此基础上进行延伸或深化。城市更新规划起到全局统筹作用，形成各方对城市更新内涵、原则、目的等价值观的共识①，保证城市更新的总体目标不被单个片区、单元或更新项目的意愿所瓦解。城市更新项目实施方案形成点状突破，是针对城市更新规划中确定的重点实施项目所做的详细设计，是后续办理规划、建设许可相关审批手续，以及签订项目实施监管协议的必要前提。

（二）"工作指引 + 规划指南"双线并行

城市更新工作指引用于辅助各地在开展城市更新时，便于各地快速把握城市更新工作重点，明确工作流程和相关保障机制。

规划指南用于明确各地在开展城市更新时，需要编制什么规划，编成什么样，如何报批和管理。包括《湖北省城市更新规划编制指南》《湖北省城市更新项目实施（规划）方案编制指南》，重点解决《湖北省城市更新工作指引（试行）》中提出的两个层次规划怎么编，规范城市更新规划、城市更新项目实施方案的编制程序、成果深度与形式。前者主要任务是全面梳理城市更新资源和需求；明确城市更新工作目标；确定城市更新区域；划分城市更新单元；提出各城市更新单元更新策略，制定城市更新单元图则；建立城市更新项目库；提出规划实施措施，制订年度实施计划。后者立足具体实施项目产权边界、各主体属性、资金来源、产业和运营构想，研究项目更新实施的路径、策略和所需政策、机制等内容，形成对城市更新项目实施方案编制的规范性引导。

（三）"1+2+N"全要素更新指引文件

"1"：一个指引——《湖北省城市更新工作指引（试行）》。

"2"：两个指南——《湖北省城市更新规划编制指南》《湖北省城市更新项目实施（规划）方案编制指南》。

"N"：N 个配套导则——《湖北省城镇老旧小区改造技术导则》《湖北省新型城市基础设施建设技术导则》《湖北省城市生态修复技术导则》《湖北省城市风貌塑造与提升技术导则》等，重点围绕《湖北省城市更新工作指引（试行）》中提出的八项重点任务，针对城市更新实施过程中遇到的普遍性技术问题，形成"发现问题—研究对策—全面推广"的长效机制，以"打补丁"

---

① 王崇烈 . 关于城市更新规划方法体系的思考［J］. 光明网，2022-06-07.

的形式，进行技术引导。

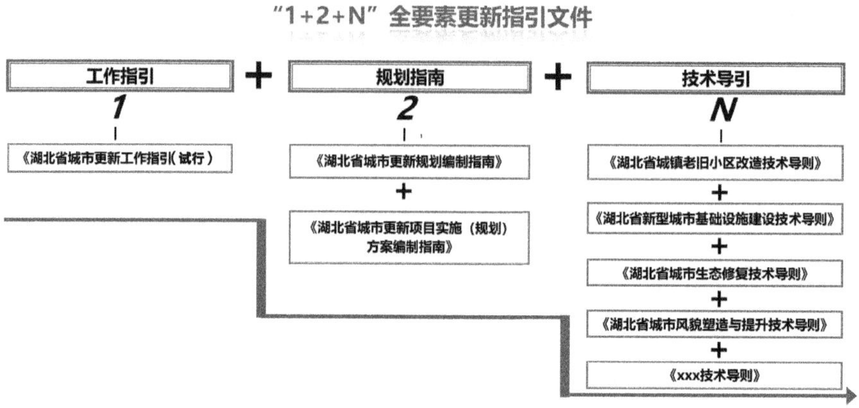

图 2-29　湖北省城市更新指引体系框架示意图

六、结语

新的时期，我们还应该不断地挖掘和延伸城市更新的内涵。城市更新要围绕城市自身开展，但部分区域也不能只围绕城市自身开展。从国家推动区域协调发展大局上看，以城市圈、群为引领的深度城镇化仍然有很长的路要走，在此背景下，处于圈、群域内城市的更新不能“各人自扫门前雪，莫管他人瓦上霜”，需要“跳出城市看区域”。比如湖北，十几年来，武汉城市圈在湖北城镇空间发展格局中发挥着极其重要的引领作用，武鄂黄黄都市区是其重要组成部分。在新的时期，“武鄂黄黄”各个城市的更新就不能独善其身，鄂州花湖机场临近区域、鄂州城区的城市更新就需要在更大尺度上辨识区域临空经济的发展诉求，黄石、黄冈城区的城市更新需要在考虑与武汉深度同城化发展的要求等。这些都是现阶段建立湖北全省尺度的更新工作指引体系的难点和容易忽视的地方，需要进一步地探索与研究。

纸上得来终觉浅，绝知此事要躬行。城市更新是一项实践性很强的城市治理工作，而最有效的指引也往往来自实践，我们希望通过湖北省城市更新指引体系架起桥梁，引导各地深入推进实际工作，不断反馈实践中遇到的问题，并随着城市更新实践发展不断丰富和完善，努力探索出一套适应湖北社会经济发展阶段、城市规模、行政区划特征的城市更新指引体系。

第三篇　城市更新社会治理

超大城市更新风险的系统动力学分析①

温锋华　田美多

摘要：精准识别风险是有效规避风险的重要基础，通过建立超大城市更新风险系统动力学模型，剖析城市更新风险的产生路径，探索各种风险因素的回路关系，对于加强风险管控能力、有效规避超大城市更新系统风险、促进超大城市的城市更新稳健发展、提高更新的效能转化具有重要意义。基于超大城市更新的独特性，将超大城市的城市更新系统风险分为社会系统性风险、政策衍生性风险、文脉系统性风险、金融安全系统性风险等四个子模块，并运用系统动力学方法，对各风险子系统进行回路分析，识别关键风险要素及要素间的影响机制；并进一步探究各风险模块间的作用关系，构建超大城市的城市更新总体风险系统；最后针对关键风险因素提出化解城市更新系统性风险的若干政策建议。

关键词：城市更新；系统性风险；系统动力学；超大城市

一、引言

随着我国社会经济发展进入高质量发展阶段，原有的城市空间增长主义正走向终结，存量资产的更新治理已经逐渐替代大规模增量建设，成为我国城镇化“下半场”的主旋律。产业结构、住房土地供应、超大城市功能等宏观、战略因素驱动超大城市城市更新发展进入快车道。与城镇化的持续快速

---

① 基金项目：国家自然科学基金面上项目（72174219）、中央财经大学一流学科建设项目（CUFEZF202201）。
作者简介：温锋华，博士，注册城乡规划师，中央财经大学政府管理学院副教授，研究方向：城市更新与城市治理、人口迁移与城镇化；田美多，中央财经大学政府管理学院硕士研究生，研究方向：城市更新与城市治理。

发展相矛盾的是，我国城市更新的制度仍处于摸索阶段，城市更新的实践探索面临着一系列风险[①②]。城市更新涉及的利益相关者众多，各个主体的利益诉求、社会阶层、文化背景、价值取向等存在巨大差异，影响着城市更新的过程及结果[③]。各主体间利益博弈、转型期社会环境以及尚不完善的制度建设成为超大城市城市更新的大量隐患，并诱发了一系列城市更新系统性风险[④]。行政管理上多头管理、缺乏联动导致的审批困难及公共资金使用、相关配套措施不能有机衔接等问题，使城市更新政策面临陷入“最后一公里”困境而无法落地的风险[⑤⑥]。由于城市更新具有利益相关者众多、利益影响巨大且群众关联性强等特点，在更新的过程中往往伴随着较大的社会风险[⑦⑧]及社会要素重构导致的次生人文风险[⑨⑩⑪]。作为凝聚城市文明发展积累的空间载体，我国北京、上海等超大城市的存量空间产权归属情况复杂，存在众多诸如“央产”“军产”“公产”等特殊产权，老城区还普遍存在“违建”“私建”等无产权建筑[⑫]，产权制度亟待优化；但由于超大城市特殊的政治、经济和文化中心的功能定位，并不适合进行大刀阔斧的城市更新。复杂的产权情况为超大城市更新带来了系统的风险，也加剧了城市化过程中的不可测性。明确更新过程中系统性风险产生的原因，厘清风险因素间错综复杂的关系，对于有效降低、规避城市更新中的原生风险以及因更新产生的次生、衍生风险具有重要的指导意义。

作为各类要素市场发展的实际载体和物理空间，城市是一个完整的循环生

---

① 刘玉峰，许雄文 . 旧城改造项目风险识别［J］. 城市管理，2005（5）：31–33.

② 刘贵文，吴文东，李世龙 . 旧住宅区城市更新项目风险因素研究［J］. 建筑经济，2017，38（01）：63–68.

③ 张京祥，赵丹，陈浩 . 增长主义的终结与中国城市规划的转型［J］. 城市规划，2013（1）：45–50+55.

④ Hui C M，Ng M H，Lo K K. An analysis of the viability of urban renewal project under a risk-based option pricing framework［J］. Journal of Urban Planning & Development，2010（2）：101–111.

⑤ 唐燕 . 我国城市更新制度建设的关键维度与策略解析［J］. 国际城市规划，2022，37（01）：1–8.

⑥ 冉奥博，刘佳燕 . 政策工具视角下老旧小区改造政策体系研究：以北京市为例［J］. 城市发展研究，2021，28（04）：57–63.

⑦ 顾锦磊，张建坤 . 旧城改造项目的风险管理［J］. 工程管理学报，2010，24（01）：33–36.

⑧ 杨芳勇，沈克慧 . 论房屋拆迁社会稳定风险评估体系的建立［J］. 南昌大学学报（人文社会科学版），2012，43（06）：51–56.

⑨ 刘京，邹爱华 . 吸纳性治理：城市更新中风险治理的中国范式［J］. 广西大学学报（哲学社会科学版），2018，40（06）：105–111.

⑩ 邵任薇，陈绮珊 . 城市更新社会排斥风险评估［J］. 城市问题，2019（07）：77–85.

⑪ 栾晓峰 . 城市更新，如何做好风险防范［J］. 决策探索，2021（15）：64–65.

⑫ 吴良镛 . 北京旧城与菊儿胡同［M］. 北京：中国建筑工业出版社，1994.

态系统，城市更新也涉及要素市场的方方面面，各个要素紧密相连，通过不同的路径影响着城市更新项目，可谓牵一发而动全身，需要以系统性思维来处理问题。因此，本文拟运用系统动力学方法，对超大城市更新风险进行剖析，建立系统风险研究框架，并从原生问题、政策衍生、文脉风貌、金融安全等风险角度进行系统动力分析，厘清各风险因素间的关系。在此基础上，根据系统风险研究框架，对防范超大城市更新系统性风险提出针对性建议，以期为超大城市更新风险管理提供决策依据，助力超大城市更新稳健发展。

二、方法与模型

系统动力学由美国麻省理工学院的福瑞斯特教授（J.W.Forrester）于 1956 年首创①，是一种基于信息论、反馈控制论、系统论、决策过程论等理论，利用计算机仿真模拟技术研究动态复杂系统的系统仿真方法，利用计算机仿真模拟技术对模型动态变化与内部结构进行仿真实验，得出问题的解决思路。超大城市更新是一个不断发展、变化的过程，其涉及的要素市场广泛、利益相关者众多，利益博弈难以协调；同时，由于多数更新项目位于老城区，面临着原住区社会结构复杂、建筑产权混乱、历史文化环境亟待保护等问题，要求超大城市更新在进行物理空间功能性更新的同时还要兼顾社会性更新，使得超大城市更新的风险因素更为复杂。基于以上原因，明确超大城市更新中的风险因素，厘清各风险因素间的作用关系及风险运行机制对于降低和规避超大城市更新风险具有重要意义。鉴于超大城市更新风险的复杂性、动态性等特征，其研究方法也需要具有综合性与系统性，因此，本研究将系统动力学方法引入超大城市更新的风险管理研究中，结合更新过程中存在的实际风险因素，系统分析各因素间的因果关系、风险结构并进一步构建超大城市更新风险的系统模型，探索更新风险的动态规律，有效规避已知城市更新风险，为超大城市更新风险管理提供决策依据。

首先基于超大城市更新的特殊性，依据城市更新项目的生命周期与风险因素分类，确定了超大城市更新风险系统模型的四大风险子系统：社会系统

① 麦咏欣，杨春华，游可欣，等．“文创＋”历史街区空间生产的系统动力学机制：以珠海北山社区为例［J］．地理研究，2021，40（02）：446–461．

性风险、政策衍生性风险、文脉系统性风险、金融安全系统性风险。其次，在文献与访谈的基础上分析整理出 34 个超大城市更新潜在的风险要素，并进一步通过主成分分析法筛选出了 27 个关键的风险因素。最后，利用 Vensim PLE 软件根据最终确定的风险子系统及风险因素绘制因果回路图，明晰各个风险因素间的作用关系，构建超大城市更新风险系统。

表 3-1　超大城市更新风险机制中的因果关系链

Loop	风险要素	风险子系统
R1	权利人更新意愿、更新补偿方案可行性、社会排斥风险、群体性事件风险、利益相关者冲突、公众信任风险、产权清晰度、历史遗留问题	社会系统性风险
R2	行政审批时长、政策冲突风险、政策透明度、政策稳定性、多头管理风险、部门协同度、政策系统完善度	政策衍生性风险
R3	更新区域内文物古迹密集度、历史文化古迹拆除 / 破坏风险、传统街巷格局变化、历史文化保护战略的整体性、街区同质化风险	文脉系统性风险
R4	融资及改造成本波动、工期延长风险、资本回收时长、运营风险、企业资产负债率、资金回报率、信用风险	金融安全系统性风险

三、城市更新风险子系统回路分析

（一）社会系统性风险子系统

超大城市更新的社会系统性风险指由于超大城市更新活动所导致的社会系统无序、产生冲突的可能性。超大城市往往是一定区域的政治、经济或者文化中心，吸引周边腹地大量的人才及各类生产要素向其集聚，悠久的历史文化和复杂的社会关系，给城市更新带来了前所未有的挑战。以北京市为例，北京全市集中建设区内建筑寿命接近到期的待更新建筑、社区可达 2.45 亿平方米。过度承载及使用使其原本就存在的原生安全风险，成了超大城市更新的“灰犀牛”。这些老旧建筑由于产权关系、居民结构、人文需求等复杂性，在更新过程中往往牵一发而动全身，为超大城市更新带来一定的社会系统性风险。超大城市更新的社会系统性风险子系统构成复杂，涉及原住区居民、政府、开发商、权利主体等多个方面。主要包含的回路为：

（1）更新补偿方案的可行性→+权利人更新意愿→-利益相关者冲突→+群体性事件风险→-更新补偿方案的可行性。这是一条正反馈回路，权利主体作为城市更新改造的直接关联者与受益者，其更新意愿对于改造项目能否顺利进行具有重大影响。而更新补偿方案的可行性的反馈效应是影响权利人更新意愿的重要因素之一，二者呈正向变动。在涉及拆迁的城市更新项目，更新所带来的巨大利益变化不仅关系到权利主体，也影响着开发商等社会主体。若货币补偿、拆迁安置等更新补偿方案达到权利人预期，就会提高权利主体更新意愿，形成正反馈，避免利益相关者冲突，降低暴力强拆、群体上访、聚众示威等群体性事件风险。从而进一步控制因群体性事件导致的拆迁费用剧烈上涨、开发商成本增加问题，避免因资金短缺而降低更新补偿标准，形成正反馈回路。

（2）社会排斥性风险→-权利人更新意愿→-利益相关者冲突→+群体性事件风险→+公众信任风险→-权利人更新意愿→-社会排斥性风险。这是一条正反馈回路，物理空间的更新改变了居民原有的邻里关系及生活方式，居住地点的改变带来的通勤成本增加以及社会关系等问题造成的社会排斥风险增加对于权利人更新意愿形成负反馈，二者呈负向变动。权利人更新意愿的降低导致利益相关者冲突的增加，诱发群体性事件风险的产生。对于群体性事件的不恰当处置，会导致信息传递的失序以及沟通的混乱，产生大量负面舆论，增加公众信任风险，进一步对于权利人更新意愿形成负反馈，降低了居民融入更新后环境的主动性，增加了社会排斥性风险，正反馈回路由此形成。

（3）权利人更新意愿→+原生安全风险→+历史遗留问题→-产权清晰度→-利益相关者冲突→+群体性事件风险→-权利人更新意愿。这是一条负反馈回路，为了追求更加安全、舒适的居住环境，权利人更新意愿大多较强。但权利人更新意愿增加带来的正反馈会加剧原生安全风险，这是由于超大城市更新面临着大量以“军产、央产和公产”为代表的特殊产权更新问题，这些特殊产权存续房地资产大多建筑寿命到期，存在大量安全隐患及商业物业缺失的原生安全风险。原生安全风险的增加正反馈于历史遗留问题，形成因缺乏管理而增加的自建房、资产非法占用等问题，而这些历史遗留问题会增加产权清晰度的负向反馈。在集体产权制度不完善的情况下，产权不清晰使得部分特殊产权存续房地资产存在权属纠纷问题；同时，这些房地资产在京分布广、不集中，难以用“打包”的形式与更新各方主体进行整体沟通。由于产权模糊带来的权属纠纷与进度困难所累积的负向反馈加剧了利益相关者冲突，促使群体性事件风险的增加，降低居民更新热情，由此形成负反馈回路。

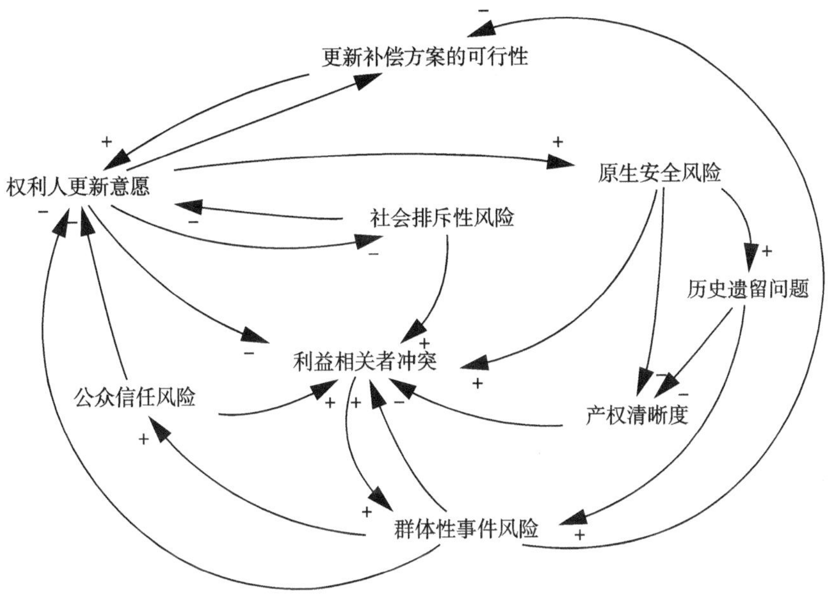

图 3-1　R1：社会系统性风险回路图

（二）政策衍生性风险子系统

超大城市更新的政策衍生性风险指由于城市更新政策不完善、政策执行不规范等引发的一系列衍生问题的可能性。在首都减量提质、集约发展的总体背景下，北京的城市更新面临着比其他城市更为严格的规划管控与更新条件要求。过于依赖传统政策路径也抑制了北京在城市更新政策制度建设上的突破。近年来，北京不断细化更新建筑审批政策，拓宽社会资本参与路径，出台了《北京市城市更新专项规划》等一系列政策文件，但长期以来，超大城市更新仍处于建设初期，由于制度法规方面的空白以及政策体系的不完善滋生了一系列的政策衍生性风险①。政策衍生性风险子系统由政策透明度、政策体系完善程度、政策稳定性等风险要素构成。主要包含的回路为：

① 李政清．北京城市更新的实践与思考［J］．城市开发，2022（01）：38-40.

（1）政策体系完善程度→+政策透明度→-多头管理风险→+部门协同风险→+行政失误→+行政审批时长→-政策体系完善程度。这是一条正反馈回路，北京的城市管理体系纷繁复杂，城市更新项目通常涉及发改、财政、规划、国土资源、环保、文化旅游、文物保护等多个部门，政策体系的完善程度越高就会带来越多的正反馈，提高政策透明度。相反，若未建立一个统筹机构统一协调各部门，政策体系完善程度低就会使政策透明度大大降低。政策模糊会给下级部门的工作带来负反馈，造成混乱的失序局面，增加多头管理风险。长期碎片化地推进超大城市更新，会增加因各部门职权不明确而导致的行政失误与踢皮球现象，引起各部门之间的摩擦，增加部门协同风险。而超大城市更新项目在推进过程中存在着大量用地性质变更、相关证照办理等环节，需要多部门协同作战，部门协同风险累积的正反馈会大大增加行政审批时长，影响项目推进效率，削弱财政资金匹配的支撑能力，进一步降低政策体系的完善程度。

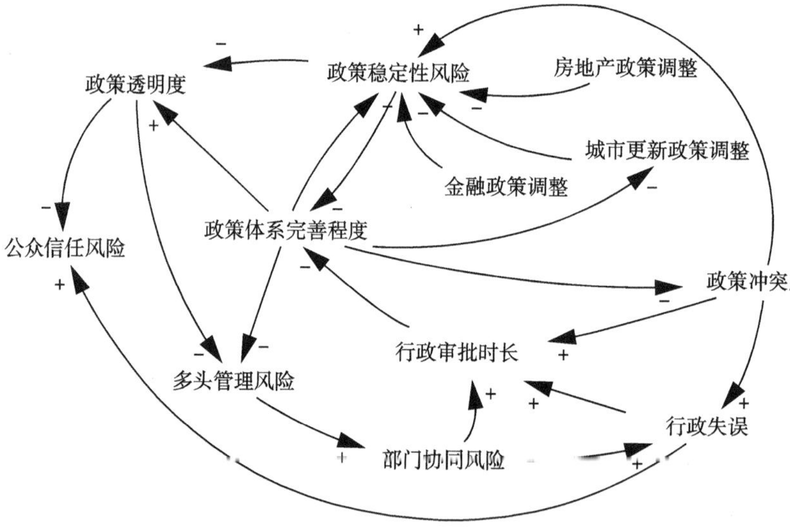

图 3-2　R2：政策衍生性风险回路图

（2）政策稳定性风险→-政策体系完善程度→-政策冲突风险→+政策稳定性风险。这是一条正反馈回路，鉴于首都功能及空间价值的特殊性，超大城市更新相关政策不仅受到宏观经济环境的影响，还受大量政治因素的影响。金融政策、房地产政策调整与地方官员换届等因素都会影响政策稳定性。超大城市更新政策波动给政策体系的完善程度带来了一定的负反馈，在更新改造的实际工作中可能会产生一系列的政策冲突，不仅挑战着政府的协调治理能力，还增加了社会资本进入城市更新领域的机会成本，政策冲突风险长期叠加的正反馈加剧了政策波动，诱发政策稳定性风险。

（三）文脉系统性风险子系统

超大城市更新的城市文脉系统性风险指由于城市更新活动所导致的历史文化建筑破坏、传统街巷肌理及历史格局改变等一系列问题的可能性。世界各国超大城市更新实践表明，想要打造富有独特魅力的城市形象就必须要重视城市历史文脉的保护，对于城市历史文化遗产的保护不只是为了“过去”而“过去”，更是为了“现在”和“将来”而尊重“过去”[①]。虽然保护和发展相统一的超大城市更新理念已经在近年来被广泛认可，但空间资源紧张、文物古迹分布密集、风貌破坏程度严重、基础设施薄弱、人口密度大等问题及矛盾仍易引发城市文脉系统性风险，为超大城市更新带来巨大挑战。文脉系统性风险子系统包括历史文化保护战略的整体性、历史风貌破坏风险、街区同质化风险等。主要包含的回路为：

（1）城市规划保护战略的整体性→－更新区内文物古迹密集度→＋古迹拆除及破坏风险→＋历史风貌破坏风险→－城市规划保护战略的整体性。这是一条正反馈回路，作为历史文化名城保护的重点地区，北京仅东、西城所构成的首都核心功能区中就涵盖了350项文物保护单位、600余栋历史建筑、1万余棵古树[②]，城市规划保护战略的整体性是文脉系统性风险子系统中的决定性风险要素。若城市规划保护战略未在“整体性”保护框架下制定，则会产生单中心聚集的城市发展模式。这就使得北京老城区不仅分布了大量的文物古迹，还承载了北京超过6成的待更新项目，是超大城市更新的主战场。更新区内文物古迹密集度形成的正反馈不断与密集的居住人口以及日益增长的更新需求相碰撞，使得各类建筑用地之间产生了激烈的矛盾，文物建筑的腾退利用、传统街区改造等工作都增加了历史建筑被更新改造工程拆除、破坏的风险。古迹拆除及破坏风险的提高会进一步形成正反馈，增加历史风貌破坏风险。例如新中国成立后，缺乏整体性的规划保护战略使一些旧城区历

---

① 边兰春．历史城市保护的发展趋势与北京旧城整体保护思考［J］．北京规划建设，2012（06）：9–13.

② 石晓冬，廖正昕，叶楠．首都功能核心区在保护更新中发展［J］．前线，2021（01）：71–73.

史建筑、四合院落在“规划”与“建设”中被拆除，对于旧城风貌形成了破坏。而历史风貌破坏风险的提高也会促使城市规划保护战略走向保守的“静态全面保护”方向，降低历史文化保护战略的整体性。

（2）城市规划保护战略的整体性→－文化氛围缺失风险→＋街区同质化风险→＋历史风貌破坏风险→＋城市规划保护战略的整体性。这是一条正反馈回路，随着首都老城保护和城市发展的不断统一，历史文化与现代生活逐渐融合，历史资源的“再开发”已经成了城市规划保护战略的重点，针对历史文化建筑、街区为现代生活、文化传承服务的城市更新项目日趋增加。战略的整体性提高带来的正反馈能够显著提升历史文化建筑的“再开发性”，吸引更多的社会资本进入、改善街区周边人居生活环境。然而资本与商业的介入也增加了历史建筑、街区同质化的风险，若规划保护战略的整体性未达到一定高度，就无法在追求商业利益的同时平衡历史文化建筑的“原真性”，由此累积的正反馈会逐渐削弱街区原有的文化氛围，加剧街区同质化风险。这不仅会对历史风貌破坏风险形成正反馈，同时也会降低改造项目的社会经济效益，不利于战略的整体性提高。

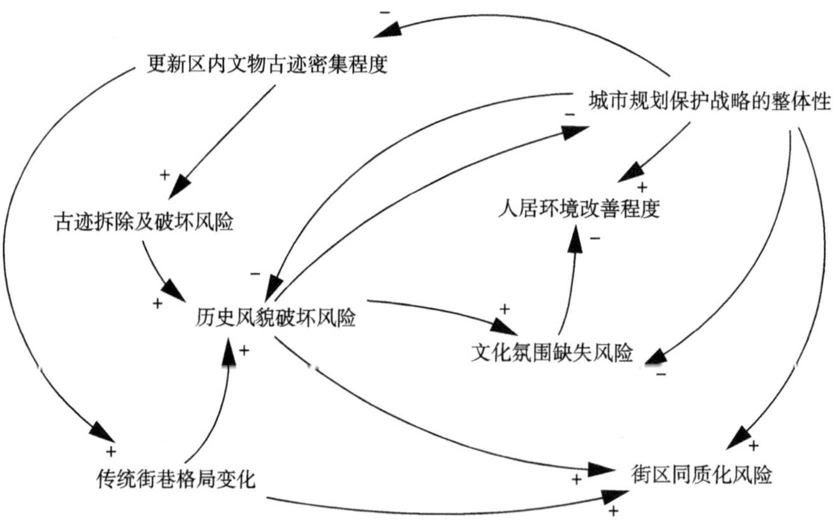

图 3-3　R3：文脉系统性风险回路图

（四）金融安全系统性风险子系统

超大城市更新的金融安全系统性风险指由于建设、投资、运营城市更新项目所导致的资金链断裂、信用降级等一系列危及金融稳定问题的可能性。北京待更新面积众多，根据最新颁布的《北京城市更新专项规划》，全市集中建设区内约有2.45亿平方米的可更新建筑面积，如此更新体量仅靠政府财政已然无法负担，引入社会资本、探索创新商业模式成了超大城市更新关注的重点问题。然而城市更新项目巨大的融资规模，挑战着企业的资金筹措能力，极易形成金融风险；同时，在2021年住建部叫停大拆大建后，拆除重建类项目逐渐退出旧改舞台，有机更新类及综合整治类项目正成为超大城市更新项目的主流，其商业收益主要来源于项目后续的持有经营，相对较慢的周转速度考验着企业的资金运筹能力，进一步增加了超大城市的金融安全系统性风险。金融安全系统性风险子系统是超大城市更新系统性风险的重要一环，决定了超大城市更新能否持续稳健发展。主要包含的回路为：

（1）融资成本→+改造成本→+工期延长风险→+资金周转风险→+信用风险→+融资成本。这是一条正反馈回路，超大城市更新的改造周期一般较长，涉及的产业链条众多，极有可能发生政策、利率、汇率等因素波动，影响企业融资成本的稳定性。宏观经济因素变化带来的融资成本上升所形成的正反馈也会使得企业的资金购买力下降，导致后续拆迁安置成本、建安成本等改造成本的上升。在各类改造成本不断上涨的正反馈下，改造项目可能会出现资金周转困难等问题，导致中途停工、工期推延形成工期延长风险。改造周期的延长意味着项目的延迟交付，入市时点推迟则会进一步延长资本回收时长，影响企业的资金周转速度增加资金周转风险。资金周转速度的降低促使企业增加贷款的资金规模以维持正常周转，使得本就处于高负债水平的企业偿债压力更大，累积形成的正反馈影响着企业的信用水平，增加了企业信用风险。融资渠道单一且过度依靠银行信贷都会增加信用风险。信用风险的增加使得企业面临着更加严格的监管审核与融资条件，不利于企业进一步展开融资活动，提高了企业融资成本，由此形成了一条正反馈回路。

（2）企业现金流量→+运营服务质量→+群众满意度→+运营服务费用收缴率→–资本回收时长→–资本回报率→–资金周转风险→–企业现金流量。这是一条正反馈回路，超大城市更新项目的主要经营收益来源于项目交付后的持续运营，通过更新项目运营产生的现金流量也是除政府财政补贴外企业融资贷款的重要还款来源。企业现金流量是影响后续运营服务质量的关键因素。不同于商业性质的传统房地产开发项目，超大城市更新的运营实践历程较短，且改造项目往往具有较强的异质性，难以形成一套“万能”的经营思路；同时，城市更新项目的公益属性也使得运营主体需要不断优化运营模式，探索具有首都特色的微利可持续道路。若企业现金流量状况良好，就会降低项目后续持有运营难度，对运营服务质量形成正反馈。运营服务质量的提高也会促使群众满意度的提高，更好地增加群众的付费意识，提高运营服务费用收缴率。运营服务费用收缴率的上升可以对资本回收时长形成负反馈，降低因资金收缴困难、工作难以开展而形成的资本回收风险，提高资本回收效率。资本回收时长的减少可以提高资本回报率，有效地降低资金周转风险。资金周转风险下降累积的负反馈可以提高资金周转速度，避免产生资金链断裂、坏账与不良资产等问题，进一步加强了企业的偿债能力，稳定了企业现金流量情况。

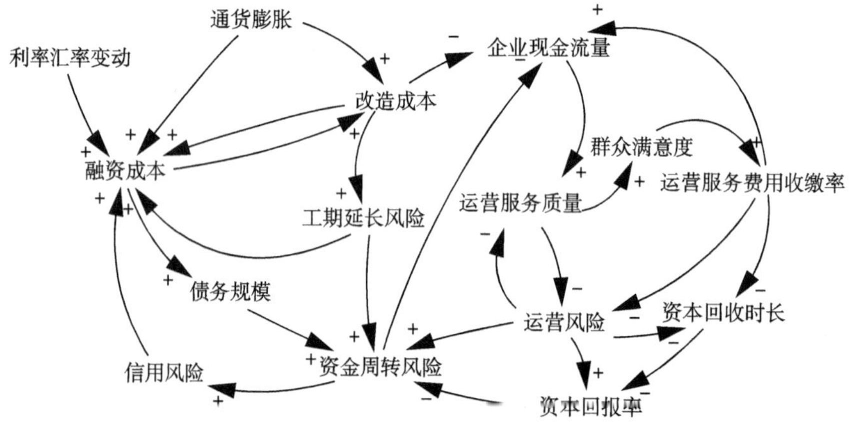

图 3–4　R4：金融安全系统性风险回路图

四、城市更新总体风险分析

在首都城市的高速发展及落实首都功能的迫切要求下，超大城市更新的内核表现为一个庞大的复杂循环系统，其中，社会、政策、文脉、金融四大主要风险子系统的结构高度复合，各种主客观风险因素间相互作用、相互制约，牵一发而动全身，有机叠加为具有高度整体性、动态性、关联性的超大城市更新风险系统。

（一）R1：社会、金融子系统的相互作用

由于首都的城市性质、政治背景以及大量军产、央产、公产等特殊产权建筑的存在，超大城市更新本身就存在较高的社会系统性风险隐患，而社会系统性风险子系统又会进一步影响金融稳定性，作用于金融安全系统性子风险。根据项目改造、运营流程，主要包含的回路如下：权利人更新意愿→－利益相关者冲突→＋群体性事件风险→＋工期延长风险→＋改造成本→＋资金周转风险→＋运营服务质量→＋公众满意度→＋资本回报率→－信用风险→－权利人更新意愿。这是一条正反馈回路，社会系统性风险子系统中的权利人更新意愿是链接两子系统的重要因素。在改造阶段，如果项目群众基础薄弱，权利人更新意愿低，所形成负反馈会增加利益相关者冲突，引起原住区居民不配合施工、钉子户等群体性事件。群体性事件风险上升带来的正反馈使得工程延期风险上升，为了保证工程的顺利推进，企业往往会制定更加优厚的更新补偿方案及安置条件，大大提高了企业的改造成本。改造成本的上涨使得企业资产负债率上升，进一步降低资金周转速度。资金周转风险累积的正反馈在一定程度上影响着企业现金流状况，决定了后续的运营服务质量。如前文所述，运营服务质量的提高会带来公众满意度提高、资本回报率上升等一系列正反馈，维持企业信用水平。企业信用风险的下降不仅会降低金融安全系统性风险也会树立良好的社会形象提高权利人更新意愿，减少社会系统性风险。

（二）R2：社会、政策、金融子系统的相互作用

超大城市更新项目存在巨大的异质性，不同更新项目的群众基础、产权状况、历史遗留问题不尽相同，在引起社会系统性风险的同时还会诱发政策衍生性风险，进一步形成金融安全性系统风险，叠加形成多重风险。其包含的回路如下：政策体系完善程度→－行政审批时长→＋工期延长风险→＋改造成本→＋资金周转风险→－市场稳定性→＋政策体系完善程度。这是一条正反馈回路，在现行超大城市更新政策体系并不完善的情况下，产权不清晰等社会系统性风险要素不仅会引发利益相关者冲突形成社会风险，还会对行

政审批时长产生负反馈，为项目相关证照办理工作带来巨大的困难，甚至使大量涉及用地性质变更的商业用地陷入“无证经营”、使用权及期限不明的困境，进而降低项目改造效率。项目改造效率下降产生的负反馈不但降低了企业的资金周转速度也变相限制了低效闲置资产的再利用，不利于进一步探索微利可持续的城市更新商业模式，增加了企业的资金周转风险。不良的资金周转情况加剧了改造主体企业的债务压力，其产生的“暴雷”等金融风险事件会对整个超大城市更新市场形成负反馈，降低市场稳定性。市场稳定性的降低产生的负反馈也会促使政策波动，降低政策体系完善程度，由此形成一条同向变动的正反馈回路。

（三）R3：政策、文脉、金融子系统的相互作用

政策衍生性风险子系统是推动首都文脉系统性风险子系统发展、运行的重要风险要素，而从长期视角来看，文脉系统性风险不仅影响着首都历史风貌格局，更关乎着城市的可持续发展能力，与金融安全系统性风险子系统相互作用，三个子系统由政策稳定性要素链接。其包含的回路如下：政策稳定性→+城市规划保护战略的整体性→-街区同质化风险→+历史风貌破坏风险→-公众满意度→+资本回报率→-资金周转风险→-市场稳定性→+政策稳定性。这是一条正反馈回路，政策稳定性与城市规划保护战略的整体性呈正向变动。当出现政策目标变化等因素导致政策波动时，首都历史文化遗产保护的延续性也会随之下降。战略的整体性与街区同质化风险呈负向变动，缺乏整体性的城市规划保护战略并不能将首都文脉保护与产业结构升级、社会结构演变、城市功能提升有机结合；同时，由于资本天然的逐利性，盲目地引入资本与商业介入历史文化街区复兴会产生因规划设计、商业模式的简单复制而引发的街区同质化风险。街区同质化风险形成的正反馈会使其丧失原本的风貌与特色，形成“建设性破坏”，增加历史风貌破坏风险。同质化及历史风貌的破坏负反馈于公众满意度，降低项目对消费者的吸引力，不利于经济效益的转化及资本回报率的提高，增加资金周转风险。资金周转风险的逐步累积形成的负反馈将影响项目资金链的稳定，诱发一系列金融风险，增加宏观经济要素波动，最后降低政策稳定性，形成正反馈回路。

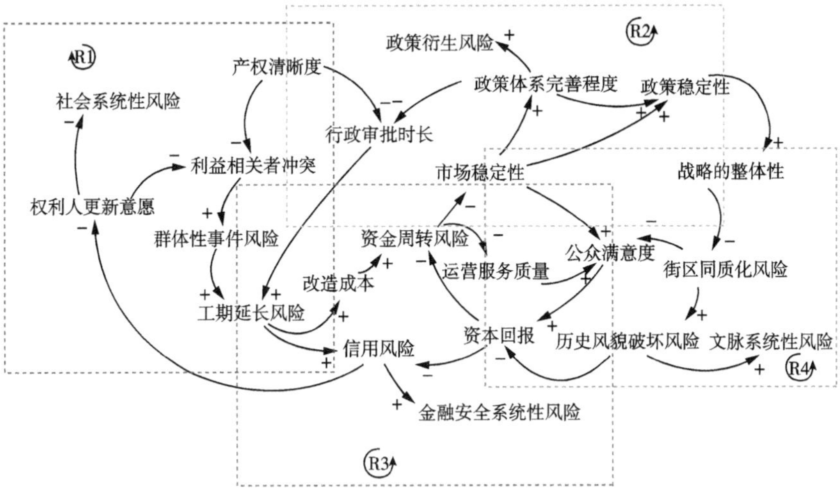

图 3–5 超大城市更新系统风险回路图

五、结论与政策建议

基于超大城市更新的特征分析，依据城市更新项目的生命周期与风险因素分类，以系统动力学为方法，构建了超大城市更新社会系统性风险、政策衍生性风险、文脉系统性风险、金融安全系统性风险等风险系统模型及其回路分析，明晰了各个风险因素间的作用关系，厘清了超大城市更新的风险系统。基于此，提出如下政策建议。

一是加强多元主体合作协同，防范社会系统性风险。完善超大城市更新的公众参与路径，构建多元主体的合作协商机制是化解社会系统性风险的重要途径。公众参与路径的拓展与完善能够增加居民的发声途径，更清晰地表达其利益诉求，提高其更新意愿。而搭建涵盖政府、社会资本、权利主体、社会公众的协商机制，构建多元合作治理网络，能够有效协调各主体的需求与行为，最大限度地实现多方利益诉求，从而减少利益相关者冲突与群体性事件风险，有序推进超大城市更新。

二是完善超大城市更新顶层制度设计，降低政策衍生性风险。首先，应健全超大城市更新政策体系，强化政策集成。目前，超大城市更新政策体系还需健全，完善社会资本参与城市更新的投融资政策、明确企业准入标准及退出机制、探索产权及用地性质变更等相关规划土地政策可以从源头化解大量有关合法性的城市更新问题，规避政策衍生性风险。其次，要加强组织领导，理顺城市更新工作体系。应设立统筹机构，统一领导、协调各级部门，推进首都更新工作，减少多头管理风险；加强市、区两级联动，形成政策制定、实施、评估的有效工作路径，压缩审批流程，创新工作机制，降低行政审批时长及相关政策衍生性风险。最后，强化超大城市更新的事前、事后政策支持，提高政策满意度。现有的城市更新政策大多集中于施工改造环节，缺少对项目更新事前与事后的政策安排。应建立超大城市更新的长效管理机制，加强对更新项目效果评估用于运营监管的政策安排，巩固城市更新成果，提高群众满意度。

三是在“发展”中“保护”，减少文脉系统性风险。尊重首都空间结构演变历程，鼓励旧城有机微更新。只有结合时代背景，深入理解首都空间的发展进程与城市结构的演变规律，以渐进式、微循环实施城市有机微更新，才能够最大限度地保留首都历史文化地区的原本肌理，降低古迹损坏风险。应将发展与保护相统一，以人为本增强居民获得感。历史文化保护绝对不能与现代城市生活脱节，动态的旧城保护才能在保留老城记忆的同时叠合现代生活。同时，要以人为本，让旧城保护成果惠及人民群众，才能收获更多群众的支持，实现“自下而上”的主动参与，推动化解改造中的社会系统性风险。

四是完善资金支持体系，化解金融安全系统性风险。（1）创新城市更新金融产品，拓展企业融资渠道。因此，应充分发挥资本市场的杠杆作用，利用基金、信托等金融工具，创新出一系列在利率、周期、分成等方面更适合城市更新项目的金融产品，拓展企业融资渠道，填补资金缺口，降低融资、信贷风险。（2）多方面激励社会资本参与，形成超大城市更新合力。要发挥财政资金与政策的支持作用，加大供给型政策比例，为实施主体企业提供空间、运维、税收动力；同时，也要提高居民的付费意识与改造出资意愿，形成超大城市更新合力。（3）加强金融监管，维护金融系统稳定。贷前授信审批作为银行信贷风险控制的重要节点需要给予高度重视，应制定合理的城市更新信贷主体信用评估指标体系，以科学地对项目实施主体进行筛选及评估，确保授信决策的准确性，降低信用风险，从源头遏制金融安全系统性风险的产生。

人本视角下城市微更新模式的探索
——以深圳市社区共建花园为例①

孙业琳

摘要：在以人为核心的新型城镇化背景下，城市更新是城市治理者治理思路的更新，是城市居民生活体验的更新，是城市空间的再生产。城市更新作为城市空间再生产的方式之一，可以承载推动人文关怀、促进社会经济发展的诉求，渐进助力解决“发展不平衡不充分”的问题，进而妥善应对人民日益增长的美好生活需要，并由点及面地处理两者间的矛盾。作为城市微更新的形式之一，社区共建花园深入城市肌理，它始于社区能人对社区自发的关心，有赖于政府相关单位的支持和重视，加之社会组织的专业协助和媒体的宣传推广，最终得以落地并遍地开花。深圳市城管局于2019年启动“共建花园计划”，通过两年多的探索、实践和优化，总结出了一套街道社区抓落地，企业、NGO组织和居民共参与的共建花园社区治理新模式。截至2022年11月，深圳市社区共建花园共建成300余个。本文通过实地调研深圳市社区共建花园的实践，通过案例分析归纳值得借鉴的经验，以期了解多方诉求，助力城市更新，改善城市人居环境和民生。

关键词：城市更新；城市微更新；人本主义；深圳；社区共建花园

一、引言

在中国的城市发展步入存量时代之际，城市更新正承载着城市转型升级的重要职责，城市更新也逐渐成为研究城市发展的重要主题之一。现阶段中

① 作者简介：孙业琳，华威大学研究生，主要从事城市更新、城市空间研究。

国的城市发展已经逐步从粗放型增量发展转向精致型存量发展，城市更新是助力实现该转变的必要手段，也是响应时代需求的必然路径。城市更新逐渐由单纯的追求机器增长和空间经济效益最大化的形体主义规划思想逐步转向关注城市多样性、历史价值保护和可持续发展的人本主义规划思想。

2021 年 3 月 5 日，李克强总理作政府工作报告，明确了“十四五”时期要深入推进以人为核心的新型城镇化战略，“发展壮大城市群和都市圈，实施城市更新行动，完善住房市场体系和住房保障体系，提升城镇化发展质量”①，这是“城市更新”首次被写入政府工作报告，也在此强调了“以人为核心”的城镇化发展理念。2022 年 11 月 3 日，住建部官员汪科发表署名文章，称现阶段“我们将实施城市更新行动作为城市建设中重中之重的工作任务全力推进”②，在此背景之下，城市更新将会成为未来城市发展的重点之一。

城市的主体是人，城市更新的发展与人本身的发展密切相关，城市更新既是物理意义上的更新，更是以人为主体的观念的更新、城市治理理念的更新，是人的更新，城市治理也是人的治理，城市的发展与人本身的发展密切相关，所谓“人民城市人民建，人民城市为人民”。鉴于此，城市更新必须以人为本，将人本身的发展纳入城市发展的考量，通过对微观个体的观察描摹城市更新总体的发展，故本文选择以人本视角深入城市肌理，聚焦社区共建花园这一城市微更新单元，让个体在社区共建花园的城市微更新实践中感受彼之所在。

深圳市城管局于 2019 年启动“共建花园计划”，它有赖于政府相关单位的支持和重视，始于社区能人对社区自发的关心，加之社会组织的专业协助和媒体的宣传推广，最终得以落地并遍地开花。通过两年多的探索、实践和优化，深圳市总结出了一套街道社区抓落地，企业、NGO 组织和居民共参与的共建花园社区治理新模式。截至 2022 年 11 月，深圳市社区共建花园共建成 300 余个。本文通过实地调研深圳市社区共建花园的实践，通过案例分析归纳值得借鉴的经验，以期了解多方诉求，助力城市更新，改善城市人居环境和民生。

---

① “十四五”新型城镇化实施方案［DB/OL］.https：//www.ndrc.gov.cn/fggz/fzzlgh/gjjzxgh/202207/t20220728_1332050.html?code=&state=123.

② 立足新阶段 贯彻新理念 推进城市转型和更新发展［DB/OL］.https：//www.mohurd.gov.cn/xinwen/gzdt/202211/20221103_768684.html.

二、解读人本视角下的城市微更新

城市更新这一概念本身源自西方，其起源可以追溯至20世纪50年代，为恢复遭到经济萧条打击和两次世界大战破坏的城市，西方国家开展大规模的城市更新（Urban Renewal）运动。由于缺乏理论上的认识，大规模的城市改造给城市带来较大破坏并产生一系列社会问题，如贫困、住房、疾病、种族隔离等，为了解决上述及其衍生问题，城市更新应运而生①。20世纪90年代，人本主义思想和可持续发展观念逐渐被大众所接受，城市更新也越来越注重居民意愿和公众参与，强调从经济、社会物质、环境等多维度的综合更新，公众参与、伙伴关系被广泛讨论②。

此外，城市更新的发展取向在西方也经历了重要的转变，即由静态的、追求机器增长和功能主义的形体主义规划理论逐步向动态的崇尚可持续发展观的人本主义规划思想转变，“人本”思想强调城市发展中应主要考虑人的物质和精神需求，强调“利人原则”在城市更新中的核心地位，人本主义规划思想也构成了当前西方城市综合社区邻里复兴的理论基础③。伴随着时代发展，居民的平均教育水平与思想境界也有所提升，他们不再满足于接受政府和开发商的直接规划安排。城市更新的实践和理论也越来越强调人民大众的情感需求，力图从城市规划和重建的层面上满足人们情感回归的愿望。作为城市更新最终的使用者，居民本身也有权参与城市更新的全部过程④，所以城市更新逐步强调社区参与，通过开展社区规划，社区环境的综合整治，最终实现社区复兴。

由此观之，通过借鉴西方城市更新的发展历程，人本主义的重要意义已跃然纸上，以人本视角观城市更新既是对城市中具体微观个体的关照，也是顺应城市更新发展的必然路径，以“回归社区”为切口，以城市微更新为实践方式，通过加强公众参与助力解决城市更新过程中由空间利益博弈带来的利益冲突和社会问题。

---

① 郭伟明．基于文献计量分析的国内城市更新研究综述［J］．上海房地，2019（5）：30-36.

② 孙威，王晓楠，盛科荣．基于文献计量方法的国内外城市更新比较研究［J］．地理科学，2020，40（08）：1300-1309.

③ 董玛力，陈田，王丽艳．西方城市更新发展历程和政策演变［J］．人文地理，2009，24（05）：42-46.

④ 尹超琪．栖居与回归：百年城市更新回顾［J］．中国艺术，2020（2）：4-11.

城市微更新是城市更新的小微单元，其更新有别于大拆大建，往往以社区为单位进行小范围小面积更新。对应城市微更新的人本视角，本文更倾向于从个体视阈出发，通过了解关照个体的多元需求，在人口高速流动的当代，唤醒个体的价值理性，让人能够在其生活的“附近”栖居，感受人文关怀，进而发挥个体存在的价值，促进人民安居乐业。

（一）个体的多元需求

鉴于个体的差异性，在面对城市更新时每个个体都有自己出于经济和情感的考量，都有着自己的“小算盘”，也正因此，城市更新工作的展开就必然涉及人与人之间的沟通、协调以及少数服从多数的妥协。在这之中倘若个体的重要需求没有被关照和理解，尤其是情感需求得不到关照和理解，就必然会形成城市更新工作的阻力，各种各样由“拆迁”引发的社会事件便是佐证。更为重要的是，在学者张汉和宋林飞看来，中国的城市发展是以中国整体社会运行体制的急剧转型为背景的，各种社会力量的博弈成为这个时代的重要旋律[①]，诚如孙立平所言：中国已经进入“利益博弈时代”。在城市更新的工作推进中，伴随着新与旧的更替和多重主体的介入，它更是利益博弈的放大镜。

对此，学者王艳从人本规划的视角对城市更新的制度设计进行了剖析和优化，从城市更新的原权利人、开发商、租户、周边相关权利人四个角度进行了针对性的剖析，不同的利益方都有着不同的诉求，除此之外，相关的非政府组织、非营利组织等社会组织、政府、居民自发组成的基金会等也都需要被纳入考量，也正因此，需要对相关方尤其是原权利人进行意愿征集或公众调查，通过了解民意，鼓励公众参与，进而推进城市更新工作的顺利展开。

城市较强的流动性和流动人口也给城市治理提出了更高的要求，而合理的需求也应当被满足。伯纳德·邓普斯写道：“所有高级社会都是辅助性的，也就是说要为较低级社会提供帮助，而不是相反：那些更为底层社会的人们不是为社会服务的工具。有着紧密联系的自然共同体（如自治市）也不应被大而更遥远的组织（如地方政府或州政府或民族国家）当作手段。”[②]工具只

---

① 崔馨予. 城市更新发展历程研究综述［J］. 商情，2014（16）：1–4.

② DEMPSEY B W. The Funtional Economy. Englewood Cliffs, N.J.: Prentice–hall, 1958: 281.

是实现增长的助力，人始终是生产力本身，只有顺应人的基本需求，才能更好激发其不同层面的欲望和潜能，走向自我实现的道路。W.I. 托马斯博士主张人会采用各种方式来努力实现自己的四类基本欲求：

（1）他必须有安全感，即一个家，或者某个能够进退出入的地方。

（2）他必须有新的经历、娱乐、冒险和新的感受。

（3）他必须得到他人的承认，即他必须以一个“人”的身份归于某个地方，而不是经济和社会这种大机器上的一颗小螺丝钉。

（4）最后，他必须有爱，即和某人或某物建立亲密的关系，哪怕只是一只猫或一只狗。他付出爱，并知道相应地会得到爱。人类的各种欲望最终都可简化为这四种类型，而且，只有当这四类欲求以某种方式或多或少地实现后，人这种动物才会感到健康和幸福。

由此观之，如果想要个体在城市中感受到自在自洽，城市就需要为其市民提供上述条件实现的路径，至少在城市更新时考量和顾及上述条件，秉持人本主义创造一个舒适的让人得以怡然自居的城市生活环境。在高度流动的社会中为经历城市更新的个体和共同体提供一片“自留地”。

（二）个体的流动性

交通与通信的发展加强了“个体的流动性”，城市人口的区隔分化也促进了个体的流动性。但人与人的小世界之间虽相互接触，却毫无渗透。这就使个人得以快速且方便地从一个道德环境转换到另一个道德环境，并且还会鼓励一种虽然刺激好玩儿但却十分危险的生命体验：一个人可以同时生活在几个彼此相邻却存在重大差别的小世界中。所有这些都会赋予城市一种表面化的、冒险的特性，并且使社会关系更加复杂化，产生出新的各式各样的个体类型。同时，它们还带来了各种机会与冒险，使城市生活富有刺激，对年轻人活力充沛的神经有着独特的吸引力①。

但是，个体流动性在让每个个体与其他人相互接触、合作的机会大大增加的同时，也让这些接触更加短暂，更加不稳定。现如今大城市中的绝大多数人与其“附近”的人，都是一种高流动、经常碰面但彼此并不熟悉的关系，并没有构成一种邻里守望式的联结，只是停留在频次上的“熟人”，既不同于

---

① [美]罗伯特·E. 帕克. 城市：有关城市环境中人类行为研究的建议 [M]. 北京：商务印书馆，2016：5.

家人也异于朋友、恋人等亲密关系，进而偶然而短暂的关系就取代了乡邻间更加亲密、持久的纽带，于是我们过去乡邻式“附近”消失了，这也促使社会越发“原子化”，个体仅仅是个体本身，它与周围的联结并不深，然而深入联结的亲密关系又是人类难以割舍的渴望，也是人类在面对各种意义上的危机时能够“托住”我们的存在。所以在城市生活的“原子化”个体在面对困难时，很容易有心理危机。

在面对城市更新时危机尤甚，城市更新既是对应空间人员的流动，也是一种空间使用功能上的“流动”，一种功能上的再分配。城市数量的增多和城市面积的扩大都伴随着总人口的重新分布与分配。一些人或群体被安置到新的住所，另一些人被迁移了出去，而这却并非由于新来者的排挤。人口的自然增长与外来移民的进入都推动了城市的持续性发展，但这又致使城市人口总是处于不断的再分布之中。社会学家 R.D. 麦肯齐指出，“社会由一些空间上相互分离，分布在不同区域，并具有独立迁移能力的个体组成”。人与人之间的这种空间关系是竞争与选择的产物，并且当新因素进入扰乱原有竞争关系，或者有助于产生流动性时，这种空间关系还会不断地发生变化。为了适应某种特定的空间关系，人类制度与人性本质也会发生某些改变。当这些空间关系发生变化时，社会关系的物质基础（physical basis）也发生了变化，因而产生诸多社会与政治问题①。城市更新可以被理解为人与人之间的空间关系变化的一种形式，城市更新的所有相关方都是基于理性的经济人的考量做出决策，其间城市人口的流动是城市更新的必然结果，流动性既是经济人的精细考量，也是基于工具理性的自觉选择，所以城市更新在面对具体问题时必须将其纳入考量，即将流动性本身作为城市更新“看得更远”的助力之一。

（三）个体的工具理性与价值理性

城市汇集人群，与此同时个体困境也被放大，马克斯·韦伯提出个体同时具备工具理性和价值理性，工具理性是通过精确计算功利的方法最有效达至目的的理性，是一种以工具崇拜和技术主义为生存目标的价值观②。而价值理性则更注重程序、过程以及行为本身被赋予的价值。

---

① 工具理性［DB/OL］.https：//zh.wikipedia.org/wiki/%E5%B7%A5%E5%85%B7%E7%90%86%E6%80%A7.

② 郭伟明 . 基于文献计量分析的国内城市更新研究综述［J］. 上海房地，2019（5）：30–36.

伴随着现代化进程的不断推进，个体的工具理性逐渐被强化，在行动时手段与目标分离（但不一定对立），对于目标具体如何实现也有着自身的设计。然而由于价值理性是相对工具理性更为本质的存在，是它赋予个体具体生活的意义，让其感受精神生命。工业革命伊始，早期的资本积累都只是通向目标的手段，它是一种理解世界的方式，而不是目的本身，人亦是如此，人是目的而非手段，精神生命一旦死亡就只剩工具属性，“工具人”既是自嘲也是叹息。现如今城市生活逐渐出现一批“新穷人”，城市新穷人不是经济穷人而是意义贫困，这样的意义焦虑背后是价值理性的退却，是行为与目的之间链条的断裂。

如何弥合“裂缝”？从微观上来说，从人本主义视角审视城市更新可以帮助我们感受个体存在的意义，从而得以跳脱工具理性，感受作为“非人化”（depersonalize）[①]之外的存在，还原作为人本身的存在的价值和意义，而不是实现某种目的的“手段”。这让人们得以真正看见自我看见彼此，从而看见“附近”，看见城市。唯有重新激活起人的价值理性，与此同时充分发挥工具理性的效用，两者有效统一结合，才能使人终成“人”，这亦是城市更新需要关照和强调人本主义的原因，一个人的具体问题放大聚合便是一群人的症结，城市汇集大量人员，个体的微观困惑与城市发展息息相关，个体的困境需要在宏观环境下被看见，倘若宏观的城市能够关心和改善微观个体的困境，那么城市更新的阻力也会小许多，城市更新的创新和活力便会多许多，城市也会迸发出多样的生命力，城市也会更有韧劲、更可持续发展。

（四）生态经济学视角下的人文关怀

如何唤醒人的价值理性？生态经济学为之提供了一个思路。生态经济学是一个跨学科的学术研究领域，旨在了解不同时间和空间下，人类经济与自然生态间的共同演化和互相依存的关系[②]，提倡用最少的生态代价获取大多数生命的最大福祉。人本身是极其复杂的，并且能够运用许多观点对之进行研究。每个观点都是从具体现实中抽象出来并集中于人类行为的特定方面。宗教人认为人是宗教性的，政治人认为人是政治性的，而经济人则认为人是经

① [美]洛根（Logan，J.R.），[美]莫洛奇（Molotch，H.L.）. 都市财富：空间的政治经济学 [M]. 陈那波，等译. 上海：格致出版社，上海人民出版社，2016（2017.3 重印）：8.

② XEPAPADEAS A. Ecological economics. The New Palgrave Dictionary of Economic. 2nd Edition [J]. Palgrave MacMillan, 2008.

济性的。在当代生活中，经济人思维似乎已成为主流默认思维，工具理性占据主导地位，经济学家通常把理性等同于聪明地追求个人利益，这也就意味着其他行为模式都是非理性的，包括利他行为和谋求公共福祉的行为①。

生态经济学（共同体经济学）主张避免只从私人一个人的偏好角度看待经济人。相应地，赫尔曼·达利和小约翰·柯布提议把经济人看作共同体中的人（person-in-community），而不是纯粹个体。这更符合其他社会科学以及经济学家自己所揭示的证据。这并不否认在市场中，共同体中的人的行为与已有理论归于经济人的行为具有相似之处。但关于经济生活目标的规范性结论，不应该仅从这个事实得出。波兰尼指出，在资本主义社会，“不是经济被置于社会关系中，而是社会关系被置于经济体系中”②，共同体经济学不能容忍的正是这种颠倒。在生态经济学看来，社会关系才是经济的基础，而人本身的感受与社会联结也在很大程度上影响着人的行为，塑造着人格本身。

在生态经济学的视角下，城市、社区、个体的“附近”……都可以构建成共同体，个体都可以被视为共同体中的人，个体的行为不仅仅是遵循经济人的逻辑，该理论更多地将经济人视角外的观察纳入社会观察，它借助经济学的演绎，但又不止于演绎，与此同时引入道德（关怀），把经济人看作共同体中的人，让原本仅考虑私利最大化的经济人更加饱满和真实，便于在追求“仁义礼智信”的中国语境下理解居民的行事逻辑，进而集思广益增进互益共赢，了解多方诉求，营造良好的人居环境。

三、城市更新对社区社会关系的交互影响

（一）城市更新对原有社会关系的影响

在亨利·列斐伏尔看来，空间不仅仅是物理意义上的场所，它也可以被生产。空间与人构建起了城市中具有社会意义和精神意义的空间，这其中包含了一定的社会关系和社会联结，而这些可能是一个人感受其存在的根基和重要来源，城市更新作为变化本身有极大可能对其产生巨大影响，东南大学阳建强教授就曾指出城市更新工作中存在的问题之一，即：忽略了更新地段

---

① ［美］赫尔曼·E. 达利，［美］小约翰·B. 柯布 . 为了共同的福祉：重塑面向共同体，环境和可持续未来的经济［M］. 王俊，韩东筠，译 . 北京：中央编译出版社，2017：5.

② POLANYI K.The Great Transformation［M］. Boston: Beacon, 1957（Reprint）：57.

中丰富的社会生活和稳定的社会网络，进而引发了利益格局扭曲、利益分配不公、公益项目落地困难、社会矛盾加剧等问题。城市更新会促使原有社会关系更新，新的对象进入，新与旧的融合等都会盘活原有的社会关系，可能诞生新的联结也可能带来上文所述的矛盾冲突以及混乱。而公众参与恰是对此最为有效的解决方式之一。在强调公众参与的同时以人本视角关照人的情感诉求，而公众参与最直接和最重要的方式便是人与人之间坦诚和直接的沟通，尤其是相关权力高位者和低位者的沟通，沟通本身无论成败都具有重要的意义。在学者刘佳燕看来，冲突本身对于合作和发展而言其实也是一种有价值的资源，这是因为，为了解决冲突所做出的努力能够带来大量新的选择和产出，这些可能都是一开始无法预见的，也可以视为沟通带来的社会创新价值[①]。此外，正是冲突展露了人的真实需求和渴望，把其对于社区的期待直接拿出来碰撞，因为它们是真实存在的，所以就需要被接受以及进一步了解并解决相关诉求，碰撞和失败都不该是在社区层面需要规避的存在，只有真实碰撞才能带来改变的希望。

在城市更新带来的沟通中，城市居民得以有更多的互动和了解，进而可以逐渐展开各自的社会联结和社会互动，新型的基于自身物质空间的“附近”就此诞生，可能原来熟识的只是自己的工作同事、片区的快递员和外卖员，但通过城市更新的实践更能熟识自身周边的环境和人群，逐渐在社区中构建起曾经邻里守望的美好乡愿，让“原子化”的个体不再形单影只，而是通过城市更新带来的社会联结进一步深入城市生活，真实感受到“城市让生活更美好”，而不是仅仅作为“螺丝钉”一样的“工具人”而存在。

（二）社会关系对城市更新的意义

人们是由他们的关系构成的。我们在关系中产生并通过关系而存在，离开了这些关系我们就没有身份。我们依赖其他人不仅仅是为了获取商品和服务。我们如何思考和感受，我们想要什么和不喜欢什么，我们的渴望和畏惧——简言之，我们是谁——这些都是社会形成的[②]。这么说并不是否认，每个人不仅仅是一种社会产物。人们还有某些自由来构建自我。人的责任就是

---

① 刘佳燕 . 社区更新：沟通、共识到共同行动［J］. 建筑创作，2018（2）：34–37.

② ［美］洛根（Logan，J.R.），［美］莫洛奇（Molotch，H.L.）. 都市财富：空间的政治经济学［M］. 陈那波，等译 . 上海：格致出版社，上海人民出版社，2016（2017.3 重印）：8.

建立在那种自由的基础上的。但是这种对关系的超越，并没有引出某种可与社会关系相分离的事物。它可能只是对那些关系的部分超越，正是那些关系的性质，使得现实的自由成为可能。我们不仅是社会的成员，而且我们也依赖这些社会的特征。人的存在所具有的社会特征是最重要的。而经济人则是从社会现实中做出的一个极端的抽象。在现实世界中，自给自足的个体并不存在。为了生存，一个婴儿不仅需要经济学家非常熟悉的商品和服务，而且还需要爱，那种爱的多少、性质和特征以及所有跟爱有关系的事物，都影响着一个人成长的各个方面①。也正是城市中的社会关系构成了彼此的“附近”，让人们感受到彼此间的联结和生活的实感，是现代人理性经济人外的感性补充。

一个追求极端个人自由的人必然是利己的，基于经济人逻辑的利己主义是什么？尼采的答案是：展现个体力量的快感。反命题是：抛弃个体的快感。生活在众人之中，抛开个人，生活在群体中的快乐，感受到自身与事物显现合一，这就是爱②。爱与被爱的需求是本能，我们的亲人、爱人、朋友等种种亲密关系构建起了我们的“附近”，是社会关系让我们能够在遭受亲密关系以外的伤害时“安全着陆”，而且良好的人际关系让人开心快乐，快乐的人比不快乐的人享有更多、更好的人际关系③。

社会学家涂尔干认为人们需要义务及约束来为自己的生命建立架构和意义，他说：“（一个人）所属的群体越脆弱，他对群体的依赖便越少，于是他最后会越来越依靠自己，眼中便只有根据自己利益所建立的行为准则，视其他为无物。”100 多年来的研究证实了涂尔干的判断。心理学家乔纳森·海特指出：如果你想预测一个人有多幸福，或是可以活多久（在不得询问其基因或个性的条件下），你应该了解其人际关系。拥有强大的社会人际关系可以强化个人的免疫系统，延长寿命，手术后也能更快痊愈，并降低个人罹患抑郁症和焦虑症的风险。不是只有外向的人天生才比较快乐、健康；当内向的人被迫变得外向时，他们通常也能乐在其中，并借此改善自己的心情。就连那

① 隋洪鑫，杨秀，徐姗，等.城市功能空间更新研究进展与新时期重点方向［J］.热带地理，2020，40（6）：1150-1160.

② ［美］尼采.权力意志与永恒轮回［M］.虞龙发，译.上海：上海译文出版社，2016：6.

③ ［美］乔纳森·海特（Jonathan Haidt）.象与骑象人：幸福的假设［M］.李静瑶，译.杭州：浙江人民出版社，2012：167.

些自认为不需要人际往来的人也同样可以从中获益。近来关于“给予”的研究也显示，关心他人者要比接受帮助者获益更大。我们需要跟他人互动并紧密联结；我们不仅要能施，也要能受；我们需要一份归属感。个体追求极端个人自由是相当危险的，因为它鼓励人们离开家庭、工作、城市和婚姻去追求个人及事业上的成就，但也因此切断了最能帮助自己实现理想的关系。个体需要社会关系的滋养，而城市微更新恰好能协助我们更好地了解周边环境，从而形成更多更密集的社会关系。

四、深圳市社区共建花园的城市微更新实践

（一）实践历程

拥有绿色发展理念的深圳，是我国第一个“花园城市”，在深圳这个“寸土寸金”的城市，每平方千米产值超过 10 亿元。然而在深圳不到 2000 平方千米的土地上，分布着大大小小 900 多个各种类型的公园。为了加快推动形成绿色发展方式和生活方式，全面推进绿色可持续发展，打造美丽中国典范城市，深圳政府立足公共绿地空间、集聚社会力量、鼓励居民参与，通过社区花园的共建、共治、共享，提升深圳打造世界著名花城的社会参与度，提高市民对园林花卉和绿化保育的认识，加快推动全社会形成“绿色为先、绿色为要、绿色为荣、绿色为美”的发展共识。为了加大深圳市社区公园的规划、建设、管理和保护，促进社区公园事业的发展，创造良好的人居环境，深圳市城管局首次出台措施，制定了《深圳市社区公园建设与管理办法》，对社区公园规划、建设、管理进行规范。

笔者于 2019 年 7 月全程参与深圳第一个社区共建花园的建设，社区共建花园属于城市更新中的微更新项目，迄今为止深圳已经建成 300 多个社区共建花园，并且根据现有实践的良好社会效益和人居体验，深圳市城管局决意在 2025 年前建成 500 个社区共建花园。社区共建花园作为城市微更新的形式之一，它们深入城市肌理，散布在城市居民身边，促使城市居民得以有步入式的亲近自然的美好体验，城市微更新过程本身既让城市生活空间多了些生意盎然的绿色，改善了城市生活的物质空间，也通过广泛鼓励公众参与，使城市居民的社会空间更为完整，对城市生活本身也更有参与感，感受到作为城市主体之一对其周边生活圈的影响和塑造。

具体而言，深圳市首个社区共建花园——园岭社区共建花园是由深圳市城市管理与综合执法局园林绿化处牵头，携手社会组织大自然保护协会（TNC）和深圳市绿色基金会在园岭社区共同组织，先后经过了以下六个阶段，最终建成和完善：

1. 由市绿化管理处委托专业单位负责社区共建花园的规划设计、场地整理、苗木购置、植物名牌、种植工具准备等工作。

2. 由福田区城管和综合执法局、园岭社区遴选 5 个社区家庭参与社区共建花园的种植，并积极参与花园日后的管理。

3. 每个家庭根据大自然协会的要求积极参与社区花园的共建，护理花园。

4. 绿色基金会和大自然保护协会开展“你想要的社区共建花园调查”，向市民征集参与社区共建花园的意愿，提升市民对深圳打造世界著名花城的知晓度。

5. 绿色基金会和大自然保护协会负责社区共建花园的网上宣导，推动我市打造世界著名花城的工作，加快建设美丽深圳，打造美丽中国典范城市。

6. 由建设单位负责后续收尾，日常养护管理由现场的绿地养护单位负责保障。

深圳市首个社区共建花园的建成主要源于政府的牵头，项目的顺利落实则离不开居民本身和相关社会组织的作用，在“自上而下”的微更新实践之后，便迎来了第二个“自下而上”的社区共建花园——南山区花果山社区共建花园，那么这个花园是怎么来的呢？据悉，深圳市招商街道蛇口人民医院和其宿舍区的夹角处有一块闲置绿地，近期医院扩建，小区出入口面临改造。居民代表和社区党委一起提出，期望这个出入口能进行一些改造，兼具功能性和美观性。恰逢南山区城管局和蛇口社区基金会正在开展蛇口的社区花园调研，四方一拍即合，共建一个社区花园的计划立刻提上日程，就这样城市微更新的实践得以进一步展开。先前的成功实践成了后续实践的参考样本，共建花园对于城市环境的重塑和城市居民本身对改善其人居环境的向往激发了相关方的主观能动性，共同促使第二个“自下而上”的社区共建花园顺利建成。

也正因为激发了人们内在改善人居环境的渴望，顺应了人本需求，许多本可能带来困扰的、常规受阻的情况也在居民高涨的主观能动性的影响下顺利解决。比如社区中的绿地管理，很多时候会被物业公司看成负担。但由于南山区花果山社区共建花园的承办方深圳市朴元社区生态文化传播有限公司，是由一群热爱种植，关心社区的居民发起的，所以后续社区共建花园的维护无须物业涉入也都相对运转良好。在社区共建花园设计的初期，项目团队不仅着重景观原理设计，更实地走访了该社区花园的利益相关方以了解需求。既然是由居民发起，那自主参与的意识自然也相较于普通的花园建设更高，执行起来也会更加顺畅，除此之外，相较于第一次的政府选址招募居民，这次则是由居民发起承办并且以商业公司的名义运行，自发性、主动性在活动建设前期就已经发展起来了，居民还在建设前进行了实地回访并与设计师共同沟通修改完善了建设方案，通过构建设计工作坊，不同年龄段的居民都得以充分表达对花园的期待，并与设计师一起完善方案。短短的三周时间内，方案经过4次修改。2019年9月7日上午，深圳市城市管理和综合执法局园林绿化处、南山区城市管理和综合执法局、花果山社区党委、蛇口社区基金会的代表和30多名社区居民参加了花园的开工仪式，并在两天内顺利完工。

由此观之，倘若能兼顾人本主义，激发起居民的主观能动性，进而积极参与城市的更新与再造，城市更新本身的阻力会小许多，也会为居民带来更好的人居体验，进而和城市本身形成更深的联结，最终形成两者之间的良性互动。

（二）实践经验及展望

深圳市城管局在本身900余座公园的建设基础之上，在社会组织、政府、居民的合力之下向前更进一步，成功建了300余个社区共建花园，并且各方的社会反响都很不错，这样成功的城市微更新实践也完全值得全国范围的推广和落实，既能提高居民自治公共参与的意识，也让城管局的公众印象得到改善，诚如深圳市城管局的L处长所言：“城管不只是抓小贩的，还有很多城市的建设管理都是由城管局来承办的。”这其实也是政府部门及主要的领导通过切实的实践改善民众认知的一个过程，民众真正用双眼看到政府领导与孩子们共同种植参与基层的活动，这种直观的感受也增进了居民与政府之间的理解和信任。社区花园提供了一个绝佳的机会，既让大家体会了设计、栽培和劳动的乐趣，也增进了居民和政府之间的理解互信。

1. 政府的角色在逐渐弱化

从第一个“社区共建花园”到第二个，社区公共空间营造的模式实现了从“自上而下”到“自下而上”的过渡。第一次深圳社区共建花园的尝试是由政府主导，携手绿色基金会，进而联系到大自然保护协会一起携手打造，第二次蛇口社区共建花园则是居民代表和社区党委一起提出，又恰逢南山区城管局和蛇口社区基金会正在开展蛇口的社区花园调研，四方一拍即合进而诞生了一个社区共建花园，我们可以看到由政府主导向社会组织、社区承担更多的责任这样的一个转变，政府仍扮演着重要的角色，政府牵头给予的支持也是社区共建花园得以成功打造的重要原因，这是有必要的，但是也期望未来能更多强调社会组织、社区、社工的角色，更加强调“共建共治共享”的过程。

2. 沟通窗口的敞开是必要的元素

有效沟通是十分重要的一环，政府与社会组织的沟通更是如此，既不能单纯“赶鸭子上架”式的为了强调社会组织而强调社会组织，如果要想真正落实“共享”就必须努力向“小政府”发展，尊重社会组织的付出，也给予社会组织一些自由发展的空间，这也是深圳市社区共建花园得以成功推进的重要原因之一，社会组织和政府之间存在着一个沟通的窗口和共同讨论的窗口，这也离不开政府相关负责人的努力和对社会组织和社区共建的开放态度，如果政府乐于向社会组织“张开双臂”，那么社区共建花园的成功必定会只是一个开始。

3. 建设的“质”和“量”的考量

深圳市城管局给自己定下的目标是在2025年前建成500个社区共建花园，在短短的三年内（2019—2022年）业已建成300余个社区共建花园，这个目标如果想达成多半是可行的，政府只要想做，是可以做成的，但是回顾现在已经建成的早期的社区共建花园，已经逐渐显露出诸如后期维护不够的问题，这背后有一部分原因是社区与社会组织沟通欠佳，也有一部分原因是政府在搭建沟通渠道时欠缺考量。国内社区花园建设专家刘悦来教授说花一年建设了一个社区共建花园并且保证了后续的良好运作，相关社会组织的负责人也表示，一年建好一个社区共建花园其实就已经很不错了，这也是基于现实的一个判断。如果只是单方面强调建设的速度，所谓“欲速则不达”，想要兼顾质和量两方面并非易事，这更加需要多方共同的沟通、交流以及总结回顾，总结好经验和教训才能稳步前进。

鉴于此，政府相关部门逐渐总结出了一套街道社区抓落地，企业、NGO组织和居民共参与的共建花园社区治理新模式，最终的运营和维护回归社区自身，交付当地居民，为人民所享。在共建花园建设过程中，共开展共建共享活动1000余场，参与的公众超过12万人次。深圳市城管局自2021年起连续三年举办“花园遛遛节”，2021年的线上“花园遛遛节”超10万人次观看。调查显示，73%的受访者愿意成为共建花园志愿者。由此观之，倘若能兼顾人本主义，激发起居民的主观能动性，进而积极参与城市的更新与再造，城市更新本身的阻力会小许多，也会为居民带来更好的人居体验，进而和城市本身形成更深的联结，最终形成两者之间的良性互动。

五、结论

在为数不多的闲暇之余，人们会想要短暂逃离经济人的理性和效率，立足人本视角看待城市更新或许就是直面和改变我们“附近”世界的方法，它会成为一个解决城市中“社会失序”的途径，成为一个解决城市问题的契机和抓手，洞悉人本身的困惑和需求即是解决城市问题的开端和推动城市更新最基本的要求，人本主义既能协助我们对理论家的宏观问题进行“外在的”分析，也可以助力我们对微观的社会心理的精神理解进行“内在的”分析，进而得以以一个全面的视角看待城市更新存在的问题及其发展，从而更好地关照人本身的发展，激发社会活力，赋予城市新生。政策制定者在制定城市更新相关政策时也应当将人具体的微观困境纳入考量，把人当作人而不仅仅是基于人口的数字；在面对城市更新的困境时，相关人员也应当酌情考量人的心理及发展，尽量避免把人当作工具看待，有所权衡和侧重，看见人身上的过去从而尽可能做到人文关怀和体谅，进而创造更具亲和力的城市人居环境。

城市更新包含人的观念的更新，伴随着城市发展和时代进步，个体需求也在不断扩张和改变，个人的观念也在不断更新，现代性洗礼下不论是生活在城市中的居民还是城市治理者都应该保持个体知觉，将个人与城市脉搏联动，与当代城市更新共振。对于人本主义于城市更新的研究，既需要“知其然”，又需要“知其所以然”，“以人为本”相关的政策制定本身既是基于对人民社会心理的洞察、对个体微观层面的诉求放大至宏观层面时的清晰判断，也是基于对人的精神和价值体系的观察开展的宏观引导。倘若能真正以人本主义视角切入，城市更新的发展或许将能窥见另一番天地，步入“知其所以然”的世界，进而解构并重构城市更新的基本认知。

城中村改造的乡愁延续策略
——以广州市吉山村为例的实践与思考①

余倩雯　余灏深

摘要：随着中国浩浩荡荡的城镇化浪潮，原有农耕社会主导下的村落格局、空间形态、风貌特征与人口构成发生巨大变化，传统村落在自我的无序更新中逐步向城中村转化。城中村作为村落型文化遗产的载体之一与亟须更新的城市存量地区，同时面临着乡村遗产保护与城市高质量发展的双重压力。本文以广州吉山村为例，探讨如何在历史保护与城市更新协同互进的机制下，通过对传统村落的历史文化信息挖掘梳理与空间重塑，实现城中村改造中的乡愁延续。

关键词：城中村；文化遗产保护；城市更新；乡愁延续

千百年来"暧暧远人村，依依墟里烟"的乡村中国，正在经历人类历史上规模最大、速度最快的城镇化进程，城市用地向农村扩张，导致传统农村在空间结构、经济结构与人口结构等方面产生了剧烈的变化，昔日的传统村落在城镇化浪潮下逐步演变为城中村。"十四五"规划中城市更新已上升为国家战略，城中村作为城市更新改造重点"三区一村"的重要板块，其更新改造是支撑城市高质量发展的重要一环。同时，中办、国办联合印发《关于在城乡建设中加强历史文化保护传承的意见》，标志着从国家层面把历史文化保护与传承作为促进政治、经济、社会、文化、生态整体发展的重要推动力量。

---

① 作者简介：余倩雯，广州市城市规划设计有限公司规划设计一所副所长、总工，主要从事历史文化保护与城市更新研究；余灏深，广州市城市规划设计有限公司规划设计一所主创规划师，主要从事城市设计、传统村落保护与发展研究。

城中村更新从过去单一聚焦环境效益到追求社会、经济、文化、民生等综合效益提升，历史文化保护与传承也成了本轮城中村更新改造中不可忽略的要素。然而，目前国内关于在城中村更新改造中如何实现文化传承和乡愁延续的相关研究十分薄弱，本文将在城中村历史文化保护现状分析的基础上，以广州天河吉山村为例，探索如何利用城市更新介入契机，通过保护与更新协同发展，在城中村改造中重塑文脉、延续乡愁，旨在为同类型项目如何在城市更新中做好文化遗产保护提供一些参考和借鉴。

一、城中村的历史文化遗产保护现状

（一）国内相关研究

城中村作为我国城镇化发展过程中的城市发展典型现象，虽然在经济、社会和建设景观方面都呈现出城市化的特征，但其遗存的宗祠、庙宇、传统民居与节庆习俗也是我国历史文化遗产的重要组成部分。过往对城中村的研究多是聚焦于社会治理、路径模式、政策研究等方面，关于城中村改造的历史文化保护方面的较少。据蓝茵发表的《历史文化保护视角下的国内城中村改造研究评述》一文统计，“在关于‘城中村改造’的4261篇学术期刊与1908篇学位论文中分别有107篇学术期刊与34篇学位论文涉及城中村历史文化保护的内容”[①]。由此可见，关于城中村改造中的历史文化保护方面的相关文章仅占2.2%，这些文章提及的多数案例是通过微改造的方式来实现城市更新中的历史文化遗产保护，对于全面改造的城中村文化遗产保护的研究数量更为稀缺。如厦门岛五通村泥金社倡导通过微改造的方式，发掘其中的文化遗产价值和构成体系，探讨文化遗产保护的原则和制定具体策略，为城中村改造、协调城市发展与城中村文化延续起到一定的积极作用[②]。微改造虽然成了近年来城市更新中的一种重要模式，但城中村因为农村自建房安全问题、消防问题、环境问题、治安问题、低效用地问题等综合性问题较为突出，较难通过微改造实现城市空间结构优化与满足改造主体的综合诉求。以广州为例，根据戴德梁行发布的《粤港澳大湾区城市更新进化论》分析所得

① 蓝茵．历史文化保护视角下的国内城中村改造研究评述［J］. 居舍，2022（09）：19-20+63.

② 胡璟，刘佳，戴安李，等．“城中村”文化遗产保护策略初探：以厦门岛五通村泥金社为例［J］. 中外建筑，2017（06）：44-48.

“2016—2018 年广州发布的城市更新计划中，旧村改造占全面改造土地面积的比重高达 85.9%”①。

习近平总书记提出的“让城市留住记忆，让人们记住乡愁”要求在城市更新中高度重视历史文化传承，过往简单粗暴的拆旧建新并不能满足坚定文化自信，在城乡建设中加强历史文化保护传承的新时代要求。目前实践案例与相关研究也表明上一阶段的城中村改造在高质量发展与文化传承的双重要求下存在不足，全面改造案例中，基本是通过保留宗祠、庙宇等点状建筑来实现村落的乡愁延续，关于城中村全面改造中的文化遗产保护与传承的相关研究存在缺失，未能为新时期背景下的城中村更新改造提供参考和借鉴。

（二）村落型历史文化遗产的保护困境

城中村是在城镇化背景下传统村落向城市有机组成部分转变的特殊产物，也是村落型历史文化遗产的重要组成部分。在快速的城镇化发展过程中，这些传统村落逐步因城市蔓延而在经济、社会、土地利用、建设景观等方面出现了不同程度的城镇化特征，甚至演变成了城中村并列入更新改造名单，面临着保护与更新的双重压力。以广州为例，根据《广州历史文化名城保护规划》，广州已公布的国家级历史文化名村 2 个，省级历史文化名村 4 个，历史风貌区 13 个，国家级传统村落 13 个，省级传统村落 10 个，市级传统村落 68 个，村落型历史风貌区 13 个（见图 3-6）。据相关统计，有更新改造计划的大约有 31 个。概括起来，受城镇化影响较小的远郊村虽然整体肌理格局保存情况较好，基本保留着原有的古村风貌，但大量年轻劳动力外出务工，加速村落的凋敝和自然损毁，形成了旧村的空心化；同时缺乏资金维护，老建筑普遍失修，有坍塌和灭失的危险，自然衰败问题突出。近郊型的村落受城镇化影响较大，在生活方式的巨变与巨大的经济利益驱动下，村民改变居住条件的愿望日益迫切，无序地、抢占性地新建与翻建住房，造成了新建建筑与历史建筑、乡土风貌极不协调，传统格局被侵蚀和破坏，传统风貌和肌理逐步灭失，城中村面貌显现，更新改造需求强烈。

① 戴德梁行.《粤港澳大湾区城市更新进化论》[R]. 2019.

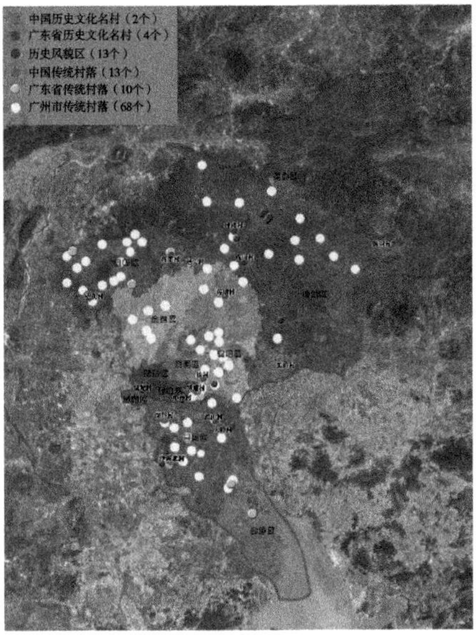

类型	名称
中国历史文化名村（2个）	大岭村（中国传统村落）、塱头村（中国传统村落）
广东省历史文化名村（4个）	珠村、高溪村、潭山村、莲塘村（中国传统村落）
历史风貌区（13个）	小洲村历史风貌区、横沙书香街历史风貌区、坑背-莲塘村历史风貌区、聚龙村历史风貌区、钟楼村历史风貌区、松柏堂历史风貌区、瓜岭村历史风貌区、凤院村历史风貌区、大江埔村历史风貌区、木棉村历史风貌区、钱岗村历史风貌区、东风殷家庄历火风貌区、大墩村历史风貌区
中国传统村落（13个）	聚龙村、黄埔村、小洲村、莲塘村、大岭村、沙湾北村、塱头村、港头村、新围村、瓜岭村、钟楼村、钱岗村、深井村
广东省传统村落（10个）	珠村、西村、沙湾紫妮村、三善村、潭山村、新华村、高溪村、缠岗村、莲溪村、塘坑村
广州市传统村落（68个）	柯木塱村、渔沙坦村、吉山村、障岗村、华坑村、石马村北约、黎家塘村、高塘圩、均和圩、蚌湖圩、园伟庄、上庄村、姬堂村、南湾村、水西村、火村花厅坊、燕塘村、重岗村、埔心村、罗峰坑村、车陂街、青云大街、康衢大街、前锋大街、先锋大街、诜敦村、蔡一村、谢村、塘头村、南村镇坑头村、赤岗村、三华村、茶塘村、白石村、官坑村、小东圃村、黄沙塘村、藏书院村、蓝天新村、马溪村位育社、马溪村西河社、石湖村坎头社、西头村新林庄、平西村树滋庄、平山圩、长岗圩、大井村、东里村、涉湄村、路边村、旧刘村、竹林村、新高埔村、河大塘村、石屋村、光布（岗埔）村、下塘村、派潭圩、二龙圩、下境村、秋枫村、麻村、平山围村、大夫田村、月荣村、中和里、铺锦村、龟咀古码头街区

图 3-6　广州村落型历史文化遗产分布概况

（三）城中村改造的历史文化遗产保护概况

2000 年广州提出“中调”战略，城市发展开始由增量走向存量，推动城中村改造成为其中的重要举措之一，第一批完成了猎德、杨箕、琶洲、林和 4 条城中村的全面改造工作，其中“猎德模式”成了各大城市城中村改造的学习模仿对象。宋朝开村，历经 900 多年积淀的猎德村作为昔日的传统岭南水乡村落虽然在城镇化过程中逐步沦为城中村，但从猎德涌、猎德桥、猎德码头、祠堂与古民居建筑、石板路等传统元素与肌理格局中都能依稀辨认出古村的风貌与形态。猎德村作为广州首个“全拆全建式”改造工程，政府对猎德村虽然也做了一定程度的文脉延续措施，保留了有价值的祠堂、古庙等传统建筑，恢复了猎德涌两岸的水岸风貌，延续了百年的传统赛龙舟、舞醒狮等传统风俗，但几乎所有的传统建筑均是以迁建的方式进行异地重建。改造后的猎德村以市级文物龙母庙为中心，将村内的重要祠堂、庙宇以及有价值的民居等沿猎德涌重新布局，进行异地复建保存。这些历史遗存都是为了迎合新的使用功能的空间布局而被重新组合，实际上已经丧失了历史的原真性[①]。然而，“猎德模式”作为首个城中村改造的成功案例，这种集中迁建传统建筑的方式似乎成了平衡历史文化保护与更新开发的解决之道，被后续项目相继仿效。在广州已完成的城中村改造项目中，只有像小洲村、黄埔村等微改造项目才能较为完整地保留村落的肌理格局、宗祠民居与历史环境要素，实现历史文化遗产的原真性与整体性保护，其他全面改造项目基本是以宗祠、庙宇等点状遗产的保留与利用实现村落的文化延续，无法有效地承载村民的乡愁与记忆。

二、广州天河吉山村的实践探索

吉山村位于广州市的中心城区与全国百强区天河区，总用地 254.55 公顷，是广州市市级传统村落，始建于明洪武十三年（1380），清末通铁路，改革开放兴仓储，六百余年时移世易，吉山村走完了农业—工业—现代服务业的变迁之路。随着广州城市中心东移，吉山村所在的区域已成为城市的中心地区，优越的区位条件以及强烈的改造意愿促使吉山村于 2017 年纳入广州市更新行动计划，并作为天河区重点改造 7 条村之一，面临着历史文化保护与城市更新的双重压力。

（一）吉山村的现状概况

吉山村虽然作为市级传统村落，但近年来高度依赖传统化工业和低端服务业，逐渐面临发展瓶颈，曾经突出的传统风貌和格局也在近 30 年的村落自我无序更新冲击下逐渐城中村化，村落大部分原有的传统风貌建筑已经拆除，建设成为多层的村居建筑，原有建筑肌理，街巷空间，“田、塘、林、涌”等岭南村落的要素已经不复存在或已与原貌相去甚远。目前建筑遗存主要集中于旧村的中部（吉山上街），多为祠堂和祖厅，其中各级不可移动文物 14 处（含 5 处古墓）、传统风貌建筑 2 处、现场摸查具有传统风貌的建筑 15 处。这些建筑遗存质量尚可，维护和修缮状况较差，现状风貌一般，但是这些祠堂和民居是吉山梁氏族系发展的重要空间印记，与族谱相互印证，作为一个整

① 牛通，谢涤湘 . 猎德村改造对城市更新的启示：基于历史文化保护的视角［A］.2015 年中国建筑史学会年会暨学术研讨会论文集（下）［C］. 2015.

体记录了吉山村的发展轨迹。据《吉山村村志》及村民口述，吉山村曾有丰富的民俗活动，如“摆七夕”、村会节庆巡游、打醮、趁墟、开冬学、重阳敬老会等，其中流传至今的只有正月二十二举行的吉山村会和重阳敬老会。目前，吉山村的人口以流动人口为主，约占总人口的86%，已经呈现出明显的人口倒挂的城中村人口特征。吉山村产业以传统的化工业、低端服务业占主导，在外部环境倒逼村落内部产业更新的情况下，少量科技、创意产业初现。用地方面，以村镇建设用地和工业用地为主，已经没有耕地与农用地。村内具有传统风貌的建筑占比仅为0.23%（见图3–7）；吉山村作为典型代表，优越的地理位置加速了其城镇化历程，巨大的经济利益驱使村落从“种田”走向了“种房子”。从人口、产业、用地、建筑情况四个方面体现出吉山村城中村特征明显，传统村落特征较弱；传统风貌建筑的数量较少且分布零散，整体风貌及空间肌理已基本消失。

图3–7 天河吉山村现状建设情况

（二）吉山村改造的遗产保护

吉山村宗族发达，至今仍保留有较丰富的宗族活动和历史记载，吉山村基于宗族系统发展而来的格局肌理是其最主要的村落格局特征。梁姓是吉山村的主要姓氏，同时也是吉山开村之姓。六百多年前，吉山梁氏先祖梁渊的曾孙梁道真另选地方创业时来到吉山之麓勘察，认为此地三不管，荒山滩涂可以开垦。经过多方筹划，他便向管辖部门番禺县申报，开图附籍番禺东圃六图，从明洪武十三年始，吉山得以开村建业。通过村史村志、族谱材料与村民访谈分析：沿吉山上街北侧，按照分房制度陆续自西向东发展出各世代和分房的片区，吉山村除较早的数座开村祠堂之外，多以家塾作为祖厅。根据族谱记载的祠堂信息，还原出吉山村的发展演变过程，吉山村传统村落肌理基本分布在上街以北。最初自西向东发展，并向南北有所扩散。在初始建设之后，其内部，如上街的西侧曾经发生更新演替。

吉山村自建村至今已有六百余年的历史，吉山村明代开村之后，一直以农耕为生。村内主要的建筑和宗族都是在这一时期形成并趋于稳定。村落发源于两靠山山坳，南侧建有水松坐，为“三山北枕，水木南环”的格局。历史上还有方阁、文塔、更楼、围墙等历史环境要素，至今仅保留水松坐（风水涌一林）。明代村落规模渐成之后，周边自然景观被取名为“吉山八景”（见图 3–8），20 世纪后因战争和工业化进程而基本消失。村内建筑空间体现了宗族的组织，以祠堂为支点，民居依各房朝向排布，沿上街展开。下街年代较晚，上下街之外的建筑和肌理为现代新建。由此可见，吉山主要的传统风貌格局与历史遗存在农耕时代形成，直至民国工业萌芽，出现部分演替，但总体格局基本稳定。在改革开放时期，吉山村集体合资建设专线铁路，作为支线连接南面的广九铁路，为当地化工产业高速发展提供对外交通基础。进入 20 世纪末期，村集体兴办企业逐渐增多，农业逐渐退出，传统建筑逐渐被替代，部分自然要素消失，仅存少数祠堂等，传统村落风貌被城中村风貌所更替。由此判定吉山村古村为背山面水、涌林环绕、上下二街、祠堂居中、楼庙镇边的格局，村落原初范围约为 36 公顷。

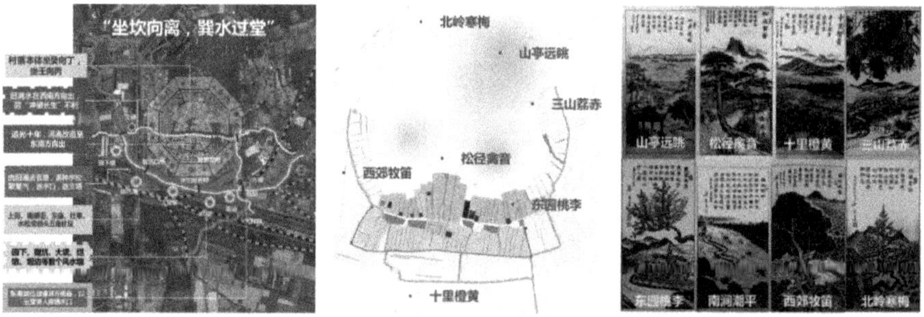

图 3–8　天河吉山风水格局及吉山八景

根据历史格局和空间要素的推演与挖掘，明确村落的具体保护对象和保护范围。将村落内传统格局明晰、历史要素集中、风貌较为完整的沿吉山上街两侧，西至晋庆庙、东至三元殿部分纳入核心保护范围，总面积 3.34 公顷，限高 9 米；沿上街两侧传统村落街巷格局尚存的区域划为建设控制地带，总面积 3.01 公顷，限高 12 米；将吉山南部更楼—围墙（已灭失）范围与靠山

（今天河儿童公园）区域纳入环境协调区，总面积 22.2 公顷，限高 18 米（见图 3–9）。对三级保护范围提出对应的保护控制要求。同时，结合现状摸查与历史分析，将已公布的 14 处不可移动文物与 2 处传统风貌建筑，以及其他数十处传统建筑、传统街巷、环境要素、生态人文景观等，一并纳入保护规划。对保护范围内的每栋建筑进行分类保护，明确修缮、改善与改造三种不同措施，精准指导下一阶段的建筑改造。至此，古村原初范围的整体格局和空间要素基本纳入了保护框架，今后将在相关法规要求和引导下，开展合理保护利用。

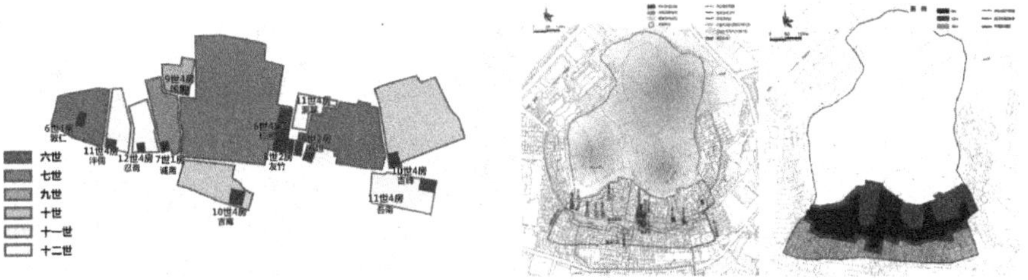

图 3–9　天河吉山村保护范围

（三）吉山村改造中的活化利用

以历史文化保护为首要前提，充分利用好城市更新的契机来限制村落的自我无序更新，指导城市更新方案将目前残存的历史文化景观与现代景观设计融合，选择性恢复已经遗失的历史文化景观，在保护好现存历史文化资源的同时恢复和延续被破坏和已灭失的传统村落格局。方案以吉山上街为重要脉络，保护沿线文物和宗祠建筑集中成片的区域和山水格局要素，依托连片宗祠建筑群落打造传统村落街区，注入文创、情景消费等业态，形成片区文化亮点，彰显吉山古村历史文脉之美（见图 3–10）。进行整治改造和新建的建筑延续传统街巷肌理和传统建筑风貌，同时结合现代功能需要，让旧村在更新改造中得以恢复原有的历史空间格局和传统村落风貌。为保留不同时代的村落记忆，除传统建筑按保护规划要求进行保留外，核心范围内的新建村居在符合历史肌理的情况下也一并保存并改造利用，延续村落发展完整脉络。在物质空间重塑的基础上，注入吉山非遗文化活动，建立传承机制，增加非遗文化空间载体，促进非遗文化和旅游相结合，丰富宣传展示方式，让传统文化融入现代生活。产业和功能对接区域根据发展需要，利用传统风貌特色空间，实现与周边城市空间肌理的差异化、特色化，增强区域吸引力。保护原有大树与植被，结合开敞空间优化地区生态环境与景观设计，重塑山、水、林、宅、塘的传统格局（见图 3–11）。

图 3–10　天河吉山村古村部分总平面图

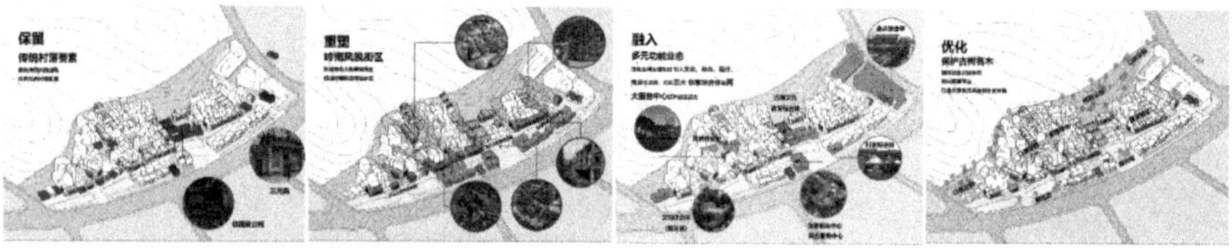

图 3–11　天河吉山村更新策略

三、关于城中村改造的乡愁延续策略思考

（一）保护更新协同互进

“十四五”规划已明确城市更新上升为国家战略，为落实高质量城市更新时代的国家要求，广州的城市更新开始谋求从过去简单的三旧改造，转向以“存量与增量联动、产业与空间结合、文化与活力并重”为特征的改变。旧城有相对完整的一套保护体系，同时因为复杂的构成主体较难采用全面改造的模式，多采用绣花功夫的微改造来实现存量提升；旧厂也会采用微更新和综

合改造的方式对有价值的工业遗产进行保护；而旧村因其复杂的历史文化背景和数量繁多成为城市更新中矛盾点最突出的一个板块。2021 年 9 月中办、国办联合印发《关于在城乡建设中加强历史文化保护传承的意见》，要求建立保护传承体系和加强保护利用传承。在广州计划推进的城中村改造项目中也有部分项目涉及历史风貌区与传统村落，这些片区的保护型村落都具有较为丰富的历史文化资源，需要在更新过程中更审慎处理好保护与更新的关系，做好保护规定，定好保护底线，同时充分利用更新改造的契机，使这些村落既能留住乡愁又能实现高质量发展。此外，还有一些没有保护身份的城中村也遗存了一些优秀的历史文化资源，需要在更新方案中梳理挖掘，使项目完成后既能保留“村”的韵味留住乡愁，又能与正在建设的“城”相融相洽。不同于过往单点保护与集中迁建的做法，从真实性、完整性、连续性角度对村落自然景观环境特征、传统格局和整体风貌特征进行调查评估，综合分析村落的特点和价值，结合村民对于乡愁的理解与需求，拟定改造中需要保留的空间格局、建筑遗存或文化要素。正确审视城市更新的介入契机，通过保护规划、文化遗产保护评估专章、投资建设、产业发展，解决因无序建设与村落空心化而带来的文化遗产自然衰败和价值要素的损毁和灭失，真正地让这些村落的文化遗产在保护和更新的协调效应中得到重生。

联动解决保护与发展问题，让历史文化保护与城市更新从制度、行动与实施上进行全过程协同。制度上制定《广州市关于深入推进城市更新促进历史文化名城保护利用的工作指引》。行动上建立历史文化遗产保护提前介入机制。实施上提出历史文化保护利用项目可与更新项目组合实施。2020 年 9 月公布的《广州市关于深入推进城市更新促进历史文化名城保护利用的工作指引》要求在城市更新工作中严格落实保护优先，体现了高度重视历史文化保护与严格落实保护优先的精神。在程序上明确了历史文化遗产调查评估（以下简称“文评”）需提前介入城乡建设，避免了过往“文评”作为控规专项的滞后性介入，因为此阶段已经是更新方案较为稳定的阶段，此时提出与更新方案有矛盾的结论往往会使“文评”陷入一个尴尬的局面，容易受到开发主体与利益相关者的一致反对，成为更新改造中的“绊脚石”。项目开始阶段同步开展历史文化遗产调查评估工作，并把调查评估结论作为判断城中村更新改造模式的重要依据；然后根据现场的调查情况及村落历史脉络研究情况，提出相应的保护对象、保护原则、保护结构以及保护策略，夯实实施更新改造前的文化遗产调查评估工作。涉及有保护身份的村落，严格落实保护规划，保护规划未经批准，不得审批城市更新策划方案、详细规划、实施方案，通过保护规划明确划定保护范围与保护控制内容，确保更新实施方案是在延续历史文化遗产、留住村落记忆乡愁的框架下编制。把历史文化遗产保护成本纳入旧村改造成本，从经济上进行保障，推动历史文化保护与城市更新协同互进。

（二）厘清历史，指导空间设计

与城市中复杂的人口构成不同，村落作为聚族而居的社会单元，一般都有清晰的宗族关系，通过现存的族谱、村史村志，可对村落的时空历史信息进行梳理挖掘，分析其宗族系统与村落格局演变、村庄历史形态变迁、村落空间演变、空间格局特征、文化习俗等，寻根溯源判定出村落中需要保护的物质空间环境与文化特色。不孤立看待现存的建筑遗产，而是通过历史研究梳理发掘其空间依存关系，提出村落需要保护的整体内容。从一个传统村落发展成一个现代村落，往往存在自然村与行政村的关系，根据广州历史风貌区、传统村落等村落型历史文化遗产保护规划的相关数据分析，保护规划根据村落历史文化价值划定的保护范围占行政村域范围多数在 15% 以下，需要通过历史溯源确定保护范围。其他没有保护身份的村落也可以通过对村落历史格局的研究分析，梳理出村落历史与本源空间结构关系，借此综合分析具有传统风貌建筑的去留问题，而不是把建筑孤立看待、简单迁建，从而有利于更好地处理保护与发展的关系。在厘清了历史，确定了更新改造中需要保留的历史文化要素以后，从根脉延续的角度出发指导空间设计，在历史中寻找村落形成逻辑作为空间设计本源，让设计回归到建成环境当中，分析出可以承载村落历史的建筑空间与场所，创造设计方案中的“内在灵魂”与“独特之美”，在更新改造中为村民提供能够凝聚乡愁的场所与内容。

（三）善用特色，创造项目价值

面对未来过百条有待更新改造的城中村，如果采取完全推倒重建的方式最终会形成上百个不具识别性且没有特色的大型居住区，作为中华文化根脉重要组成部分的乡村文化最终会被城市文化所替代。在巨大的经济利益冲击下，历史文化保护显得有些力不从心，强化社会对历史文化保护的价值共识还应该让其了解文化遗产的经济属性。村落现存的历史文化遗产是有价值的不可再生遗产资源，有着客观的品牌溢价潜力，这是项目特色与价值的创造关键，应该在更新改造中加以放大与利用。以黄埔的沙步村为例，作为一个没有保护身份的村落，在更新改造中开发主体尊重村民意愿，原址保留修缮7处黄埔区登记保护文物单位（含祠堂、民居、家塾等）、9处传统风貌建筑线索，3处传统风貌建筑线索迁移保护，71棵大树原址保留，打造成一个占地约6万平方米的，建筑面积约9000平方米的融德里。沙步作为姓氏众多的古村，留下了众多的宗族祠堂；氛围浓厚的粤剧文化，聚集一众戏曲爱好者；通江达海的地理特性，绵延了龙舟文化传统。沙步将嫁娶文化、粤剧文化及龙舟文化结合起来，打造了属于自己的文化印记，充分发挥文化价值的溢出效应，使之成了同地段中销量最好的项目。不一定所有的旧村改造都可以留下丰富的建筑遗产，但通过物质和非物质文化遗产相结合，把传统文化融入现代生活，以村落的文化特色与风俗活动为切入点，融入村民的文化需求与地方情感，通过地方文化的空间承载、特色文化的产业重组与民俗活动的延续传承使村落的地方文化得以延续，保留“村”的韵味留住乡愁。

四、结语

习近平总书记提出的“让城市留住记忆，让人们记住乡愁”要求在城市更新中高度重视历史文化传承。城中村历史文化遗产是我国文化遗产保护中不可忽视的重要内容，它们凝聚了城市的历史文化信息，既是有形的文化遗产又是当地文化风俗等无形文化遗产的载体，代表着城市的文化内涵和个性。目前，它们却因城市的飞速扩张正遭受不断的蚕食而危在旦夕，保护工作已经刻不容缓①。在新一轮城市更新背景下，探索城中村改造的乡愁延续策略是为了避免在城中村大量拆除与快速建设下的文化缺失与千城一面。秉持保护历史文脉、在保护中发展、在发展中保护的基本理念，激活传统村落发展动力，以发展促保护。明确保护村庄的核心价值要素，避免其在旧村改造等城镇化过程中被破坏、拆除，促进区位条件较好、村民改造意愿高、传统文化要素相对薄弱的村庄在保护的前提下进行城镇化建设，文化传承的同时改善

① 陈静敏，郑力鹏. 广州城中村历史建筑保护对策初探［J］. 华中建筑，2007，121（07）：135-137+141.

村民生活水平，促进产业多元化发展。通过我们实际参与的天河吉山村保护规划，详述一个重度城中村化的村庄如何重塑古村风貌。吉山村虽然有一定的特殊性，但希望可以借此梳理总结出城中村改造过程中的乡愁延续策略，并探讨遗产保护与城中村更新协同互进的机制，增强城市更新项目中与历史文化遗产核心利益相关者的对话沟通与互信机制，通过更新发展和历史文化资源的保护利用实现人地复兴，利用更新契机夯实村落遗产保护要求与资金来源，把村落历史文化遗产保护落实到实施层面，并借机对备受破坏的空间进行重塑，实现多方共赢、利益共享。

城市是一个生命有机体，会在生长和衰老中不断迭代，文化遗产保护最终也将融入现代生活，城中村的更新改造也是人民对美好生活的向往与时代的必然所趋，也是实现“以人民为中心”发展理念的客观要求。我们希望能在新一轮的城市更新中延续村落的文化与记忆，为子孙后代留下一份乡愁与根脉。

（本文是在《天河吉山村传统村落保护发展规划》项目研究的基础上形成，包含了项目组所有成员的智慧，在此表示衷心感谢。）

城市基层治理的“清单制”模式：运行逻辑与实践路径[①]

李宇环　何华伟

摘要：基层治理的效能对于城市发展和社会稳定至关重要，探索加强基层治理体系和治理能力的制度和机制建设是重要而紧迫的现实议题。本文着眼于“清单制”这一治理工具，聚焦“清单制”在基层社会治理领域的应用，探究作为城市基层治理模式的“清单制”包含什么内容，如何运行以及实践探索的经验和困境有哪些，并提出针对性的完善路径，以期为推进基层治理体系和治理能力现代化的实践提供理论借鉴。

关键词：基层治理；社会治理；清单制

党的十八届三中全会提出推进国家治理体系和治理能力现代化的改革目标以来，作为国家和社会运行重要一环的政府职责体系不断完善和优化。在我国五级政府层级体系中，基层治理体系与治理能力是重心、难点和希望所在。习近平总书记多次强调，治国安邦重在基层，基层是一切工作的落脚点，社会治理的重心必须落到城乡、社区[②]。基层治理的好坏直接关系到民众的幸福感与获得感，关系人心向背。党的二十大报告提出要完善网格化管理、精细化服务、信息化支撑的基层治理平台，健全城乡社区治理体系。为此，探索加强基层治理体系和治理能力的制度和机制建设成为重要而紧迫的现实议题。当前，从中央到地方，以权力清单、责任清单、负面清单等“清单制”

---

① 作者简介：李宇环，中央财经大学政府管理学院副教授；何华伟，中央财经大学政府管理学院本科生。

② 中共中央宣传部.习近平总书记系列讲话重要读本（2016年版）[M].北京：人民出版社，学习出版社，2016.

方式推进的简政放权改革，逐渐形成了政府治理领域的“清单制”治理模式。这一模式也在城市基层社会治理中逐步推开。本文聚焦城市基层，剖析清单制治理模式的运行逻辑与实践路径，为推进基层治理体系和治理能力现代化的实践提供理论借鉴。

一、问题的提出

改革开放以来，基层社会组织方式从单位制下的“街居制”和“家属院制”转变为“社区制”，在单位制逐渐消解而市场和社会机制尚发育不全的情况下，街道办事处（以下简称街道办）与居委会成为基层治理的主导性组织，进而形成了中国基层“居委会办社会”现象①。街道办是基层政府的派出机构，而居委会是“居民自治组织”，二者在法理上是工作的指导与被指导关系，但在实际上却是领导与被领导关系。由于居委会对政府的资源依赖和人事受控，使其忙于政府的行政命令与繁杂的行政事务②，偏离了其“居民自治组织”的本质属性，不可避免地制约了其自治能力与服务能力的提升。从街道办角度看，这样的尴尬现状也减弱了居委会在居民与基层政府之间的矛盾缓冲作用，加大了街道办参与社区治理的成本和矛盾处理的压力。就社区内部而言，以利益相关和专业化为原则，建立了由居委会、业委会和物业公司等构成的多元治理格局。然而长久以来，社区服务的多元主体间存在着权力交织、自治权模糊、权责不清、资源分配不均等问题③，社区内部多元治理主体的协作问题一直是制约社区治理效能的痛点。这些问题的本质归根结底是治理主体间的权责不清、运作机制不明导致的。因此，在行政化运作问题难以在短时间内解决的情况下，厘清上级与基层的权责关系，划清上下间的职责边界，明确基层的基本公共服务事项及协作机制，是提升基层治理效能的关键。

城市基层清单制治理为此提供了一种可能的路径。党的十八届三中、四中全会决定均明确要求推行政府权力清单制度，党的十九大报告要求全面实

---

① 张翼．全面建成小康社会视野下的社区转型与社区治理效能改进［J］．社会学研究，2020，35（06）：1–19+241.

② 张赫，刘桂芝．清单制：街道办事处与社区居委会关系重塑的制度化路径［J］．长白学刊，2021（05）：75–83.

③ 李小博．城市社区多元主体关系困境及其破解的法治路径［J］．领导科学，2020（18）：24–27.

施市场准入负面清单制度[①]。经过多年发展，清单制治理在政府管理领域和市场管理领域已较为成熟，为厘清政府、市场和社会的关系提供了新的制度化路径。2013年，广东佛山率先提出建立行政管理事项社区准入制度，建设社区治理清单。2015年民政部在《关于进一步开展社区减负工作的通知》中提出“以市（地、州、盟）为单位制定社区工作事项清单，实行社区工作准入制度。属于基层人民政府及其职能部门、街道办事处职责范围内的事项，不得转嫁给社区；应由社区协助的事项，应当为社区提供必要的经费和工作条件”。而后全国各地陆续出台了有关社区清单制度建设的有关文件。作为国家治理转型背景下的政府技术性治理工具，清单制治理已经向社会应用场域扩散，在基层治理领域中建构出了实践场域，成为我国城市基层社会治理领域的一种制度创新。在平衡效率与公平的价值导向下，清单制治理模式以内在改进与外部协作方式来实现技术治理的规范化和精细化，通过技术性力量推动基层治理转型，契合了当前城市基层社会治理中的种种制度需求，回应了城市基层社会治理中的治理主体边界模糊、权责不清以及治理目标不明等问题。

已有清单制的研究，首先聚焦于权责清单的功能、制定、执行、监督等问题上。权责清单具有理顺政府—市场—社会关系、构建政府职责体系[②]、增加政府公信力[③]和提升制度效用[④]等价值贡献；权责清单的编制需要关注法理支持[⑤]、构建逻辑[⑥]等问题，清单的有效执行[⑦]、监督[⑧]、修订[⑨]等问题也有文献

---

① 王湘军，李雪茹．从“碎片化”到“整体化”：清单管理制度健全路径探论［J］．行政论坛，2019，26（02）：48–57.

② 赵志远．政府职责体系构建中的权责清单制度：结构、过程与机制［J］．政治学研究，2021（05）：89–98+158.

③ 谭波．权责统一：责任型法治政府建设的基本思路［J］．西北大学学报（哲学社会科学版），2020，50（04）：168–178.

④ 陶立业．地方政府权责清单制度基础性效用论析［J］．理论探讨，2021（04）：152–160.

⑤ 刘启川．权力清单推进机构编制法定化的制度建构：兼论与责任清单协同推进［J］．政治与法律，2019（06）：13–25.

⑥ 朱光磊，赵志远．政府职责体系视角下的权责清单制度构建逻辑［J］．南开学报（哲学社会科学版），2020（03）：1–9.

⑦ 陶立业．论地方政府权责清单制度的执行梗阻［J］．学术界，2021（04）：51–61.

⑧ 李军鹏．新时代现代政府权责清单制度建设研究［J］．行政论坛，2020，27（03）：41–46.

⑨ 王辉，张继容．政府权责清单制度的历史变迁与完善策略［J］．改革，2022（01）：129–139.

进行了讨论。除此之外，在市场监管等领域也有关于负面清单的研究[①②③④]。总体来看，有关已有清单制的研究主要集中在政府职能界定和市场监管领域，对其在社会治理领域的应用探讨较少。本文在已有清单制研究的基础上，探究作为城市基层治理模式的“清单制”包含什么内容，如何运行以及实践探索的经验和困境有哪些，以期为城市基层治理提供理论指导。本文所讲的“城市基层治理”是包含区政府、街道办和社区居委会在内的三级体系。区政府是三级体系中的主导行政部门，街道办作为区政府的派出机关，在三级体系中发挥着连接政府与基层居民委员会的纽带作用，居民委员会在区政府和街道办的指导和支持下进行社区管理和服务提供。

二、城市基层清单制治理模式分析

为应对城市问题复杂化、单一行政管制手段不佳的问题，清单制在城市基层治理中得到创新性发展[⑤]。清单制通过连接区政府、街道办和社区居委会等主体，在实践中通过多层次城市基层治理清单体系发挥价值功能，形成了独特的运行逻辑，发展成为城市基层清单制治理模式。

（一）城市基层治理清单体系

城市基层清单制治理模式，就是对城市基层治理的主体、资源、事项和权力结构等诸多要素进行详细划分、规定，以形成权责明晰、事项确定的目录清单，并将其作为城市基层治理的依据。城市基层清单制治理模式以其操作性强、规范明确、简明扼要等特点，极大减少城市治理的成本和不确定性。在实践探索中，各地形成了种类多样、层次丰富的治理清单。通过系统梳理，可以总结出城市基层治理的清单体系，主要包括城市基层政府治理清单（包括权责清单和准入清单）和社区治理清单（包括社区准入清单、社区权责清

① 郭冠男．如何认识并全面实施市场准入负面清单制度［J］．中国行政管理，2019（01）：6–9.

② 陈升，李兆洋，唐雲．清单治理的创新：市场准入负面清单制度［J］．中国行政管理，2020（04）：95–101.

③ 刘业进．高等教育“放管服”改革的三张清单：权力清单、责任清单与负面清单［J］．南京师大学报（社会科学版），2020（02）：53–67.

④ 吴增礼，黄春凤．构建社会主义核心价值观践行的负面清单制度［J］．马克思主义研究，2020（01）：98–106+164.

⑤ 彭勃，付建军．城市基层治理中的清单制：创新逻辑与制度类型学［J］．行政论坛，2017，24（04）：38–45.

单和社区公共服务清单）。

1. 城市基层政府治理清单

城市基层政府治理清单适用于区政府及街道办两级行政机构，主要包括街道办准入清单和区政府与街道办各自的权责清单两类。街道办作为区政府派出机构，具有自身职能体系。街道办准入清单是对区直各部门可下沉至街道办的职责进行清单制列示。清单以外内容不得随意下放，确有需要下放的工作职责，必须经过区委、区政府研究确定，以期通过街道办准入清单达到两级行政机构的职能有效分工。城市基层政府的权责清单要求将区政府及其街道办的职权目录、职责名称、实施主体、相关法律依据、具体办事流程等内容（不同地区内容不一）以清单的形式梳理公布，厘清政府各部门在城市基层治理中的功能边界和权责范围，见表 3–2。

表 3–2　南通市崇川区城市基层政府治理清单示例

<table>
<tr><td colspan="5">崇川区各街道职责准入清单</td></tr>
<tr><td rowspan="2">党群工作</td><td colspan="4">宣传、执行和检查党的路线、方针、政策，领导本地区社会工作</td></tr>
<tr><td colspan="4">统一战线工作，做好新社会阶层人士统战工作，发挥商会组织作用</td></tr>
<tr><td rowspan="2">平安建设</td><td colspan="4">维护辖区安全稳定，保障重大活动和重要时期的公共安全</td></tr>
<tr><td colspan="4">动员公民和组织，防范、制止和依法惩治危害国家安全的行为</td></tr>
<tr><td colspan="5">……</td></tr>
<tr><td rowspan="2">城市建管</td><td colspan="4">开展街道环境整治提升，创建文明示范街道</td></tr>
<tr><td colspan="4">协助开展老旧小区综合整治工作，配合做好老旧房屋改造工作</td></tr>
<tr><td colspan="5">崇川区各街道权力事项清单</td></tr>
<tr><td>序号</td><td>权力类型</td><td>权力编码</td><td>权力名称</td><td>设定依据</td></tr>
<tr><td>1</td><td>行政给付</td><td>000511001000</td><td>最低生活保障对象认定、保障金给付</td><td>【行政法规】《社会救助暂行办法》</td></tr>
<tr><td>2</td><td>行政确认</td><td>3207XZ001000</td><td>出具法律援助经济状况证明</td><td>【地方性法规】《江苏省法律援助条例》</td></tr>
<tr><td colspan="5">……</td></tr>
<tr><td>19</td><td>其他行政权力</td><td>3210XZ001000</td><td>对病残儿医学鉴定申请的审核转报</td><td>【规章】《病残儿医学鉴定管理办法》</td></tr>
<tr><td>20</td><td>行政许可</td><td>3201XZ003000</td><td>农村承包地调整审批</td><td>【法律】《中华人民共和国农村土地承包法》</td></tr>
</table>

资料来源：根据《崇川区各街道职责准入清单》和《崇川区各街道权力事项清单》整理。

2. 城市社区治理清单

社区层面的治理清单主要由社区准入清单、社区权责清单和社区公共服务清单组成。社区准入清单是对政府部门可进入社区、需要社区协助的事项进行规定，清单以外事项不能进入社区或经严格审查后才可进入（见表3-3）。社区权责清单是指按照相关法规制度要求，整理出城市社区依法履行的职责清单，通过分类管理划定城市社区法定职责范围（见表3-4）。社区公共服务清单也可称为城市基层政府公共服务职能清单，社区作为公共服务的具体承担者，将基层政府组织和社区面向社区居民提供的各类公共服务职能通过清单形式进行公布，内容要素包括事项类别、服务内容、服务标准、办理流程、责任人员以及联系方式等（见表3-5）。

表3-3　社区准入清单示例

职责工作事项	基层群众性自治组织类型	相关依据
向人民政府或其派出机构反映村（居）民的意见、需求和提出建议	社区居民委员会、村民委员会	《中华人民共和国城市居民委员会组织法》《中华人民共和国村民委员会组织法》
调解民间纠纷，开展矛盾排查化解，促进家庭和睦、邻里和谐	社区居民委员会、村民委员会	《中华人民共和国人民调解法》《中华人民共和国民法典》
……		
支持和组织村民依法发展各种形式的合作经济和其他经济	村民委员会	《山东省实施〈中华人民共和国村民委员会组织法〉办法》《中华人民共和国民法典》

资料来源：根据烟台市2021年《社区工作事项准入清单》整理。

表3-4　社区权责清单示例

重大决策类权力清单	规划编制	村（社区）经济和社会发展规划，年度及中长期工作计划
		村庄建设规划
	章程修订	村（居）民自治、村（居）规民约和村（居）经济合作社章程修订
日常管理类权力清单	组织人事	发展党员、党组织关系迁移
		共青团、妇女组织人员选举任用
……		

续表

便民服务类权力清单	社会保障	城乡居民基本医疗保险办理、参保与变更登记
		城乡居民基本养老保险办理、参保与变更登记
		最低生活保障
	其他服务	个体工商户设立、变更、注销登记
		法律援助审查

资料来源：根据《北海市海城区村（社区）权力清单》整理。

表 3–5　社区公共服务清单示例

序号	类别	服务事项	服务环节	办结部门	监督部门和方式
1	代转办	流动党员证办理、接收	村（居）+ 镇（街道）	镇（街道）	中共汕头市潮南区委组织部：0754–87797870
2	直接办结	党组织关系接转	村（居）/ 镇（街道）/ 区	基层党（工）委 区委组织部	汕头市潮南区机关效能投诉中心：0754–87755378
……					
101	代转办	殡葬服务（死亡登记、出具骨灰集中管理证明书）	村（居）+ 镇（街道）	镇（街道）	汕头市政府 12345 服务热线：12345； 汕头市潮南区机关效能投诉中心：0754–87755378
102	代转办	就业困难人员认定	村（居）+ 镇（街道）+ 区	区人力资源和社会保障局	汕头市政府 12345 服务热线：12345； 汕头市潮南区人力资源和社会保障局：0754–87761041
103	代转办	核发《就业失业登记证》	村（居）+ 镇（街道）+ 区	区人力资源和社会保障局	

资料来源：根据汕头市《潮南区村（社区）公共服务事项目录》整理。

（二）城市基层清单制治理的价值功能

基层政府层级间的条块不畅与职能部门间的职能交叉是基层治理的重要阻碍因素。街道办作为区级政府的派出机构，行政权力有限，大部分行政权力仍然掌握在区级职能部门手中。而其人员、资金与权限的缺乏使其与上级条线部门之间始终存在功能不协调和任务繁重的问题。街道办内部各职能部门之间也往往存在功能重叠或缺失，造成了城市基层政府治理机制的梗阻。政府部门与社区的行政化畸形关系也挤占了社区自治的空间，社区内部居委会、业委会、物业之间的功能分割也是制约社区治理能力提升的重要原因。

基于此，本文根据城市基层主体性质与清单类别两个维度，构建城市基层治理的“清单功能矩阵”（见表 3–6）。

表 3–6　城市基层治理清单功能矩阵

	区政府	街道办	社区
准入清单	—	为基层减负	为基层减负
权责清单	确定权责边界	为基层减负 确定权责边界	精细化治理
公共服务清单	明确服务范围	明确服务范围	精细化治理

1. 准入清单：理顺主体关系，减轻基层负担

科层体制下的行政权力天生具有扩张属性，在基层治理中，一方面体现在区政府对街道办的过度役使，另一方面体现在基层政府对社区的行政化管理。准入清单通过确定主体的行动空间为权力的扩张设置屏障，堵住事项的无序下移。以上海黄浦区为例，根据市政府的要求，黄浦区出台了《黄浦区职能部门职责下沉街道事项目录》，对可下沉到街道的服务事项作出了明确列示，并成立了区级联席会议对新增的下沉事项申请做严格审查，以此减轻街道办的压力，为两级政府机构的权责划分创造条件。而社区准入清单的建设是理顺政府与社会的关系，防止政府逻辑对社会治理的过分渗透的直接体现。通过社区准入清单，在“法无授权不可为”的制度要求下，将无法可依的行政事务排除在清单之外，为公权力划定了边界，减少社区承接事务的随意性和不合理性，从而缓解了社区“上面千条线，下面一根针”的行政性压力，进而为社区自治创造自主空间。在倒逼政府加强自身建设的同时，社区准入清单也为社区提供了与基层政府博弈的制度化工具，为社区争取政府的资源支持创造条件。

2. 权责清单：促进权责匹配，推动职能衔接

如果说准入清单为缓解纵向科层压力提供了机会，那么权责清单不仅有助于层级间协调，而且为横向职能部门间的协调分工创造条件。权责清单制度的产生源于行政权力与行政责任之间的脱节，政府财权与事权的分离造成地方政府尤其是基层政府的资源匮乏和窘境，不仅抑制了基层政府的积极性，而且影响了地方公共服务的有效供给①。区政府权责清单通过对相关部门及其

① 王辉，张继容．政府权责清单制度的历史变迁与完善策略［J］. 改革，2022（01）：129–139.

权力的梳理，囊括职权目录、相关法律依据、配套资源、服务范围和办事流程等内容，使政府庞杂的权责体系得以系统化和清晰化，同时推动层级政府间以及政府内部各部门间对各自权力的边界范围和协调机制进行重新认识和构建。对于街道办来说，合理的层级权责划分，也有助于其处理与区级政府的关系，更好地在职能与职责层面进行合理分工，达到为其减负的效果[①]。通过权责清单的建设，不仅有利于政府机构锚定自身职责精准履职，推动服务规范化和精细化，而且由于清单的公开化，可以强化民众对政府的监督，提升政府公信力。除此之外，权责的明晰性也为条块之间的关系协调提供了开源接口，促进上下左右部门间的职能衔接，把政府权力的配置和运行纳入合理性和合法性轨道。

社区权责清单的建设一方面有助于厘清社区职能部门与街道办的关系，另一方面也促进了社区内部多元治理主体的权责匹配。社区权责清单在准入清单的基础上进一步从职责层面厘清了社区的义务。长期以来，频繁的表格填报工作、“多、杂、乱”的挂牌问题以及印章证明问题等琐碎的行政性任务给社区工作带来繁重负担，社区职责与基层政府和街道办的职责混乱交叉。社区权责清单通过具体的项目列示，以条目化的形式清晰地呈现街道办与居委会各自的职责范围与功能衔接，进一步厘清了二者能做什么以及怎么做，理顺了社区与基层政府尤其是与街道办的权责关系，推动二者关系回到“指导与被指导”的法理关系上来，达到互补增益的协同效果。广义的社区权责清单还包括社区自治清单和社区共治清单等，部分地区还发展出了较有特色的小微权力清单、问题清单等清单模式，涵盖居委会、业委会、物业公司等多元社区自治主体。而社区权责清单以居委会的职能清单为主体，连接起业委会与物业公司，通过业务职责的梳理与协调，配合党建引领等统合机制使之分工明确、各司其职，达到多元主体间的权责匹配，促进社区精细化治理。

3. 公共服务清单：明确服务主体，细化服务内容

不同于其他清单，公共服务的主体权限和流程等制度性要素将区政府、街道办和社区紧紧联系在一起。在公共服务清单的协调下，各个主体通过集中资源与优化流程等方式，整合并精细服务内容，分级分类明确各自的服务

① 彭勃，付建军．城市基层治理中的清单制：创新逻辑与制度类型学［J］．行政论坛，2017，24（04）：38–45.

范围。同时通过对服务供给标准与责任主体的清晰化显示，加强对责任者的监督与考核，督促其提升服务质量，将服务下沉到社区，将清单变成为民服务的“菜单”，促进服务精细化、便民化。

（三）城市基层清单制治理模式运行逻辑

在社区负担过重、资源约束与行政负担等问题导向下，催生出基层清单制治理模式这一创新性治理工具。通过对该模式的总结，归纳出其具有四种独特的运行逻辑：法治逻辑、统合逻辑、责任逻辑和效率逻辑。如图 3–12 所示。

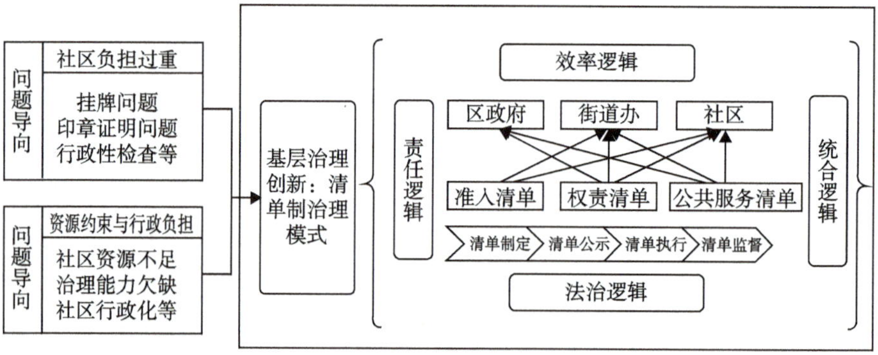

图 3–12　城市基层清单制治理模式运行逻辑图

1. 法治逻辑

不同以往的运动式治理，清单制作为制度性工具，本身具有规范化和常态化的属性。通过清单建设，各个主体的职能权责被公开固定，清单成为机构履职和民众获取服务的正式化遵循，依据清单办事保障了基层治理体系的规范化和稳定化运行。从过程角度看，在清单模式运作的各个阶段，法治逻辑都是体系运转的前提与保障。在清单制定阶段，法律法规和政策是清单制定的基础依据，在清单常态化履行阶段，法律规章对清单事项、调整程序、落实执行、监督考核、保障措施等内容作出明确规定，推动清单制运行“有章可循”，推动依法依规办事的法治氛围的形成。

2. 统合逻辑

清单的关系建构功能推动了社区与基层政府以及社区内部之间多元主体的协同共生，促进了治理体系的统合。在原先各主体间职能交叉，权责不分的情况下，各主体关系呈现出松散式关联的特点，受部门利益驱动，甚至出现推诿扯皮、互相掣肘的现象。而清单制治理推动治理主体明晰自身的活动空间与权属范围，将社会治理主体在实践中的行为过程和关系互动程序进行清晰化集成[①]，促进权力主体间的关系建构与调整。社区与基层政府的准入清单与权责清单厘清了彼此的职能分配关系，能够推动社区更好地履行自治职能与协助职能，推动政府更好地履行社区的保障职能与公共服务的供给职能[②]，两者的良性互动统合基层治理的政府力量与社会力量。同样在社区内部，清单制明晰了基层党组织、居委会、物业管理机构、业委会、居民活动团队以及社会组织的权责边界，推动了以基层政府为核心、以市场和社会为延伸的职能体系的建立，实现主体关系与职能体系的统合协调。

3. 效率逻辑

效率提升是清单制的基本追求。从治理过程来说，清单制治理为清单主体提供了具体的治理目标和简洁规范的操作流程，在涵盖以往治理模式中治理内涵的同时，还凸显着“清单”本身的内容与价值[③]。清单作为技术工具本身就具有集成分类显示信息、降低时间成本与交易成本、重塑主体边界功能等效率性优势[④]。再者，清单通过对资源和权责的梳理，推动部门实现事权与财权的统一，为部门依法履职提供激励。而多元主体的权责合理分配与关系协调本身也是“效率逻辑”的一种体现。

4. 责任逻辑

责任逻辑强调主体权责的规范与落实。清单是对信息的集成显示，清单的整体内容是对部门权责的全覆盖，清单的公示则代表了主体对服务对象的正式承诺。编制后的公布机制决定了清单具有监督功能，在“法定职责必须为”的制度逻辑下，通过公布监督机制既可以促进效率提升，又可以促进服务标准化的实现，或者公平目标的实现[⑤]。对于清单主体而言，标准化的清单也为部门的监督考核提供了依据与标准。而清单的范围限定，也制约了权力的无序扩张，实现对责任边界的控制。

---

① 彭勃，付建军．城市基层治理中的清单制：创新逻辑与制度类型学［J］．行政论坛，2017，24（04）：38–45.

② 张赫，刘桂芝．清单制：街道办事处与社区居委会关系重塑的制度化路［J］．长白学刊，2021（05）：75–83.

③ 李珍刚，古桂琴．清单式治理在中国公共领域的兴起与发展［J］．江西社会科学，2020，40（8）：182–191.

④ 付建军．当代中国公共治理中的清单制：制度逻辑与实践审视［J］．当代世界与社会主义，2016（05）：166–174.

⑤ 付建军．清单制与国家治理转型：一个整体性分析框架［J］．社会主义研究，2017（02）：73–80.

三、基层清单制治理模式的实践

清单制治理模式逐渐在各地应用，并形成了一些较具地方特色的推广经验，如江苏淮安清江浦区通过构建权力清单、责任清单和赋权清单提升基层治理水平，上海市金山区漕泾镇通过打造“网格化党建 + 四张清单”打通基层治理“最后一公里”，浙江宁海县发展出“小微权力清单”用以构建乡村反腐新机制，等等。尽管基层清单制治理模式正在迅速扩散和深化发展，但在推进过程中也出现了一些问题。本文选取合肥市万泽社区作为典型案例进行分析。

（一）案例介绍——基层清单制治理实践

国光山水间小区是2011年建成的新型商业小区，小区共有23栋居民楼，约1550户业主。随着城市化的发展、智慧小区的建设，小区内各种设施逐渐老化，小区内流动人口增多，物业公司管理服务欠佳，使得小区环境日益恶化，居民矛盾不断升级。为深化党建引领基层治理工作，实现政府“五好”小区建设目标，万泽社区立足实际，整合资源，积极发挥社区、社会组织、社会工作者、社会资源等“五社”联动作用，创新推行“问题—资源—服务”三项“清单”工作法，有效破解国光山水间小区治理难题。

1. 问题清单明需求

万泽社区坚持以问题导向、需求导向为原则，依托小区居民业主群，畅通“社区—物业—业主”三方沟通渠道和反馈机制，结合社区网格化治理模式，实时收集记录居民反映的问题。此外，积极探索“2（小区党支部、小区网格工作站）+N（网格员、党小组、居民骨干、物业服务企业及社会组织等多元主体）”的协商议事架构，为小区居民搭建了议事交流的平台。根据问题性质不同、归属部门不同，在全面梳理的基础上，精准分类形成国光山水间“168问题清单”，为深化社区治理找准靶向。

2. 资源清单强保障

形成“168问题清单”后，万泽社区对照清单，紧紧围绕小区业主需求，积极梳理小区党群人才、居民骨干志愿者力量以及社区社会组织的优势资源，按照科学统筹、整合资源、分类推进的原则，汇聚“资源清单”，形成强大治理合力。通过专业的力量对社区热心人士加以引导，形成小区治理的中坚力量。借助党群服务站，发挥“一站多用”的功能，常态化开展党员活动、居民议事、老少服务、志愿服务、便民服务等活动，推动社区党群服务圈与小区生活圈的融合发展。此外，万泽社区以网格化治理工作为抓手，依托蜀经开智慧管理平台，每天制订工作计划，发现问题，上报问题，及时将问题反映给公安、消防、医疗部门，从而能够对居民反映的问题进行“菜单式”服务，对物业在小区内开展的服务工作更是起到督促作用。同时，积极运用蜀经开管委会购买的社工服务，为社区基层治理提供了强有力的专业支撑。

3. 服务清单载民意

在万泽社区党委的引领下，国光山水间网格长认真分析本小区的“问题清单”和“资源清单”，制定“服务清单”，由小区内各方力量对照认领，落实到位。首先由网格员统筹解决各项清单问题，网格长根据事件类型及时协调物业、社工、志愿者等人员力量及时拟订解决方案、综合施策，提高问题的解决效率。另外，在物业服务不到位，社区对物业没有直属管理权的情况下，社区积极组织小区党支部、物业服务企业、小区网格员、居民骨干以及社工召开议事协商会议，成立业主委员会，为接下来实现居民自治工作打下坚实的基础。在社工驻点国光山水间党群服务站的过程中，注重在小区内挖掘居民骨干，培养居民志愿者，运用公益力量常态化解决“168 问题清单”中安全隐患、电瓶车乱停乱放等问题，进一步提升小区生活和谐度。为拉近邻里关系，万泽社区跑团在公园及社区周边开展体育拉练和志愿公益活动，拉近小区业主间的距离，融洽业主间关系，营造和谐的邻里氛围。目前，“168 问题清单”中出现的高空抛物、深夜扰民、乱拉电线等问题因为邻里关系的和谐而不断减少。

万泽社区国光山水间小区自实行“清单”工作法以来，通过党建引领，结合网格化模式广泛吸纳治理主体、充分整合治理资源，补齐社区治理短板，形成“资源共享搭平台、横向联系畅渠道、工作举措共商举”的良好局面，提升了治理效能。但通过分析发现，万泽社区在应用“清单”工作法时也存在不足。首先，在与基层政府的关系上，依旧停留在行政化承接任务的历史思维上，政府仅为社区提供物质性支持，双方的职能关系依旧没有理顺，社区仍是政府的行政性触手。其次，并没有建立社区内各主体的权责清单，主体间的责任分配并不清晰，关于清单的修订完善程序和服务标准等也没有明确的指引。

（二）基层清单制治理模式的实践困境

通过对万泽社区等典型案例的梳理分析，可以总结出目前基层清单制治理模式的一些实践困境。

1. 法规支持不足，权威性有待提升

多年以来，对清单制度的规范只是行政规定，而没有相应的法律法规对此做出规范。因此，推动城市基层清单制治理不可避免地会出现法律层面支撑不足的困境。法律效力的不足直接影响各方重视程度，同时导致对违反清单事项的行为也只能从行政方面进行事后追责，极大影响清单式治理的成效①。

2. 编撰脱离民意，内容标准不一

在城市基层治理清单的编撰过程中，以问题需求为导向是最有效的找寻合理清单内容的手段，如是则必然要广泛听取民意，清单编撰的最终目的也是为了更加有效地实现为人民服务的宗旨。但是从目前现实实践来看，基层治理清单制度通常是自上而下建立的。许多基层治理清单在编制过程中没有充分汲取民意，并不能很好地反映民众的实际诉求。如果清单内容没有经过广泛的协商和深入的调研，未必能够反映基层真实的情况，可能会存在不合理之处。由于清单制治理模式尚未成熟，各个地区大多也是“摸着石头过河”，都有着自己的一套设定标准。同一种职责可能在不同的设定标准之下被划分为不同的具体事项，缺乏统一标准。

3. 清单任务化、象征性执行现象严重

基层清单制治理在一定程度上还是存在着治理主体与具体问题和服务对象割裂的现象，治理主体缺乏提升服务质量的动力。一方面表现为清单任务化，有些公共部门只是将清单的编制与公布当作上级布置的任务来完成，但对于如何科学、民主地制定清单以及清单制定后如何切实履行与贯彻，往往关注较少，使清单制治理陷入“走过场”的局面。另一方面表现为清单的象征性执行。在压力型体制下，有些地区政府在具体问题和治理方式上采取复制、观望等态度和方式，其根源在于形式化和敷衍化。在城市基层治理清单

---

① 吴湘玲，叶良海．城市社区清单式治理的实践困境及其优化［J］．湖湘论坛，2018，31（04）：56–62.

的执行过程中也会遇到类似的情况。城市基层治理清单可能由于项目编制的无序混乱以及明细计划的模糊，造成公众对于执行者的抵触以及执行机构的选择性执行。除此之外，城市基层治理清单执行的主观随意性较大，在实施过程中执行机构往往照本宣科，甚至将清单中的事项数量作为绩效考核的指标。这些都导致了城市基层治理清单的执行流于形式，实际效果不佳。

4. 动态化管理的迷失

清单的建立是为了将信息可视化，将操作简单化，将职责清晰化，清单的最大特点即是简洁、稳定，与此同时，也很容易让城市基层治理陷入对清晰化和确定性的过度迷恋。基层事务的复杂性要求治理的条件必须是动态变化的，一旦清单不符合实际或者由于条件的改变而不能及时调整内容，清单就必然无法适应实际需要，进而制约了清单制治理的效果。在实践中，由于传统科层体制照章行事、本位主义等原因，很难有部门主动提出对清单体系进行修订。

除了以上四点的共性问题外，部分地区还存在清单质量低、服务标准不明、执行僵化、资源保障不完备、问责乏力和评估制度缺失等问题。

四、完善基层清单制治理的实践路径

（一）加强清单合法性审查

推进有关清单制法律法规的建设，出台高层级规范性文件，加强对清单建设的法理支持。同时，加大合法性审查，加强法律支持，提高法治化程度。处理好清单合法性与多层级法律规章的关系，在遵从上级法律的前提下，因地制宜地建设本单位内的清单制度，在提升执行有效性的同时建立清单合法性审查机制，建立由上级政府法制部门主管、清单编制机构辅助的审查程序，及时修正那些与法律法规冲突、不符合现代法治精神的清单事项，提升清单权威性。此外，要加强清单的公开宣介，在制定、执行和监督等各个环节听取民众意见，增强清单民主性的同时，提升民众对清单的接受度。

（二）加强清单内容系统性建设

作为服务民众的基本遵循，清单内容应覆盖全面不留死角，清单之间及清单内部的条目应清晰简洁且不重复、不冲突，要有效处理其内在的关联、衔接、借代关系。此外，要统一清单的规范规格，推动编撰权限和设定标准的统一化、标准化，做到编撰权限和设定标准的统一。同时建立清单内容动态更新机制，政府和社区要根据上级要求及实际状况的变化完成清单事项的调适优化，确定机构对清单的更新权限，确保清单内容科学有效，与时俱进[①]。

（三）保障清单执行条件

一方面，要为清单执行提供足够的物质条件，做好资金、人才和必要物资的保障工作；另一方面，要加强权限协调与组织运行体系建设，打造上下左右相互内洽的清单体系和协作体系，加强民众、政府部门和社区管理组织的协同联系，通过物质激励、行为激励等利益疏导方式提升各方履职积极性与协同绩效。作为基层治理制度的一部分，清单制在执行中要与党建引领、网格制度等其他治理方式做好衔接搭配，达到制度体系的同频共振。

（四）推进评估监管体制化

完善监管方式，健全目标责任制，评估与问责并重，建设公开公正的任务体系与绩效量化考核体系。通过有效监督，避免清单治理出现只制定不执行或选择性执行等的清单任务化、象征性执行现象。逐步探索监管的体制化建设，例如专门的权力监督清单建设，同时积极引入民众、社会组织和第三方评估机构等外部参与监管。设置必要的惩戒措施，形成监管、评估与问责之间的有机结合。

---

① 吴湘玲，叶良海 . 城市社区清单式治理的实践困境及其优化［J］. 湖湘论坛，2018，31（04）：56–62.

第四篇　城市更新公众参与治理

澳门城市更新公众参与中社团的角色与意义
——以新桥区为例[①]

王鹏宇　黎斌

摘要： 社团作为澳门特色协商治理体系中的重要一环，起到连接澳门特别行政区政府与公众的纽带作用，这一作用在澳门城市更新的公众参与过程中有较为充分的体现。本研究以新桥区两个城市更新整治计划的公众参与过程为研究对象，借助收集的文献资料与二手数据，在城市更新理论框架下解析澳门城市更新的机制与社团在更新过程中的作用。研究发现，社团在公众咨询中扮演了牵头者、组织者和协调者的角色，并且全过程地参与城市更新决策、实施，形成持续参与的良性机制，因此，澳门公众参与处于合作性参与的阶段。在后期的发展中，建议政府避免"社团咨询模式"的惯性思维，建立多元化的咨询模式，完善相关法律法规，期望澳门公众参与可以迈上一个新的台阶。

关键词： 城市更新；公众参与；社团；澳门

一、引言

公众参与作为社会民主建设的重要途径，自20世纪70年代，公众参与

① 作者简介：王鹏宇，澳门城市大学创新设计学院硕士研究生，主要研究方向：城市更新、城市治理；黎斌，澳门城市大学助理教授，研究方向：城市更新、城市治理和中俄城市比较。

在城市规划过程中的重要性和实践意义成为欧美国家辩论的焦点[①②]。澳门作为多元文化交融、拥有400余年建城史的历史文化名城，不断推进公共政策咨询制度化建设。在回归前澳葡政府管制期间，华人参政议政的权利极为有限，城市发展较为缓慢，因此，城市规划问题一直未得到社会重视。在此期间，澳葡政府多以小地块来开展城市规划，并未形成一套完整的城市规划体系。澳门回归祖国后，随着《基本法》的全面贯彻落实，公众参与成为"澳人治澳"方针的内容及要求，也是政府科学、民主施政的重要载体[③]。经过内地自由行开放政策以及澳门历史城区2005年入选《世界文化遗产名录》等一系列变化，使得澳门经济和社会得到飞速的发展，但也出现城市新旧空间发展不平衡，城市更新亟待解决。

社团作为澳门特色社会治理体系中的重要一环，在城市更新公众参与中发挥着上传下达的重要作用，因此，本文透过两个城市更新案例：新桥公众参与街巷空间改造系列研究计划、义字街整治计划，运用一个城市更新公众参与的理论框架，探讨出社团在公众参与过程中扮演着牵头者、组织者和协调者的角色，并对"社团咨询模式"和后期发展做出建议。文章其余部分如下，第二节在回顾文献的基础上，提出了研究概念与问题，并构建理论框架。第三节运用理论框架揭示了澳门公众参与的机制与社团在全过程中的作用。第四节通过介绍两个城市更新公众参与案例的过程和结果，佐证澳门城市更新公众参与的情况。第五节提供了结论和讨论。

二、研究概念与问题

（一）什么是"真正的"公众参与

公众参与从广义来讲是指普通市民试图影响公共政策和公共生活的一切

---

① 姜梅，姜涛．"规划中的沟通"与"作为沟通的规划"：当代西方沟通规划理论概述［J］．城市规划学刊，2008（2）：31-38.

② NIENHUIS I, VAN DIJK T, DE ROO G. Let's Collaborate! But Who's Really Collaborating? Individual Interests as a Leitmotiv for Urban Renewal and Regeneration Strategies［J］. Planning Theory & Practice, 2011, 12（1）: 95-109.

③ 冷铁勋．澳门特别行政区公共政策咨询的制度化建设［J］．中国行政管理，2017（6）：108-111.

活动[1]，被认为是市民的一项基本权利[2]。谢里·安斯坦（Sherry Arnstein）[3]根据市民在城市规划中参与权力的大小提出了“市民参与阶梯理论”，将公众参与分为“不是参与的参与”“象征性参与”“实质性参与”和8种形式（见图4–1）。此理论揭示了公众参与各形式之间的本质区别，只有政府、开发商、第三方组织、市民等各利益团体建立起规划、决策的联合机制，市民的意愿才能充分地得到表达。在城市更新中，实际上是各方利益博弈的过程，公众参与作为一种自下而上的协调对策，通过权力与利益的重新分配，有利于体现“以人为本”，推进民主化的协同治理[4]。因此，公众参与必须让广大市民尤其是在更新过程中利益受到影响的市民全过程参与规划的编制和讨论，规划部门必须听取各方利益诉求意见并反映至规划决策中[5]。

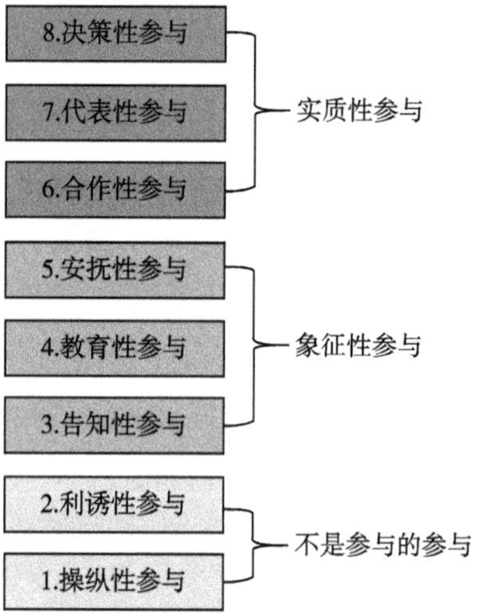

图4–1　市民参与阶梯理论

然而，对于什么是“真正的”公众参与有许多不同的看法。一方面，城市更新公众参与可以是在决策已经做出并且已经到达执行阶段，引入特定人

① 贾西津.中国公民参与：案例与模式［M］.北京：社会科学文献出版社，2008：代序1–2.

② 蔡定剑.中国公众参与的问题与前景［J］.民主与科学，2010（5）：26–29.

③ Arnstein S R. A Ladder Of Citizen Participation［J］. Journal of the American Institute of Planners，1969，35（4）：216–224.

④ 李小敏.城市规划及旧城更新中的公众参与［J］.城市问题，2005（03）：46–50.

⑤ 孙施文，殷悦.西方城市规划中公众参与的理论基础及其发展［J］.国际城市规划，2009，24（S1）：233–239.

群的公众参与，模拟一种协商的过程，使其决策合法化[①]。国外学者对此开展了研究。Muir 认为公众参与是国家机构和公民社会之间复杂和不均衡的互动，通过伙伴关系结构在城市更新中运作[②]。城市更新决策由政府、开发商、土地拥有者、专业顾问、媒体组成的联盟自上而下做出，将大多数受影响的公民排除在决策参与之外，联盟通过修改或颁布法律、国家机构发出更多的倡议、媒体的宣传报道，使更新政策合法化，弱势群体在“民主参与”的呼声中被迫达成共识[③]。另一方面，城市更新公众参与也可以是组织各方利益群体，真诚地进行协商和谈判，达到一种确保公平、广泛共享、共同设计、可持续发展的结果[④]。公众参与是与协作规划密切相关的，即是城市更新协作过程的结果，更重要的是协作过程的要求。城市更新决策的顺利执行，极大程度上需要物质和公众的基础支持，因此，公众参与可以提高其执行的有效性及效率[⑤]，成为改善提升邻里关系及凝聚力的手段。

因此，“真正的”公众参与取决于在公众参与前，城市更新决策是否已经由强势的联盟制定完成，通过引入参与过程，公众只是象征地阶段性参与决策中不重要的部分，使整个过程全部合法化。其次，在参与后，决策方案是否根据公众所反映的内容而相应改变，满足公众的需求。

（二）研究问题与理论框架

总体而言，澳门特区城市更新较多是通过设计探讨片区发展策略及更新机制方面的研究[⑥⑦]。对于公众参与，更多的是探讨理论的发展及新城区城市规

① PEET R. Ideology, Discourse, and the Geography of Hegemony: From Socialist to Neoliberal Development in Postapartheid South Africa [J]. Antipode, 2002, 34（1）: 54–84.

② MUIR J. Public participation in area - based urban regeneration programmes [J]. Housing Studies, 2004, 19（6）: 947–966.

③ TÜRKÜN A. Urban Regeneration and Hegemonic Power Relationships [J].International Planing Studies, 2011, 16: 1+61–72.

④ FERILLI G, SACCO P L, BLESSI T G. Beyond the rhetoric of participation: New challenges and prospects for inclusive urban regeneration [J]. City, Culture and Society, 2016, 7（2）: 95–100.

⑤ HEALEY P. Collaborative Planning in Perspective [J]. Planning Theory, 2003, 2（2）: 101–123.

⑥ 龚恺 .“内”与“外”的改造：对澳门历史文化街区的一次城市更新设计 [J]. 城市建筑，2009（2）: 62–64.

⑦ 郑剑艺，费迎庆，刘塨 . 澳门望德堂塔石片区点轴式城市更新 [J]. 规划师，2015，31（5）：66–72.

划[①]、文化遗产保护方面[②]。社团作为澳门特色的一个团体组织形式，较少有研究探讨澳门社团在城市更新中的角色和意义。因此，本文试图运用以下理论框架在三个维度上对澳门公众参与进行剖析，并通过新桥区两个案例进行实证研究，佐证所提出的观点。

①宏观维度的政治、经济、教育和社会认同感；

②中观维度的制度指引；

③微观维度的各方权力与治理网络运作。

回答以下三个问题：1. 澳门公众参与发展受到什么因素影响及参与机制是什么？ 2. 社团在城市更新公众参与全过程中的作用是什么？ 3. 对澳门城市更新公众参与后期发展有何建议？

三、澳门公众参与情况

本节使用理论框架，试图从宏观、中观、微观三个维度去理解影响澳门公众参与的因素，这些因素推动了公众参与的发展。

宏观维度上，澳门的主权回归政治参与权利改变、经济快速发展、教育水平提升、社会认同感增加[③]影响着公众参与进程。政治方面在澳门回归前，葡萄牙人和土生葡人主导着殖民时期的行政和立法体系，语言沟通有限，因此造就了许多华人社团的成立，但公众依然很难参与公共决策中。回归后《基本法》确立的“澳人治澳”方针，使公众与政府间语言的障碍得以化解，极大地促进了公众参政议政的权利。除了政府管理，也需要社团这样的民间机构，共同维护社会的繁荣稳定。经济方面，有了中央的支持，内地开放港澳自由行等政策的影响，澳门经济水平得到跨越式的发展，人均 GDP 位于世界前列。政府财政收入持续增加，财政储备充盈[④]。为了促进旅游城市定位，城市美化更新项目纷纷动工，本文所列两个案例也是这个时期的。但经济的高速增长也带来了一些问题，人口密度过高、土地价格攀升、外来劳动

① 丁启安 . 协商治理视角下的澳门地区社团与规划公众参与［C］. 中国城市规划学会、重庆市人民政府，2019：852–859.

② 吴家权，谢涤湘 . 公众参与视角下的澳门文化遗产保护［C］. 面向高质量发展的空间治理——2021 中国城市规划年会论文集（09 城市文化遗产保护）. 中国城市规划学会、成都市人民政府，2021：435–446.

③ 林翊捷 . 以民间组织的视角探讨澳门城市规划公众参与及推广［J］. 城市规划，2014，38（S1）：111–116.

④ 盛力 . 回归后的澳门经济发展：成就、经验与展望［J］. 人民论坛，2020（1）：58 – 63.

力的涌入，城市空间发展不均，公众呼吁有关方面做出一些调整，这也间接地促进了公众参与的进程。教育方面，据 2011 年人口普查的数据显示，完成初中和高中，以及高等教育的比例分别为 49% 和 16.7%，比十年前分别增加了 11.1% 和 9.3%。学历水平提高，公众更加愿意讨论政府所制定的政策，懂得利用公共资源来维护自己的合法权益。社会认同感方面，申遗的成功，为公众带来了极大的社会自豪感，自发组织参与维护文化遗产；社区类社团长期根植于社区事务中，提升了居民之间的互动与联系。在旧区内，大部分为长期居住居民，邻里关系融洽，拥有很强的社区归属感，促进了公众参与的成功。

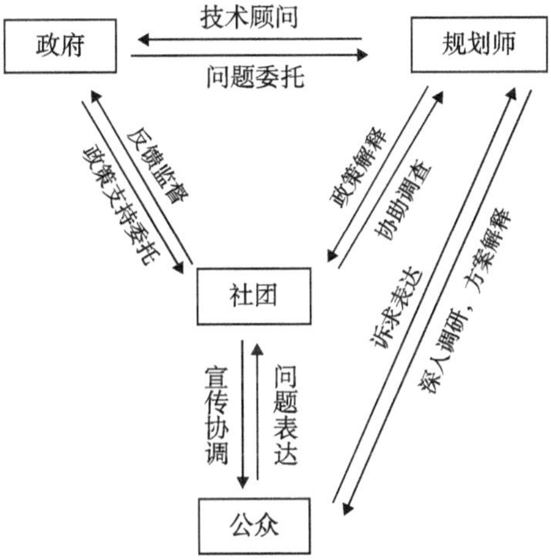

图 4-2　澳门城市更新公众参与机制

中观维度上，2011 年 8 月 5 日，澳门特别行政区《公共政策咨询规范性指引》(以下简称《指引》) 公布，目的是确立公共政策咨询服务的制度，以营造良好的咨询服务环境，鼓励市民的积极参与，并充分倾听市民的建议，从而有利于政府的施政。《指引》的制定实施，对特区政府职能部门认真做好咨询服务工作，提出了规范上的要求，从客观上促进了咨询服务工作的顺畅开展，也为政府部门及时掌握民意并出台相应政策措施和立法，提供了条件[①]。同时特区政府出台了一系列推动城市规划、旧区重整、更新公共和私人建筑、建立专业制度等的政策措施，2013 年出台《城市规划法》《土地法》《文化遗产保护法》，为城市更新奠定了基础。2016 年成立都市更新委员会，

① 冷铁勋．澳门特别行政区公共政策咨询的制度化建设 [J]. 中国行政管理，2017 (6)：108-111.

2019年成立澳门都市更新股份有限公司。2021年12月，澳门立法会表决《澳门都市更新法律制度》法案并全票通过。标志着澳门城市更新和公众参与进入一个新的阶段。

微观维度上，截至2021年，根据澳门身份证明局网站公示，在澳门注册的社团达1万多个。长期以来，澳门社团在社会发展中发挥着举足轻重的作用。从单一功能逐步转向多元功能，部分社团有至关重要的社会地位，承担着市民与政府之间沟通交流的纽带①、传承中华传统文化和支援国家发展、缓解社会矛盾和维持社会秩序的作用②。在城市更新中，社团也起着上传下达的关键作用，形成具有澳门特色的“社团咨询模式”，较好地平衡了公共决策的专业性与公众参与的普适性之间的潜在矛盾，成为“政治和社会稳定的堡垒”③。城市更新公众参与各方利益主体为政府、规划师、社团、公众（见图4-2）。从社团的人员构成上来讲，虽然在澳门社团为独立的治理机构，但大部分成员由小区居民构成，因此，可以更加深入居民内部，宣传更新改造方案，收集居民意见，挖掘居民的更新诉求并向政府和规划师协助表达。政府以监督者的身份，委托社团成为更新的牵头者；社团以良好的内部运行机制，更好地向政府提出居民的更新意愿④。规划师以政府代表的形式，作为专业顾问，参与更新的运作，为社团和居民提供政策方案的解释，在项目执行过程中与居民合力共建，但当更新过程结束后也随即离开。我们发现，在更新决策实施中，政府的决策传达至社团之后，由社团实际运作再向公众解释，虽然这样的机制在以往有效运行，但现在许多居民的利益诉求表达方式增多，更多地参与了社区之外的网络联系，所以，政府只对社团咨询，未咨询到所有公民个体的“社团咨询模式”惯性，随着社会的发展，凸显出一些弊端，造成冲突矛盾的发生。

因此，接下来通过澳门在城市更新中公众参与的两个实际案例，探讨与佐证澳门公众参与的机制与社团在公众参与环节中的角色与意义。

---

① 丁启安．协商治理视角下的澳门地区社团与规划公众参与［C］．中国城市规划学会、重庆市人民政府，2019：852–859.

② 孙艳艳，宁少林，孙东川．澳门社团在澳门和谐稳定中的地位思考［J］．理论探索，2006（1）：130–131.

③ LEE A. Challenges and Threats to Traditional Associations［J］. Governance and public policy in Macao, 2011: 75.

④ 刘敏诗．澳门城市更新中的公众参与研究［D］．泉州：华侨大学，2020.

四、实证研究

新桥区位于澳门半岛的西北面，紧邻沙梨头海边街和高士德大马路，毗邻望德堂区，历史上是传统的华人小区。全域面积约 49 666 平方米，现有人口约 47 547 人，人口密度较高。内部交通以三盏灯为中心，呈不规则放射状分布，道路狭窄，多为单向行车，公共泊位较少。建筑建造年限多为 30~40 年，以住宅商业混合为主，底层作为商业用途，居住环境较差。

（一）案例一：新桥公众参与街巷空间改造系列研究计划

2009 年起，针对永联台 / 华园新街、墨山巷、厚望街、施利化街、何光来巷及道咩卑利士围等街巷存在的问题，开展“新桥公众参与街巷空间改造系列研究计划”，政府、社团、民间规划师组成研究团队，通过实地调研、问卷调查、工作坊及公开展览等多元讨论形式，就公共空间、街道美化、绿化、步行环境等方面收集居民意见，本文以“墨山巷空间改造研究计划”为例。

1. 过程概述

（1）前期调研阶段：2009 年 3 月，运输工务司司长刘仕尧应新桥区坊众互助会邀请巡视该区及听取整治意见。刘仕尧表示街道改造计划方案由小区居民主动提出构思，再交由政府研究落实，有助于提高计划的认可度，可以解决很多沟通问题。4 月，土地工务运输局参考国外小区规划的实践经验，以小区居民参与为主导，委托新桥区坊众互助会牵头，与民间的规划师一起组成研究团队，深入到社区内部。研究计划阶段将以“墨山巷空间改造研究计划”为试点，分析墨山巷及周边街区的土地使用、公共设施分布情况和交通现状。团队开展为期三天的入户问卷调查，调查包括研究范围内的五栋居民楼，涉及住户约一百户、商户约二十户。

（2）规划工作坊阶段：2009 年 5 月，研究团队以居民关注的环境问题作为切入点，并设置屏幕电视、展板，将墨山巷空间改造方案的背景资料与前期调查问卷的分析资料展示给居民。在小组讨论的过程中，每组由一名团队成员带领一组居民进行研究讨论，居民可以在墨山巷的平面模型图上按照自己心中所想贴上相应的图案胶贴，构建心中未来改造后的空间环境。居民对墨山巷的空间改造提出了众多意见，对于这种发挥个人所想、自己有权就社区环境表达意见的工作坊，表现出很大的兴趣。6 月，于新桥花园设置展示板，向居民介绍三组方案以及工作坊居民现场设计的整治概念方案，供居民投票选择。

（3）实施建造阶段：2012 年 4 月，工程正式开工，标志着首个政府与社区合作规划项目顺利完成。

2. 小结

“新桥公众参与街巷空间改造系列研究计划”是一次由政府（土地工务运输局）委托，社团（新桥坊众互助会）牵头、与民间的规划师合作开展的城市更新活动。更新的顺利开展，也依托于新桥区居民长期互帮互助而形成的人情味。以由下而上的形式，通过现状调查、数据收集和分析、规划工作坊等互动方式，收集社区居民对街巷车位、绿化、休憩空间等方面的意见，和居民一同探讨改善社区环境的各种可能性。规划师也协助居民从专业的角度对街区现状及更新改造的可行性进行分析、评估，以增强居民意见的可实施落地性。通过这种深入社区内部软性介入的接触方式，达到优化社区空间、提升居民生活素质和促进公众参与社区规划的目的，是一次政府与公众分享规划决策的合作型公众参与。

（二）案例二：义字街整治计划

1. 过程概述

义字街位于澳门新桥旧区北部，是一条为数不多保留至今的平民商业街。过去虽然经常出现人车争路、小贩挡路的情况，但一直乱中有序、相安无事。政府在 2012 年初，着手开始整治义字街，将义字街分阶段建设成一条具日夜交替功能的用作“行人专区”及“行车道”的街道，并在道路中间设 3.5 米宽的通道，在行人专用时段不容许车辆进入，亦会以门口牌规范商铺占用公地和整理小贩摆卖等，希望将义字街变得安全有序。

图 4-3　行人通行时间

2012 年 2 月，政府就义字街整治方案，表示多次与十几个社团沟通听取意见，各社团均表示支持。2012 年 4 月，为了让公众加深了解义字街等五街整治计划的具体内容，政府在提督街市侧设展览介绍整治计划，并在三盏灯圆形地、墨山巷等地设置展板及模型以作展示，模型可清晰地展现整治计划的模拟效果。另外，政府也设置了“义字街等五街整治计划”专题网页，市民可随时通过网页了解整治计划内容。

图 4-4　小贩在商铺门口售卖

但在整治开始时，政府与商铺之间发生了矛盾，商铺怨声四起。矛盾起因有以下几点：（1）政府期望通过整治使义字街变得更加安全和方便消费。但商铺和居民则认为政府整治计划咨询不够，政府表示收到一千多份调查问卷及咨询社团代表，均支持整治计划，但商铺和小贩作为直接利害关系人却均表示未受到咨询。（2）商铺认为整治计划将“行人专区”8:00~21:00 设置时间过长（见图 4-3），市民下班后不可以驾电单车进入义字街购物，且附近未设置私家车、电单车停泊位，造成商家客流减少。（3）政府要求商铺在门口腾出一半空间允许小贩在此进行摆摊贩卖（见图 4–4），意味着商铺门前摆卖必须缩减，商铺认为此方案与小贩存在不公平竞争，纷纷表示坚决反对。

矛盾发生之后，多方力量调解，希望尽力减轻重整对商铺的影响。前立法议员多次提出书面意见；澳门商铺互助会、新桥坊众互助会等社团代表与政府座谈，提出改进意见，期望方便居民生活和增加该区客流量。但在 2012 年 7 月，政府依然执行了该计划。

2. 小结

从表面上来看，义字街整治计划是一次商铺不满政府改造措施的公共纠纷事件，商铺和居民批评政府在整治计划前咨询不足，做法不公平，人流大幅度减少，影响生意。他们不满的是作为整治计划的直接利益相关者，政府却未尊重他们的诉求。然而，从政府发布的相关数据信息中可以看出，政府在计划实施前做了大量的咨询工作，听取十多家社团代表的意见、设置展板公示计划，为何还会造成矛盾的发生呢？最有可能的解释就是“社团咨询模式”的惯性所导致的，政府认为在整治改造前，只要咨询了社团、专家，就代表了该项决策具备了专业性和合法性，但最终结果并没有向政府所预期的方向发展。

社团作为澳门协商治理体系中重要的一环，是政府与市民沟通的桥梁，使得政府决策可以顺利地执行。“社团咨询模式”在历史上也因此较好地平衡了公共决策在专业性和合法性之间的潜在冲突。但随着社会的日益变迁，市民教育水平的大幅度提高，“社团咨询模式”的局限性慢慢地显露出来。信息化时代，市民获取信息的渠道越来越广泛，社团并不是表达利益诉求的唯一渠道①。因此，实际上义字街整治计划是一个决策模式上未尊重所有利益相关者诉求引起纠纷的案例。

五、结论与建议

（一）结论

本文首先梳理国内外公众参与理论发展，探讨什么是“真正的”城市更新公众参与，“真正的”公众参与取决于在城市更新中，一方面公众是否全过

---

① 杨鸣宇 . 澳门公共政策咨询模式的比较与探讨［J］. 广东社会科学，2014（4）：91－97.

程地参与方案中，从方案的决策到落实再到后期的维护，而不是只允许公众参与其中一部分使整个过程合法化。另一方面，公众是否可以通过参与而改变城市更新决策，而不是被动接受。其次，通过理论框架从宏观维度的政治、经济、教育和社会认同感，中观维度的制度指引，微观维度的各方权力与治理网络运作剖析澳门公众参与的情况以及澳门社团在公众参与过程中的角色和作用。然后通过澳门新桥区的两个城市更新案例佐证澳门公众参与处于合作性参与阶段及“社团咨询模式”的局限性。“新桥公众参与街巷空间改造系列研究计划”的成功，取决于公众是否可以真正参与更新方案，并与规划师一起探讨方案的可行性，而“义字街整治计划”的失败，很大程度上在于公众未全过程参与政策咨询中，且更新方案未能满足公众的实际需求。

1. 社团成为连接政府与公众之间沟通的纽带

澳门社团在协商治理体系中起到上传下达的中介作用。一方面，社团作为非营利性民间机构，帮助政府将政策信息传递给公众，使得政策可以快速有效地执行。社团的中立身份亦可以起到监督政府、维护社会公平的作用。另一方面，公众由于认知水平存在差异，在城市更新决策中，无法准确理解决策中抽象、专业的概念，也不能合理表达真实的意图与权利，社团可以作为公众咨询的牵头者、组织者和协调者，完整地参与城市更新全过程，有效提高公众参与的广度和效率。政府、社团、公众三者之间的默契配合，维护了澳门社会和平稳定的发展。因此，澳门的公众参与处于合作性参与阶段。

2. 形成持续参与的良性机制

城市更新不同于其他的公共决策，是一个长期进行的过程。更新前需要了解公众的诉求及意愿，更新中需要公众的积极配合，更新后需要公众共同维护与治理。一般的咨询机构、工作坊在城市更新决策实施中介入，城市更新完成后便会离开，一方面不能充分了解居民诉求，另一方面没有与居民建立长期的关系、形成高效的互动。但社团却具有很强的在地性，不同种类的社团可以了解居民不同方面的需求，参与城市更新全过程，形成持续参与的良性机制。

（二）建议

1. 避免出现“社团咨询模式”的局限性

特区政府需要制定更加符合当前社会经济水平的咨询模式。“互联网 +”时代的到来，公众参与的模式可以变得更加多元化，完善社团咨询、专家咨询、工作坊、展板介绍、模型模拟等多样化的咨询手段，建立公众参与信息化平台，使政府、公众、规划师等所有利益相关方都可以在线互动交流。政府要不断提升意见反馈机制，维护社会公平和正义。

2. 尽快制定公众咨询的专门性法规

《公共政策咨询规范性指引》是目前澳门特区在公众参与方面的规范性文件，但其法律位阶较低，未形成一套标准化的公众参与模式，建议尽快制定相关法律法规，规范公众咨询的过程，使得城市更新政策方案的咨询有法可依，避免冲突事件的发生。随着澳门《城市规划法》和《都市更新法律制度》的实施，相信城市更新相关法规的不断完善定会助力澳门公众参与迈上一个新的台阶。

老旧小区改造中的公众参与秩序、伦理与逻辑
——以《向前一步》节目案例为例①

张力文　张杨　张城芳

摘要：相较于其他类型的城市更新，拥有复杂社会关系的老旧小区改造中公众参与问题更加突出，多元主体的协商与博弈贯穿其中，而成功的公众参与背后蕴藏着推动公众参与的伦理秩序与逻辑。本文选取《向前一步》节目中六个典型的老旧小区改造案例作为研究对象，发现在老旧小区改造中常涉及3种不同的改造类型，容易触发的协商矛盾焦点有3类，牵扯其中的利益主体共5类。并进一步剖析其中达成协商共识的关键因素，发现伦理秩序在推动公众参与过程中起着关键作用：其一，公共价值伦理是促进公众参与协商的关键因素；其二，增强社会资本是解决沟通矛盾的根本途径；其三，社会正义伦理推动达成协商共识。最后文中总结了城市更新中公众参与的基本逻辑，包括打造深度理性的沟通平台、构建面向有效协商的公众参与沟通模式以及强化社区责任规划师的角色定位。从社会学的视角审视公众参与问题，不仅对老旧小区改造中多元主体协商机制研究进行补充，也为城市更新中公众参与的路径提供了思考。

关键词：老旧小区改造；公众参与；伦理秩序；《向前一步》

---

① 基金项目：湖北省教育厅科学研究计划（编号：B 2020313）。作者简介：张力文，武汉华夏理工学院城乡规划专业，国家注册城乡规划师，讲师，系副主任；张杨，通讯作者，华中科技大学建筑与城市规划学院、湖北省城镇化工程技术研究中心博士研究生；张城芳，武汉华夏理工学院，博士，副教授，科研部部长。

一、引言

城市更新是一个复杂的过程，涉及物质空间、社会、经济甚至伦理等多重关系，其本质是利益的再次分配，与生活在其中的每个居民的切身利益休戚相关。老旧小区改造是城市更新中的典型类型，2020 年 7 月国务院办公厅印发《关于全面推进城镇老旧小区改造工作的指导意见》（国办发〔2020〕23 号），其中强调在改造管理方面，要搭建沟通议事平台，健全动员居民参与机制。公众参与作为城市更新过程中必不可少的工作内容，公众参与的广度和深度对于改造决策以及社区的可持续营造意义重大。

目前，关于城市更新中公众参与的理论与实践研究集中在公众参与的发展研究[①]、公众与多元主体利益关系研究[②③]、公众参与的模式研究[④⑤]、公众参与的动力研究[⑥⑦]，针对城市更新过程中的经典案例[⑧]，也有不少相关研究。但总体来看，针对近两年城市更新过程中实证案例的研究较少且缺少对相关学科理论的借鉴。

基于社会学视角及相关理论，本文选取《向前一步》节目案例作为实证案例，探究老旧小区改造过程中公众参与的内在机制。《向前一步》是一部聚焦公共领域，在市民与城市管理者之间搭建沟通平台，帮助解决社会民生难点痛点的节目。自 2018 年在北京卫视播出以来，至今已播出近 200 期，成功解决了社会生活中涉及公共政策、公共领域的各类问题。老旧小区改造作为城市治理过程中的热点难点，相关案例在节目中出现多次，生动、直观、真

① 秦波，苗芬芬．城市更新中公众参与的演进发展：基于深圳盐田案例的回顾［J］. 城市发展研究，2015，22（03）：58–62+79.

② 王书评，郭菲．城市老旧小区更新中多主体协同机制的构建［J］. 城市规划学刊，2021（03）：50–57.

③ 郤艳丽，白梦圆．老社区改造决策中的多元主体博弈与平衡：以北京市某社区改造为例［J］. 规划师，2015，31（04）：48–54.

④ 陈伟旋，王凌，叶昌东．广州市老旧社区微更新中公众参与的模式探究［J］. 上海城市规划，2021（06）：78–84.

⑤ 黄志基，韩丹，易成栋，等．社会网络视角下城市更新治理模式比较与机制优化［J］. 城市发展研究，2022，29（03）：15–25.

⑥ 龙腾飞，顾敏，徐荣国．城市更新公众参与的动力机制探讨［J］. 现代城市研究，2008（07）：22–26.

⑦ 李德智，谷甜甜，朱诗尧．老旧小区改造中居民参与治理的意愿及其影响因素研究——以南京市为例［J］. 现代城市研究，2020（02）：19–25+41.

⑧ 谢涤湘，朱雪梅．社会冲突、利益博弈与历史街区更新改造：以广州市恩宁路为例［J］. 城市发展研究，2014，21（03）：86–92.

实地展现了其公众参与过程中各方利益主体以及利益主体内部之间的矛盾，为解决矛盾开展的沟通、协调与博弈，以至最终达成一致的全过程。通过节目可视化的集中展示，可以清楚地洞悉各类人群真实的想法，了解其中达成共识的要义，以及背后折射出的价值、伦理驱动。

二、案例概况

（一）案例的选取

《向前一步》节目中展现了大量社会生活中的真实事件，其中关于城市更新过程中出现的社会民生问题的事件众多，包括拆迁安置以及棚户区改造的争论、文物腾退过程中的冲突、拆违和老旧小区改造问题，等等。在节目大量的真实事例中，首先选择其中与老旧小区改造有关的案例，按照改造内容的不同，初步确定其中有代表性的改造案例有 3 类，分别是原拆原建、综合整治以及专项项目的改造。其次，选取每种类型中公众参与问题更为突出、更具有普适性和代表性，同时参与主体丰富且特点鲜明的事例作为研究对象。最后，在选择成功达成协商共识事例的同时，也挑选了一个未能在节目中协商一致的案例，作为对比案例，能更清晰全面地分析、辨识公众参与的真正机制。因此，综合上述考虑，本文最终选取了《向前一步》中六个具有代表性的案例作为研究对象，研究案例所在地均位于北京。

（二）案例基本情况介绍

六个案例涉及 3 种在改造过程中容易出现矛盾焦点的改造类型，分别是原拆原建、综合整治以及专项项目的改造。在六个案例中，居民因为各种质疑而不同意改造，节目将项目相关利益主体汇聚一堂，试图通过协商达成一致，这一公众参与的沟通过程真实地展现在了节目中。案例一是朝阳区劲松社区一区 114 号楼危旧楼拆除重建项目，案例二是白纸坊地区的右安西里 3 号楼抗震加固综合整治项目，案例三是石景山区古城街道十万平小区老旧小区综合整治项目，案例四是大兴区旧宫镇的红星养鸡场宿舍小区老旧小区综合整治项目，案例五是海淀区清华东路 27 号院北太平庄街道四栋楼上下水改造项目，案例六是通州区西营前街 8 号楼增设电梯项目（见图 4–5）。

案例一：北京市朝阳区劲松社区一区 114 号楼危旧楼拆除重建项目

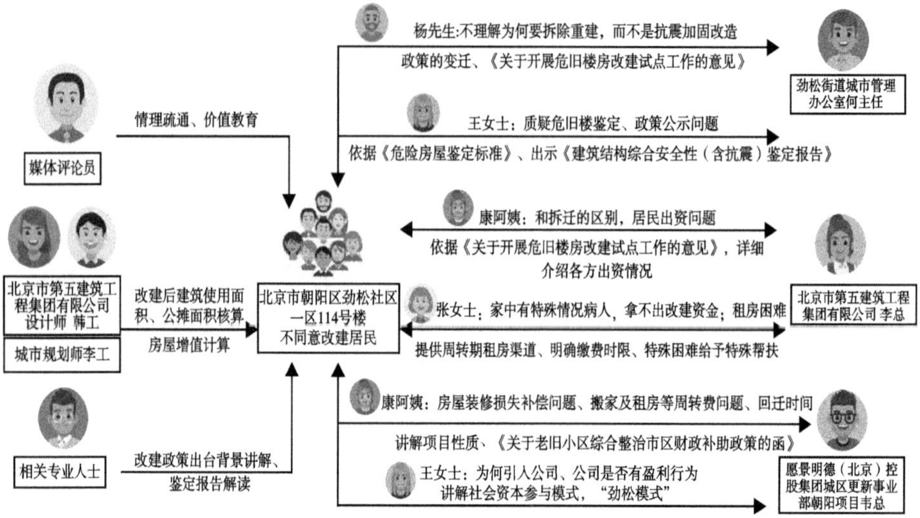

案例二：白纸坊地区的右安西里 3 号楼抗震加固综合整治项目

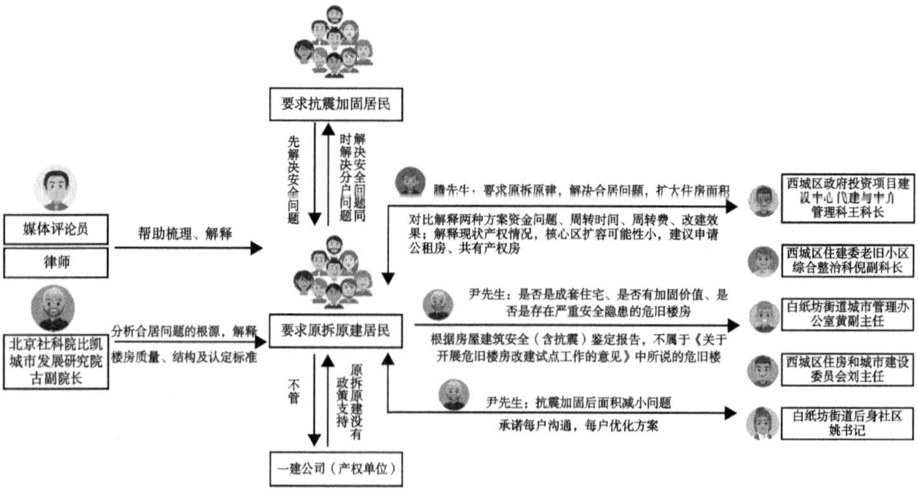

案例三：石景山区古城街道十万平小区老旧小区综合整治项目

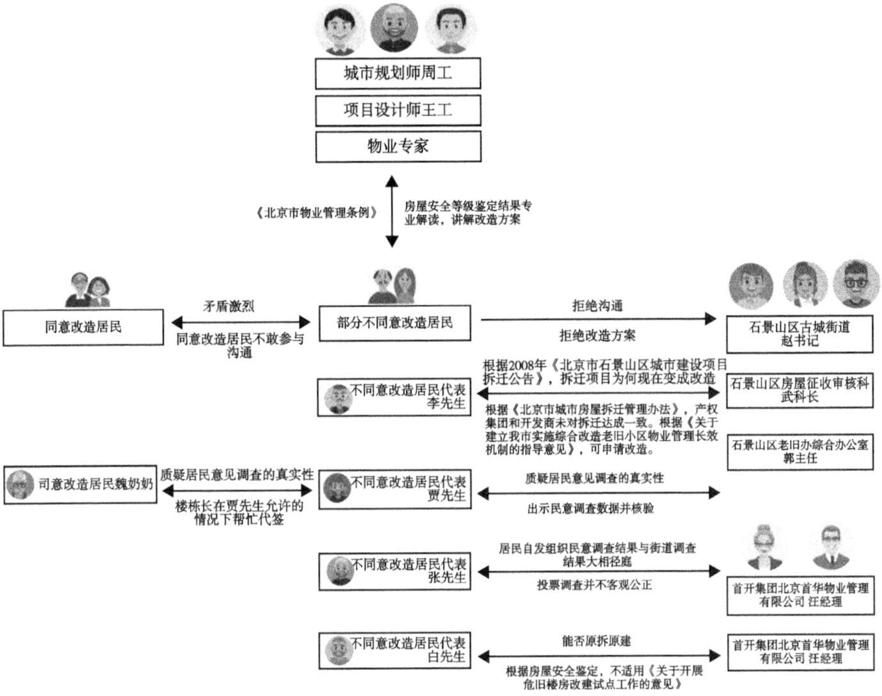

案例四：大兴区旧宫镇的红星养鸡场宿舍小区老旧小区综合整治项目

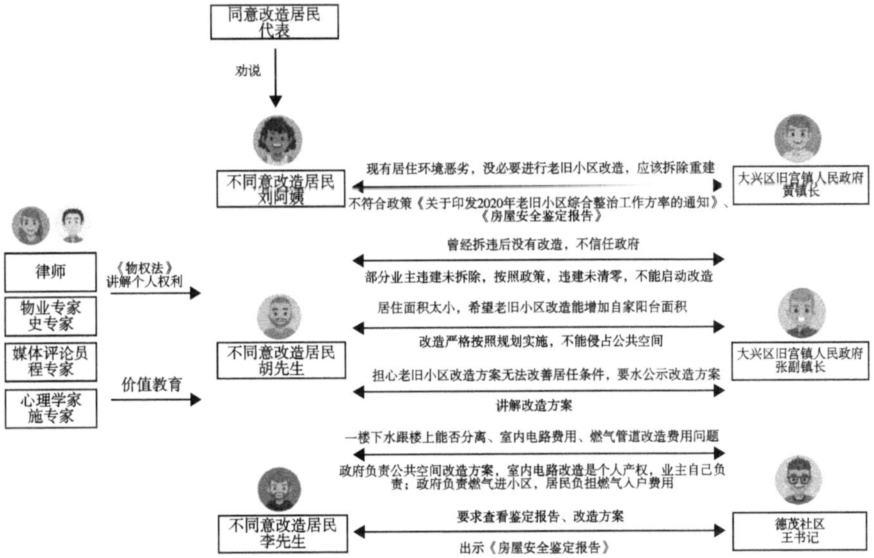

案例五：海淀区清华东路 27 号院北太平庄街道四栋楼上下水改造项目

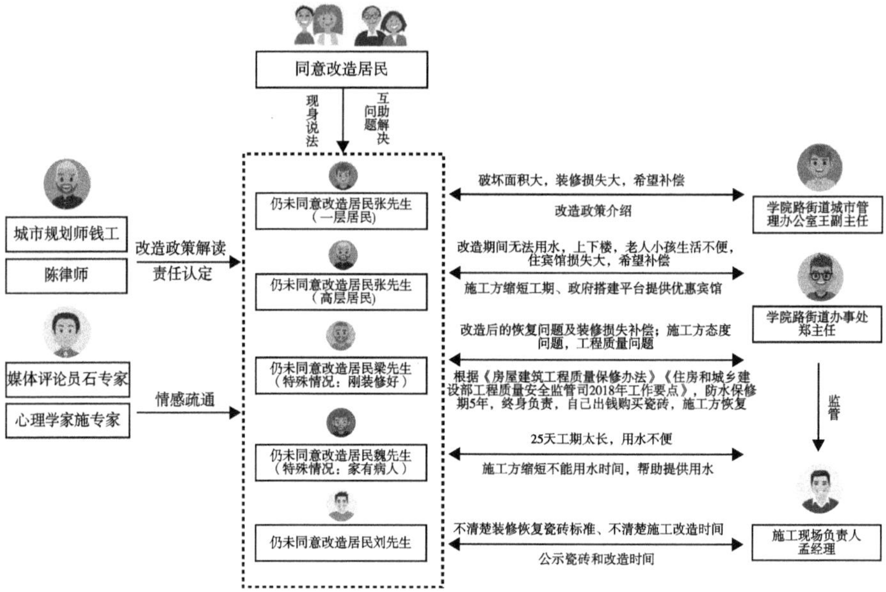

案例六：通州区西营前街 8 号楼增设电梯项目

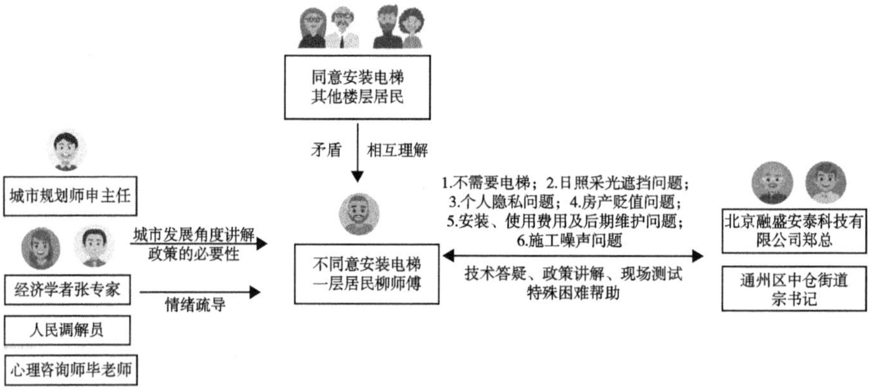

图 4–5　六个案例沟通过程图示

案例一和案例二是关于原拆原建类的改造项目，案例三和案例四是老旧小区综合整治项目，但案例四中涉及供水供电供气等基础类专项改造内容。案例五和案例六则是专项项目的改造。将六个案例的公众参与沟通过程通过图示形象细致地展示出来，为后续深入的分析提供依据。

（三）案例中公众参与沟通模式初探

将案例的沟通过程进一步地简化和抽象，得到了其中反映不同的利益主体之间的关系模式图。案例一中围绕着 114 号楼“不同意改建居民”，街道办事处、产权单位五建集团和社会资本愿景集团就居民提出的相关质疑展开沟通，城市规划师、设计师补充讲解，最终达成一致。案例二中“要求原拆原建居民”和“要求抗震加固居民”由于立场不同而相互制衡，社区、街道和住建部门对居民们的疑虑逐一解答，最终获得协商一致。案例三中十万平方米小区的改造中，只有“不同意改造居民”到场，同意改造居民和不同意改造居民由于矛盾冲突激烈，仅在电话里接受了采访。街道、住建部门、产权方物业公司与不同意改造居民开展沟通，比较遗憾的是沟通未能达成一致。案例四中参与沟通的主体只有居民和社区、镇政府部门工作人员以及相关专家，主要由政府部门与居民进行协商，最终协商成功。案例五和案例六中居民和电梯安装公司、施工单位是两大主要沟通主体，沟通内容也主要针对安装改造过程造成的影响展开，同样，协商也顺利达成一致（见图 4-6）。

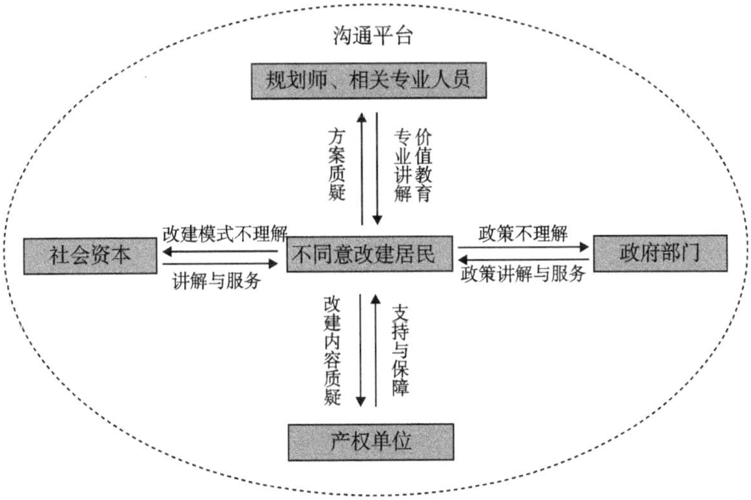

案例一　主体互动关系模式图

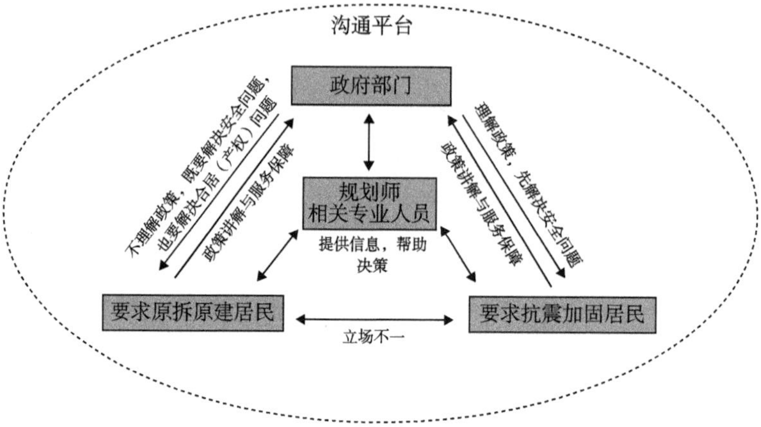

案例二　主体互动关系模式图

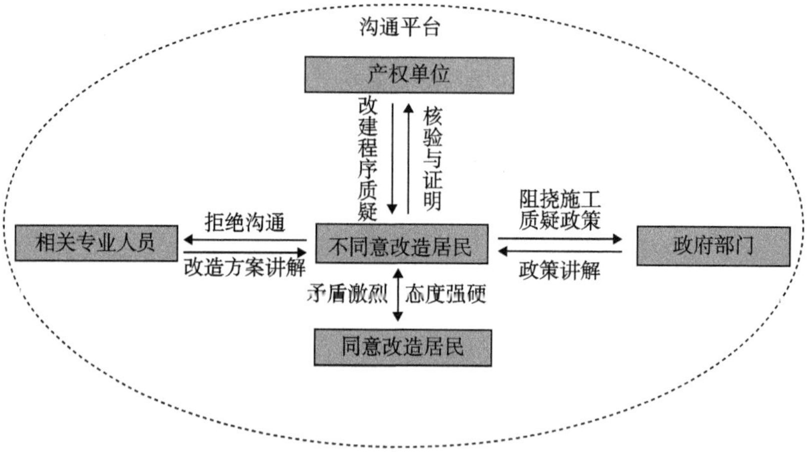

案例三　主体互动关系模式图

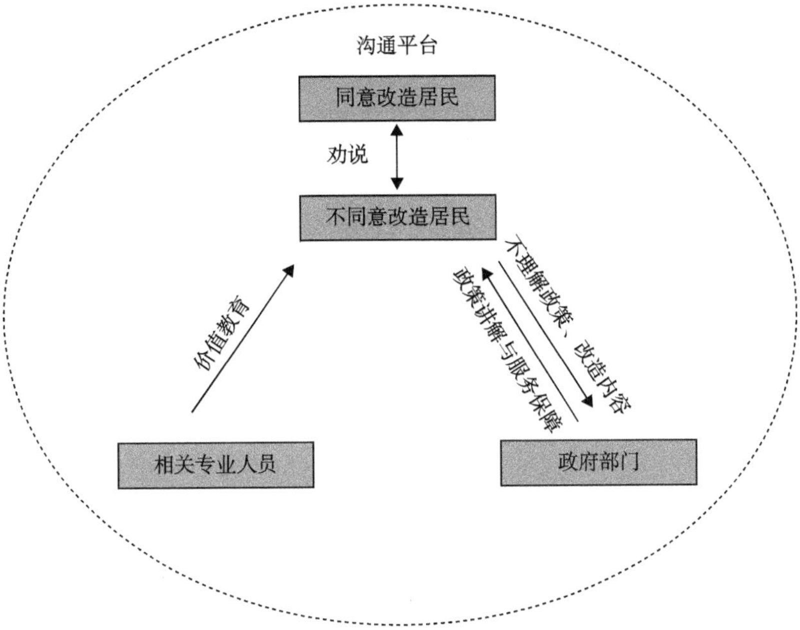

案例四　主体互动关系模式图

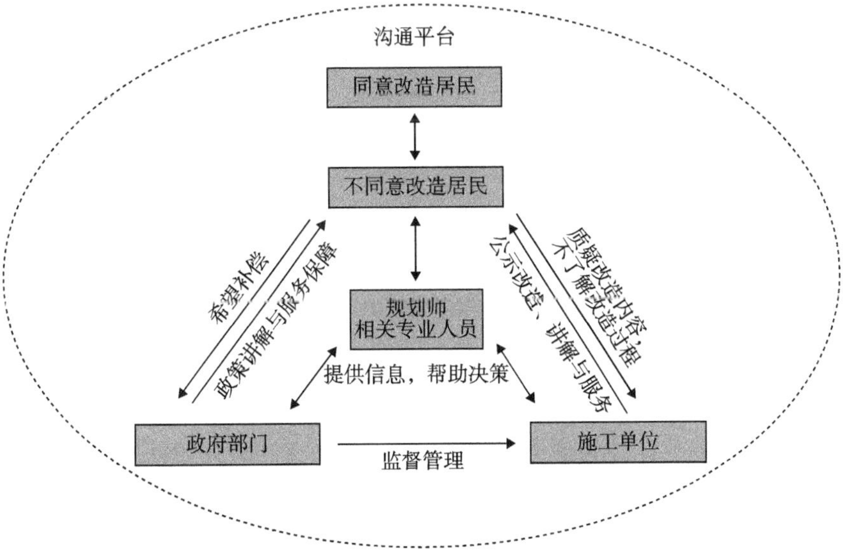

案例五　主体互动关系模式图

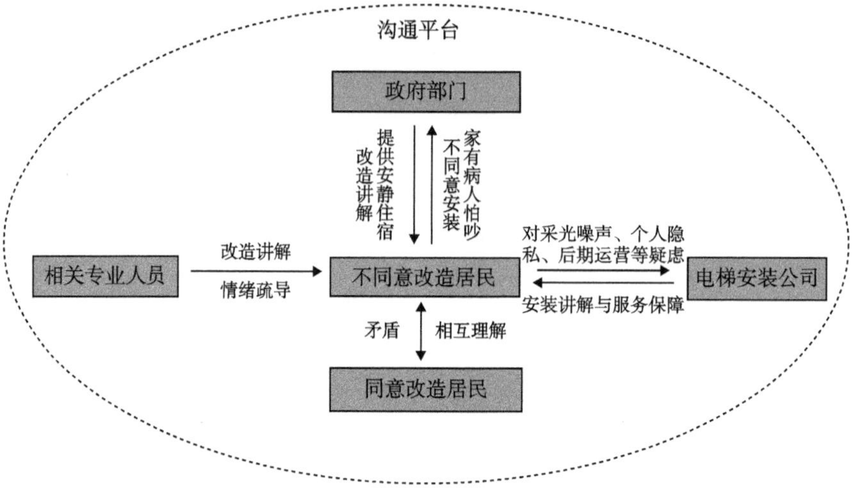

案例六　主体互动关系模式图

图 4–6　六个案例主体间互动关系模式图

三、公众参与中沟通协商秩序分析

为了深入探析案例中公众参与的特点，开展进一步的分析与解读，梳理 3 种不同改造内容中出现的协商矛盾争端，发现其中常出现的矛盾焦点 3 类，涉及的利益主体 5 类。

（一）多元利益主体及其作用分析

通常情况下，在研究城市更新中各利益相关者之间的博弈及协商沟通时，会分为政府、开发商和居民三大类①。然而，通过梳理研究案例发现，老旧小区改造涉及的沟通主体的多样性与复杂性远不是这三类可以概括的。老旧小区改造中的利益主体分为 5 类，包括：居民、政府部门、建设方、社会组织和产权单位。

首先，除了居民、开发商和政府部门之外，由于历史原因，大部分老旧小区改造中还涉及产权单位，如案例一中的五建集团和案例二中的一建公司，

① 郤艳丽，白梦圆 . 老社区改造决策中的多元主体博弈与平衡：以北京市某社区改造为例［J］. 规划师，2015，31（04）：48-54.

而产权单位由于自身发展状况的不同，在老旧小区改造中的态度和发挥的作用会影响沟通博弈的过程。案例一中的五建集团积极配合改造，为改造出资、为居民服务，而案例二中的一建公司在改造过程中的参与度则较低，整个改造的矛盾焦点也正是围绕着由于房屋产权带来的居住面积过小的问题。

其次，社会组织也是老旧小区改造中的重要主体之一，这类主体包括城市规划师、相关专家学者、新闻媒体、非政府组织（NGO）等。在六个案例中，城市规划师、相关专家学者和新闻媒体都参与了改造沟通，并在其中发挥了不小的作用。而主持人以及电视节目本身就代表了新闻媒体在改造过程中的参与。城市规划师通常从城市发展角度对改造更新项目进行解释，同时也承担着一些专业问题的解读。相关专家学者在六个案例中出现较多，包括律师、心理咨询师、人民调解员甚至经济学者、媒体评论员等，他们除了给予政策建议之外，还在情感疏通、价值教育方面起到了较好的引导作用。

同时，作为政府主导的保障性安居工程，在老旧小区改造中，传统意义上的房地产开发商并不作为主要的主体存在。在六个案例中，物业公司、设计单位、施工单位、电梯安装公司、装修公司等是改造工程施工、实施的利益主体。案例一的劲松社区一区 114 号楼危旧楼拆除重建项目中，还存在一个特殊的主体——愿景集团，该主体不仅在改造中出资，也承担着规划设计、施工建设以及后期的运营服务，这是“劲松模式”主导下社会资本的引入与参与。这一类利益相关主体统称为“建设方”。

最后，政府部门和居民这两类主体在案例中出现的方式也非常多样。政府部门除了社区、街道办事处、地方政府之外，还包括地方住房和城乡建设部门、自然资源部门、政府投资项目建设中心等，其中，地方住建部门涉及的科室包括城市更新部门、老旧办等。而居民类型可以分为同意改造的居民与不同意改造的居民，这两类中间又包括愿意参与沟通、起着代表作用的“社区意见领袖”。

总的来讲，协商矛盾往往出现在居民内部以及居民和政府部门、建设方、产权单位之间，在六个案例中，社会组织往往作为中间人、协调者，以中立的态度出现。

（二）公众参与中的协商矛盾焦点

根据改造内容的不同、现状情况的差异，每个改造项目围绕着特色鲜明的各类主体，矛盾焦点也呈现出不同的特点。

沟通矛盾的最大焦点是关于改造性质的确定。在案例一、二、三、四中，确定为原拆原建项目的居民质疑“为何不直接进行改造”，确定为改造项目的居民又质疑“为何不拆除重建”甚至希望整体拆迁，这类矛盾在案例三中表现得非常激烈，不同意改造居民甚至是拒绝改造方案的态度。伴随着对于改造政策的不理解，居民往往还会对改造过程和改造内容质疑。表现在案例一、案例二中，居民对房屋安全鉴定结果产生怀疑，案例三中居民则质疑民意调查的真实性，案例四中居民担心改造方案的效果，案例五中居民质疑工程质量等。

沟通矛盾的第二个焦点是关于居民出资以及补偿问题，这类沟通矛盾点包括对于居民出资部分改建资金的质疑、房屋装修损失补偿问题、搬家及租房等周转费用问题。而在专项项目改造中这类矛盾更加突出，并且在居民这类主体内部呈现出截然不同的需求。案例五、案例六的上下水改造和加装电梯中，底层居民和高层居民的利益诉求分化非常严重，一楼居民在上下水改造过程中需要破坏的面积更大，电梯加装过程带来的噪声、采光以及个人隐私影响更大，因此往往不同意改造或者要求相应的补偿。而在上下水改造过程中，高层居民在施工期间受到的影响更大，也提出补偿要求。同时在改造结束后，高层居民房产的增值和一层居民房产的相对贬值又会加剧这一对抗矛盾点。

沟通矛盾的第三个焦点是部分特殊居民的特殊诉求。案例一中不同意改造的居民家中有特殊情况病人，难以拿出改建资金。案例二中右安西里 3 号楼有半数左右的居民处于合居的状态，居住面积十分拥挤，而对外墙抗震加固后带来的面积进一步减少的问题让居民难以接受，同样的诉求也出现在案例四。案例五和案例六中也同样存在特殊病人，而改造过程对于病人的影响较大。

四、推动公众参与达成协商共识的机制分析及伦理价值

在《向前一步》节目中，各方利益主体或其代表不断地抛出问题，并就这些矛盾冲突点开展深入的沟通，最终获得协商共识，走向合作共赢。而支撑这一过程的原因机制、价值理念及伦理秩序才是理性有效的公众参与的关

键内容。

（一）公共价值伦理是促进公众参与协商的关键因素

面对沟通矛盾的焦点一，在六个案例中相关主体均通过政策的细致讲解和专业技术深入浅出的分析来消除居民们的疑虑。居民质疑“改造还是拆迁还是原拆原建”，政府部门相关管理人员解读《关于建立我市实施综合改造老旧小区物业管理长效机制的指导意见》《关于开展危旧楼房改建试点工作的意见》等相关文件中的政策要求；居民质疑“危旧楼房的鉴定结果”，政府部门或产权单位则出示鉴定报告，并请物业专家等专业人士现场认定，再由城乡规划师或设计师详细地分析房屋的现状质量及结构；居民质疑“改造方案”，施工单位和设计单位讲解改造内容和时间安排；居民质疑“噪声干扰”，施工单位会详细分析电梯安装过程中的噪声分贝值，并通过实际测试进行真实的情景还原；居民质疑“民意调查的真实性”，物业公司会公开选票结果并接受核验。在案例中，通过理性、细致的有效沟通，居民能够消除疑虑并认可改造项目。

但面对矛盾焦点二，政府部门在解读了政策文件和详细的改造模式、各方出资情况后，并不能完全得到居民的认同。例如在案例一和案例三中，部分居民会下意识地与拆除重建类城市更新项目的“拆迁政策”进行比较。而在案例五和案例六中，一层居民相较于其他楼层损失更大却没有政策支持的经济补偿。城市更新本身所具备的对于空间利益再次分配的属性，让人们在面对利益时，产生了由于对比而出现的不平衡心理，这种心理阻碍居民们同意改造方案。从伦理视角审视，老旧小区改造并不是以经济利益和个人利益为目标，相反是为了社会的整体利益，公众参与的沟通过程应始终把公共利益放在首位，帮助居民了解公众利益与个人利益的边界也是沟通的核心内容之一。因此，对于这些政策条款及技术规范条例之外的内容需要更深层次的沟通，而情感疏通、价值教育是面向沟通共识的路径。

在六个案例中，社会组织承担了这样的功能，一方面，规划师解读老旧小区改造政策制定的背景，通过政策的变迁帮助居民了解与大拆大建时期的城市更新相比，作为惠民工程老旧小区改造的目标是对公共领域的改造，无法满足所有个性化的需求，使居民慢慢理解政府与个人的权利与边界。同时，规划师会从城市发展、城市职能性质的角度，明确建筑面积和容积率为何不能增加。另一方面，各类相关专家学者会从心理学、社会学角度再次对居民的情感价值进行引导和修正，明确个人利益和公共利益的区别与联系。

在多元主体的沟通过程中，政策上与技术上的沟通固然重要，但价值上的沟通更是推动沟通走向共赢的关键因素。通过价值教育，建立公共意识、普及公共价值、联系公共情感，加强居民对于城市、社区的认同感，唤醒居民对于城市的记忆，最终在老旧小区改造空间上寻求一致。

（二）增强社会资本是解决沟通矛盾的根本途径

价值教育在协商过程中能够发挥重要作用，离不开社会资本在价值观和行为准则层面的约束。在案例五沟通协商过程中，有一个特别的现象，一层居民张先生由于改造对于家里破坏面积大导致装修损失大而要求补偿，但这部分补偿措施在现有的政策文件中是没有的，所以沟通始终未能达成一致，甚至在沟通过程中张先生几度欲离场，拒绝再次沟通。但是当其他几位居民代表在现场沟通达成一致后，在没有任何进一步沟通的情况下，张先生主动要求签约，并愿意自己承担所有装修损失。在该案例达成协商共识的过程中，社区居民在长期交往中形成的信任、拥有的默契起到了关键作用，而这种无形的力量可以用“社会资本”来解释。

帕特南在《使民主运转起来》中定义了“社会资本”这一概念，“社会资本指的是普通公民的民间参与网络，以及体现在这种参与中的互惠和信任的规范”①。弗朗西斯·福山在《大分裂：人类本性与社会秩序的重建》中提到，社会资本就是“一个群体之成员共有的一套非正式的、允许他们之间进行合作的价值观或准则”②。简而言之，社会资本的存在为社区居民提供了一种基于“一致同意”的伦理准则和价值观念。在上述案例五的沟通过程中，现场的居民数次就改造过程中的难题提供个人解决方案，如“改造期间愿意帮助高层居民运送水”“帮助联系酒店商会提供便宜住宿”，这种互帮互助、相互谅解的公共精神正好说明该社区拥有较高的社会资本，而社会资本也成了最终促使所有居民达成共识的关键因素。因此，在社区治理的过程中要重视社会资本的培育，培养居民共同价值和契约精神，真正做到“内外兼修”。

---

① 俞可平 . 社会资本与草根民主：罗伯特·帕特南的《使民主运转起来》[J]. 经济社会体制比较，2003（02）：21–25.

② ［美］弗朗西斯·福山 . 大分裂：人类本性与社会秩序的重建［ M]. 北京：中国社会科学出版社，2002：18.

（三）社会正义伦理推动达成协商共识

沟通矛盾中的第三个焦点是居民中比较特殊但又不能忽视的一类群体——社会的弱势群体，这类群体被约翰·罗尔斯称为“最不利者”。约翰·罗尔斯从《正义论》开始探讨“公平的正义”，并提出两条正义原则，其中第二条原则被称为差别原则：“社会和经济的不平等被调解，使得人们有理由指望它们对每个人都有利”①②，要求一个社会的不平等分配应该倾向于弱势群体，对处于社会最不利地位的人最有利。

追求空间正义的价值观是老旧小区改造公众参与中的需要遵循的伦理秩序。在案例中，对于“最不利者”的关怀随处可见，而这也促使了各方主体进一步达成协商共识。案例一中，对于家有特殊情况病人、拿不出改建资金的张女士，街道工作人员为其提供特殊的帮扶；同样，案例五中，对于家有病人的魏先生，施工单位根据施工流程，尽可能缩短其不能用水的时间，并承诺在断水期间提供送水服务；而对于案例六中家住一楼、家有病人害怕噪声的柳师傅，街道也给予了特殊困难帮助。最终，这几位“最不利者”成功地达成沟通一致。倾听弱势群体的声音、维护最不利者的利益、营造正义的社会氛围成了助推协商共识的最后一步。

通过对案例的深刻剖析，发现公共利益价值观、较高的社会资本以及社会正义伦理构成了三条通往沟通共识的方法。但案例中唯一一个未能达成一致的案例三也同样值得进一步去思考，案例三中不同意改造的居民恶意阻挠施工，态度强势以至同意改造居民不敢出面沟通。因此，在道德伦理之外，也需要法律的手段来约束少部分人的行为。

五、老旧小区改造中公众参与逻辑的相关思考

老旧小区改造作为城市更新中的重要类型，其中牵扯的公众参与问题更加复杂突出，虽然案例中的协商大部分最终达成了一致，但也是经历了重重矛盾，由最初的反对、抗议改造到最终的达成一致，这也给老旧小区改造过

---

① 甘伟，巫溢涵，周钰．罗尔斯公平观视角下的美国城市更新策略研究：以亚特兰大环线再开发为例［J］．中国园林，2019，35（10）：77-82.

② 程世礼．评罗尔斯的正义论［J］．华南师范大学学报（社会科学版），2002（05）：23-26.

程中的公众参与问题提出了新的思考。除了伦理价值层面的因素外，公众参与应当遵循什么样的逻辑？如何在改造之初就能顺利地推动公众参与？

（一）打造深度理性的沟通平台

随着“市民社会”公众意识的不断觉醒以及公众参与逐步纳入政策体系，公众参与逐步贯穿城市更新的各个环节，如前期的政策宣传、民意调查，改造过程中的方案公示、征求意见会、座谈会等。在北京市《关于开展危旧楼房改建试点工作的意见》中就明确提到“改建意向征询、方案征询需经不低于总户数三分之二的居民同意，方可开展下步工作”，“改建项目范围内不低于 90% 的居民同意签订改建协议后，协议方可生效”等公众参与的相关规定，可见公众参与已经明确纳入了政策文件之中。然而在研究案例中，发放调查问卷、公示设计方案等公众参与方式完全按照政策规定执行，但公众参与的矛盾却仍然频频发生。

雪莉·阿恩斯坦在论文《市民参与的阶梯》中将公众参与分为 3 个阶段 8 个阶梯，3 个阶段分别是：无参与、表面参与和深度参与[①]。按照阿恩斯坦的阶梯理论，案例中所采用的公众参与方式均停留在第二个层级，即“表面参与”的阶段。在这个阶段，公众参与改造的方式包括“咨询”“通知”，因此，才会出现“公示的文件没有看见”“随口答应同意改造”等一系列的问题，而真正促使公众参与达成一致目标的正是节目提供的深度沟通平台。在节目中，各相关利益主体被邀请至同一空间面对面展开交流，真正实现了阶梯理论中的深度参与。在这里，居民可以真实地说出内心的想法与疑虑，甚至可以提出不满并直接质疑政府部门的工作，而政府部门也可以敞开心怀，真诚表达改造工作的内容以及必须遵守的政策底线，多方不断地对抗但又互相理解相互退步，最终，在多方理性的沟通下达成有效的协商。特别需要提到的是，各方参与主体在沟通过程中始终抱着以解决问题为目标的理性态度，是促成有效沟通的重要前提。

（二）构建面向有效协商的公众参与沟通模式

在每个老旧小区改造的过程中，由于改造的内容不同、参与的主体不同、

---

① 刘红岩 . 国内外社会参与程度与参与形式研究述评［J］. 中国行政管理，2012（07）：121-125.

面对的现实问题也不同，每个改造案例都有其独特的公众参与沟通模式，但从这六个案例中，我们仍然可以看到相对成功且成熟的公众参与的沟通模式。首先，在一个良性的沟通模式中，相关各方利益主体都应积极加入沟通，包括居民、政府部门、产权单位、建设方和社会组织。在案例四中，由于设计单位和施工单位的缺席，曾一度给沟通顺利进行造成了不小危机。其次，居民毫无疑问也是沟通中最重要的一方，在沟通中应当作为决策者和其他各方共同决定规划，但由于改造项目会涉及一系列的专业问题，通常居民也是问题的提出者。社会组织一般作为沟通的促进者推动沟通的进行，而建设方和政府部门一方面作为政策的讲解者，另外一方面也共同服务居民以期达到改造的最佳效果。最后，除了居民之外的主体除了不断地与居民发生互动之外，政府部门也是建设方的监督者和管理者，而社会组织在某种程度上也对政府部门和建设方起到了监督作用（见图 4–7）。

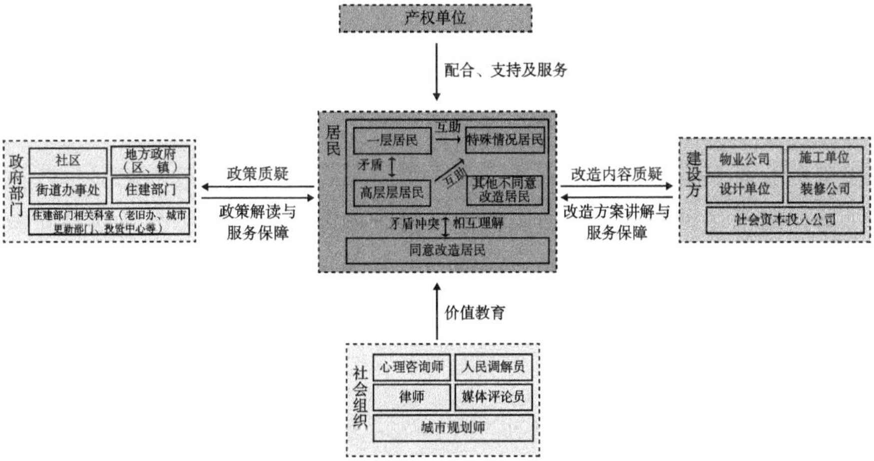

图 4–7　公众参与协商模式图

（三）强化社区责任规划师的角色定位

20 世纪 70 年代，哈贝马斯提出的交往理性理论将公众参与向沟通式规划转向，与此同时，关于规划师的角色地位也开始出现转变。大部分学者认为，规划师不仅仅是一位技术专家，更应该是规划的倡导者、促进者和协商者。

在这次研究案例中，由于其性质的特殊性，大部分的协调工作是在媒体的促进下完成的，规划师在里面的作用仍然是以技术顾问居多。然而在其他的众多老旧小区改造中，规划师应该担当起排解困难者、调解斡旋者以及解释者[①]。正如福利斯特在 1999 年《协商实践者：促进规划参与过程》中所说“规划师并非权威的问题解决者，而是公众关注程度的组织者（或干扰者）”[②]。随着当前责任规划师制度的建立，规划师除了学好专业技术知识之外，更应该做好一个倾听者以及沟通者，发挥自己的专业优势协调参与各类矛盾的调解，在各种不同的主体、不同的价值观之间寻求解释。

六、结论

以《向前一步》节目中的案例为研究对象，从社会学角度深入剖析了城市更新过程中的社会关系与伦理秩序，梳理了其中存在的伦理问题，强调了公共价值观、社会资本、公平正义伦理在推进公众参与改造决策过程中的作用，除此之外，也不能忽视理性、有效的沟通环境，公众参与模式以及责任规划的角色在公众参与过程中的效用。

随着老旧小区改造进程的深入，其面临的矛盾问题也在不断变化，改造内容也由最初的局部改造、加装电梯等逐步演化为充电桩停车位等的困扰，在《向前一步》近几期的节目中，甚至看到了已经完成改造的老旧小区在运营一段时间后出现新的公众参与问题，而这些是老旧小区改造公众参与过程中需要持续关注的。从社会学、经济学等视角关注老旧小区改造，也势必会为公众参与问题提供新的解决路径。

---

① FORESTER J. Reflections on the Future Understanding of Planning Practice [J]. International Planning Studies,1999,4（2）：175–194.

② 孙施文，殷悦 . 西方城市规划中公众参与的理论基础及其发展 [J]. 国际城市规划，2009，24（S1）：233–239.

历史街区改造网红化现象浅析
——以广州市永庆坊为例[①]

田琦　黎斌

摘要：移动互联网时代，“网红化”现象在社会生活的各个维度越来越普遍。本研究将历史街区改造与“网红化”两个概念相结合，以广州永庆坊为研究对象，在新媒体时代的背景下探讨网络对城市更新的影响，运用空间生产和城市营销的理论分析历史街区改造网红化的现象和成因。研究发现，“网红化”是商业逻辑主导的城市更新不可避免的驱动机制，同时也影响了街区经济与文化的不平等、日常生活空间的被压缩和审美的单一化。

关键词：城市更新；网红化；永庆坊

一、引言

我国城市发展正由增量时代转向存量时代，而存量时代中城市新旧断裂的普遍性导致了城市更新往往伴随着历史文脉丧失、城市发展与日常生活脱离等诸多问题。近年来，互联网发展迅猛，各大平台的推送不断涌入人们的视野，不少城市为了提升城市竞争力，运用互联网技术不断占取大众的注意力份额，在互联网中不断扩大影响力。同时在当下的后疫情时代，大众对于网络的依赖性不断增强，网络成为最主要的信息来源，网红群体迅速崛起，对于大众生活的影响越来越深刻，各种“网红店铺”“网红打卡地”层出不穷，城市空间已经成了网络空间的附庸。

---

① 作者简介：田琦，澳门城市大学城市规划与设计专业研究生；黎斌，澳门城市大学助理教授，研究方向：城市更新、城市治理和中俄城市比较。

聚焦到历史街区，其具有历史真实性、生活真实性与风貌完整性三大特征[①]，不仅是当地建筑风貌的重要参考，也是当地居民日常生活的生动反映，这些有形、无形的文化都是历史街区宝贵的所在，而在互联网时代，历史街区为了迎合当下的流行趋势，不断地丧失独有的原真性，“网红化”不断蔓延。同时在文旅融合的大背景之下，历史街区的商业化改造已经成为大势所趋，居民的日常生活空间转变为吸引游客的消费空间，同时在网络媒介迅速崛起的情况下，历史街区的空间结构也不断受到网络影响，加之网络的瞬息万变空间形态也在不停改变。作为一种重要的文化资源，历史街区在时代浪潮之下不断面临着开发、改造的事实，那么在互联网的影响之下该如何保护和利用就成为学术界一直关切的问题。

为了引起对历史街区网红化的重视，本文将城市更新与“网红化”两个概念相结合，以空间产生理论和城市营销的视角分析历史街区改造网红化的现象和成因，并以广州永庆坊为研究案例，探讨在互联网时代的背景下网络对历史街区更新的影响。

二、研究现状分析与理论基础

在互联网时代视域之下，“网红经济”“网红业态”等不断渗入历史街区的改造之中，基于互联网的传播特性，不少历史街区出现了同质化的现象，近年来，已经开始有学者研究网络对于城市更新的影响，主要聚焦在以下几个方面：一是在网络影响下城市更新的新特点，例如李鹏的研究发现网络对城市空间演化的影响具有去中心化、扁平化、集成化和再中心化[②]；陈虹等的研究发现在网络的影响下社会组织会出现自组织、扁平、多元和碎片化的趋势[③]。二是在网络影响下城市更新的空间生产逻辑改变，例如罗震东的研究表明，在网络的作用下新产业空间出现的过程不仅是实体空间的聚集，也是虚空间的聚集[④]。两者相互促进，从而推动地方产业发展。

---

① 阮仪三，孙萌．我国历史街区保护与规划的若干问题研究［J］. 城市规划，2001（10）：25–32.

② 李鹏．互联网发展影响实体城市研究评述与展望：来自城市规划视角［J］. 城市发展研究，2021，28（12）：55–61.

③ 陈虹，刘雨菡．“互联网 +” 时代的城市空间影响及规划变革［J］. 规划师，2016，32（04）：5–10.

④ 罗震东．新兴田园城市：移动互联网时代的城镇化理论重构［J］. 城市规划，2020，44（03）：9–16.

以上是基于互联网对城市的影响，那么在互联网之下网红的兴起之于城市的研究相关文献较少，多是对网红空间的特质进行研究，如张家淇从地方依恋的视角研究了广州市网红打卡地与城市空间的关系，并运用 ArcGIS 对广州市的网红空间进行核密度、邻近指数等空间分析，研究发现广州市的网红打卡地呈现“两轴两主三副”的多中心分布格局[①]；梁曼丹等人通过提取代表性的打卡贴、评论等数据进行词频分析，总结出了在老城更新中的网红效应生成机制和空间构建的共同特质[②]。在中国知网以“网红化”和“历史街区”为主题词进行搜索，总结如下：王艳霞在文旅融合的视角下研究了网红化历史街区的更新策略，研究发现随着网络热度的提高，历史街区的文化成为空壳，网红化现象严重，并提出了要把文旅融合的思想始终贯彻在更新过程之中[③]。同样在王艳霞的另一篇研究中以“网红经济”为切入点，分析了短视频的流行对历史街区改造的影响及特征，提出了“网红景点”视频对于历史街区活化的良性促进作用和“网红经济”下的历史街区更新策略[④]。

再聚焦到国外，在 Google scholar 以“influencer”为关键词进行搜索，结果大多是有关网红营销及其对消费者的影响[⑤]，再以“influencer、city”或者“influencer、city renovation”为关键词进行搜索则没有相关文献，通过对相关文献及资料分析发现：虽然国外的互联网普及较早，且网红出现的时间也比中国早，但并没有像中国一样发展为全行业的网红经济。例如美国的网络红人更多依靠广告变现，欧洲的网红发展起源于时尚博主，更多依赖品牌赞助而并没有像中国的电商网红一样创办自己的品牌，那么作为具有中国特色的网红化现象，对此进行深入研究还是十分具有现实意义的。

在网络时代之下，城市更新网红化新现象的出现还没有引起学界足够的重视，相关文献并不充足，大多都基于表面的探讨，例如空间特征等，由理论架构的底层逻辑探究还有欠缺。

---

① 张家淇 . 广州市网红打卡点空间特征与地方依恋研究 [D]. 广州：广东工业大学，2022.

② 梁曼丹，鲍英华，朱云萍，等 . 老城更新中的网红空间特质与生成机制研究 [J]. 山西建筑，2022，48（16）：31–36.

③ 王艳霞，贺婉清 . 文旅融合视角下过度网红化历史街区再更新策略研究 [J]. 湖北第二师范学院学报，2022，39（07）：39–46.

④ 王艳霞，贺婉清，陈蕾伊 .“网红经济”视域下历史街区更新规划策略研究 [J]. 建筑与文化，2022（07）：175–176.

⑤ GRETZEL U. Influencer marketing in travel and tourism. In Advances in social media for travel [M].Tourism and hospitality. Routledge, 2017: 147–156.

三、相关概念界定

（一）网红化

“网红”一词最初意为“网络红人”，是指依靠网络拥有名气和造成影响力的人群。随着近年来互联网不断地发展，“网红”一词已经不仅仅再局限于个人，已经延伸到了各个领域，例如“网红城市”“网红美食”，等等，但其走红的核心依旧是伴随着社交媒体的推动。而“网红化”作为在网红不断发展过程中的一种现象，学术界目前尚未对此现象有清楚的定义。笔者参考相关文献和研究[①]，将“网红化”定义为：为了达到吸引大众关注度的目的，持续收集网络中的流行元素，不断更新原有形式；或将自身通过网络平台打造成网红的过程。网红化是一个不断更新的过程。

（二）城市更新网红化

目前，不少城市在更新过程中注意到了网络的影响力，为了激发更新片区的活力，不断地把网络中的流行元素引入城市更新的项目之中，以期能在网络上造成一定的影响力，并带来相应的人流量，达到积累资本的目的。因此，将“城市更新网红化”定义为：在城市更新的项目中，为了获取利益，激发地区活力，通过将项目本身打造为网红；或者将网络流行元素持续引入项目当中的过程。城市更新网红化同样也是一个持续更新的过程。

四、实证研究：广州永庆坊更新路径分析

（一）案例选取

本文在研究之初通过发放网络问卷和线下问卷的形式，对到访过永庆坊的游客进行了有关业态偏好、满意程度、网红化程度等方面的调查，共计发放问卷 134 份。

在参与问卷填写的游客中，有约 67%（90 人）的游客认为永庆坊是广州必去的“网红打卡地”（见图 4–8）；有约 77%（104 人）的游客表示自己是从网络中获取到有关永庆坊的信息的。而在这 104 人中，有约 73%（76 人）的

① 毋冰洁 . 内容型网红经济商业模式及其发展研究［D］. 郑州：郑州大学，2017.

游客是从抖音、小红书、微博等社交平台获得的该信息（见图 4–9）。问卷结果显示，从游客感知和网络热度上来看，永庆坊具有网红化的倾向，因此本文选取永庆坊作为此次的研究对象。同时，文化和旅游部在 2022 年 1 月发布了关于国家级旅游休闲街区名单的公示，全国共有 55 条历史街区上榜，其中广州永庆坊也榜上有名，国家政策的扶持与导向也给永庆坊带来了发展机遇。

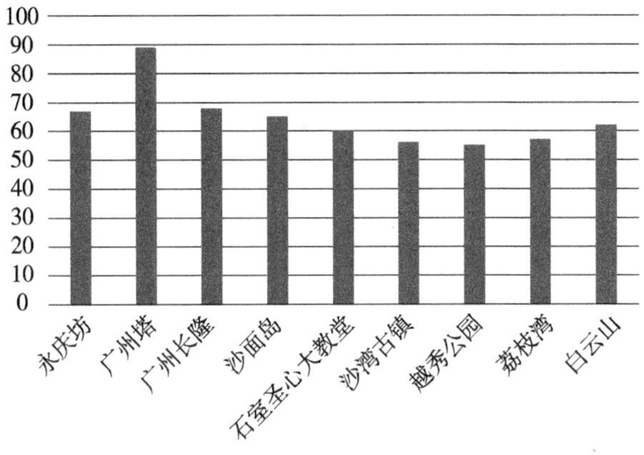

图 4–8　游客前往广州“网红打卡地”的意愿图

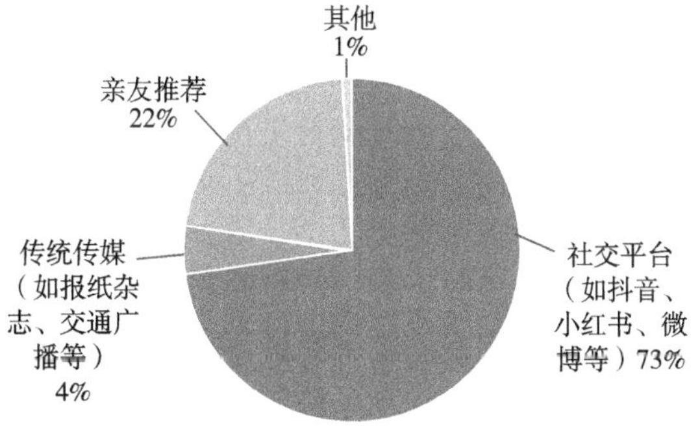

图 4–9　游客获取信息渠道分布

（二）永庆坊案例背景

永庆坊紧邻广州恩宁路，具有十分浓厚的广州老西关风情，是岭南文化的发源地。恩宁路从清代开始兴起，片区内有大量的历史建筑，街道的肌理保存也较为完整，是广州至今保留最完整的骑楼古街，同时与上下九步行街、荔枝湾等旅游景区相接，地理位置优越。

2006年广州市开始了新一轮的旧城改造，恩宁路地块成了广州第一个微改造的试点项目。恩宁路的改造历程大致分为四个阶段：政府主导阶段、社会各界参与阶段、自主更新阶段和现在的BOT模式阶段[①]。

（三）资本介入下的网红化模式

BOT模式（Build-Operate-Transfer）是私人机构与政府之间达成协议，由政府进行权力下放，允许私人机构在协议时间内投入资金建设、管理和经营。在永庆坊案例中，政府通过公开招标将经营权转移给万科公司，由万科公司建设以及运营，并给予万科公司15年的经营权限，其间的所有收益都归万科公司所有，协议期满后需无偿归还给政府。

由上述可知，永庆坊的改造在资本介入下开始，政府放权充分给予了资本的高度自由。根据相关报道[②]，永庆坊改造成本在每平方米1万元，改造面积为7000多平方米，计划总投资1亿多元，据估算，仅建筑成本的回收周期就长达12年半。但万科公司在15年内不仅要收回成本，还要实现利益最大化。再加之永庆坊内部分建筑属于历史保护建筑，不允许引进重油烟排放的业态，这也进一步限制了业态发展。因此，如何快速实现利益最大化成了万科公司要解决的首要问题。

（四）吸引流量：文化背景下的空间生产

空间生产理论认为空间不仅是一个物质实体，更具有政治和经济的意识形态。城市空间的生产又是资本、权力等政治经济要素对城市的再塑造[③]。伴随着科技的进步和全球化的发展，西方世界开始将生产中心由物品转向空间，他们发现空间的生产已经成了资本快速积累和利润最大化的重要途径[④]，开始对城市中的物质、经济、社会等空间进行整合，使之成了新时代下资本主义发展的动力之一。列斐伏尔也曾提到：空间生产的本质是一种政治行为。空间生产中的矛盾，就是想要获取利益的资本方与想要消费空间的大众之间的

---

① 陈楚宇．广州恩宁路永庆坊微改造模式研究［D］．广州：华南理工大学，2018.

② 万科永庆坊改造：每平方米投入1万元12年才能收回成本 | 每经网［EB/OL］. 2022-8-10. http：//www.nbd.com.cn/articles/2017-10-20/1155301.html.

③ 叶超，柴彦威，张小林．“空间的生产”理论、研究进展及其对中国城市研究的启示［J］. 经济地理，2011，31（03）：409-413.

④ 季松．消费时代城市空间的生产与消费［J］. 城市规划，2010，34（07）：17-22.

矛盾，也就是利润与需求之间的矛盾，而这种矛盾的表现就是政治斗争[①]。但这种矛盾在历史街区的网红化改造中得到了很好的解决。

在永庆坊的改造中，政府的政策制定和资本的投资对改造的影响至关重要。历史街区的文化传承是突出地方特色、传承文化的重要手段，同时也是空间创新在文化层面的重要支撑。永庆坊所在街区是广州最长、保存最完好的骑楼街区，李小龙故居也坐落于此，因此，作为资本眼中的“稀缺”资源，永庆坊的改造将“老西关风情”作为最大亮点进行精准定位，对建筑立面进行保护、整饰，强化岭南建筑风貌，突出地方特色，身临其境体验西关风情成为最大的亮点。粤剧博物馆的修建也进一步提升了该地区的文化氛围。

与此同时，当下社会也是消费升级的时代，大众对于消费的理念不再局限于“量”，反而更加注重“质”，对于商品内涵的消费逐渐凸显。在此背景之下，空间的生产也就不再局限于从前的以量多取胜（例如开多家分店以占取市场份额等），而是更专注于产品的独特性以及内涵（例如某某品牌城市首店或者品牌文化）。这样的空间生产方式若是放在底蕴深厚的历史街区之中，那么该品牌将会有“历史文化”作为加持，从而更有助于打造品牌内涵。因此，历史街区的空间生产范式就转变为了以网络信息为驱动机制，即在更新时进行网络营销，大力宣传，以期在网络中造成一定的影响力，或者在更新之后依旧持续收集网络中的流行元素，进行持续更新，从而实现利益最大化且循环往复。长此以往，历史街区的更新也就不断地陷入网红化的境地。

（五）制造流量：流量影响下的业态选择

进入互联网时代之后，互联网的传播力以及影响力与日俱增，公众的消费模式和行为模式等在互联网的影响下发生改变。以抖音、微博、小红书等为代表的媒介成为公众获取信息的主要途径，出现了消费模式、行为模式被网络流行模式所引领的现象。互联网作为信息的主要出入口，在城市更新的过程中起到不可忽视的作用。特别是在“文化自信”被提出之后，大众对于中华文化的自豪感不断攀升，不少历史街区在更新的过程中依靠网络来进行宣传，而资本则披着“文化”的外衣进行商业运作，从而吸引更多的关注。

---

① 张京祥，邓化媛．解读城市近现代风貌型消费空间的塑造：基于空间生产理论的分析视角［J］. 国际城市规划，2009，23（01）：43–47.

通过对永庆坊的调研发现，业态主要分为以下几类：餐饮类、零售类、体验类、服务类，其中餐饮类主要包括咖啡店、奶茶店、酒吧等，零售类主要包括文创店、书店、服饰店等，体验类包括手作体验店、展览馆等，服务类包括酒店、民宿等。综上，可以很明显地看出永庆坊内的业态具有明显的消费空间的典型特征——为了迎合年轻的消费群体，选择了具有高度主题化、符号化且年轻人喜爱的业态。

其次，网红在如今的语境之下具有年轻化的趋势，永庆坊的开放式空间带有很强的公共属性，年轻游客是空间的使用主体，也是消费的主力军（见图 4-10）。在精神层面，在"文化自信"提出之后，整个社会对文化的自豪感有了整体提升，游客群体更愿意去具有丰富历史背景的古迹区游览①。在物质层面，主题明确、个性鲜明的景点更加能抓住年轻人追求新鲜感的心理，吸引年轻人前来"打卡"。同时在消费中也更加注重购物体验，对内涵的追求也更高（见图 4-11）。

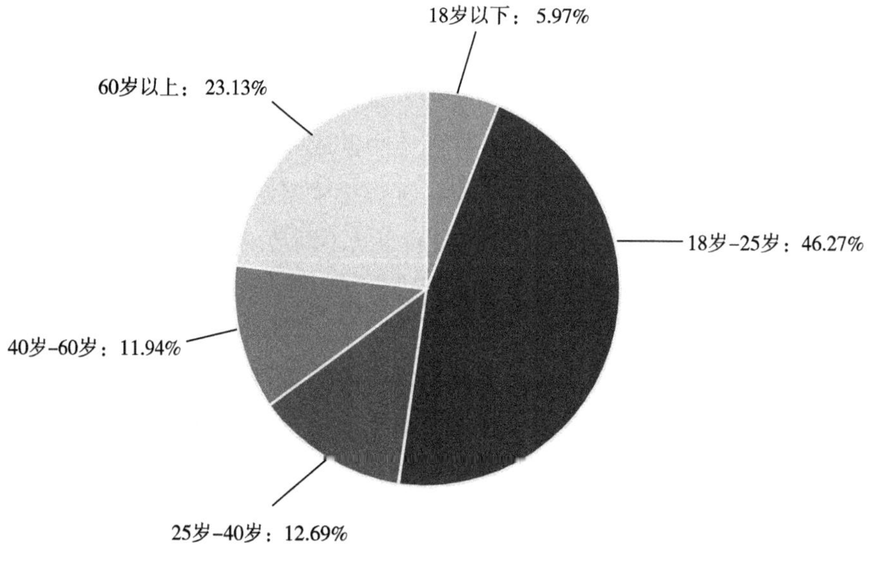

图 4-10　永庆坊游客年龄分布

① 吴必虎，唐俊雅，黄安民，等. 中国城市居民旅游目的地选择行为研究［J］. 地理学报，1997（02）：3-9.

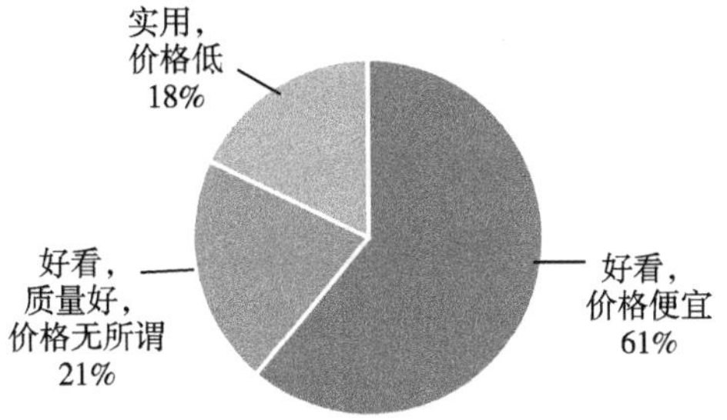

图 4–11　永庆坊游客消费偏好

正是抓住了游客群体的这一特点，为了迎合游客群体的需求，从永庆坊的业态可以看到，不少在网络中具有知名度的品牌，如喜茶、钟书阁等都同样以广州老西关风情为背景，打造具有西关风情的特色店铺，吸引大众。

2018 年习近平总书记前往永庆坊视察，提到了“让城市留下记忆，让人们记住乡愁”，媒体进行了报道。无形中永庆坊大大提升了知名度，网络讨论量也随之增加，大量游客慕名而来，零售店的租金也随之上涨，达到了每月 170~200 元每平方米，这无疑对业态的选择提出了新的挑战。

（六）保存流量：营销活动下的流量维持

首先，当下城市之间的竞争越来越激烈，为了吸引更多的资本，许多城市开始把城市营销作为竞争的手段之一。为了提高竞争力，城市更新是必经之路，互联网的发展也给城市营销拓宽了道路，各种短视频平台通过大数据将视频精准推送给目标人群，使人人都成了传播者。目前许多城市正在运用网络平台，将自身独特的城市形象推广给大众，扩大知名度。例如西安的大唐不夜城，重庆的洪崖洞等城市营销的成功案例。网络推广因其成本低、宜传效果好的特点被不少城市所采用。

其次，在“人人自媒体”的时代，话语权逐渐趋于平民化和大众化，公众对于事物的不同态度和见解很容易引发讨论，非官方的个性化解读将城市的空间意向塑造得更加丰富，进而引发更多的情感共鸣和新一轮的传播①，不仅获得了良好的话题讨论度还降低了营销成本。

最后，为了保存流量，永庆坊先后策划了许多面向各个群体的主题活动，

① 王月．抖音“网红城市”的形成机理及传播效果刍议：以西安、重庆为例［J］．西部学刊，2019（02）：103–106.

比如针对年轻人的文创市集，针对儿童的文化体验，等等。据统计，从2021年至今举办了有大小15个主题活动，例如，2022年6月的表演艺术月持续时间长达一个月，每天在不同时段、不同地点都有不同形式的艺术表演供游客免费观看，对游客来说有持续不断的吸引力，对永庆坊来说也是源源不断的客流量。2022年广州美术学院的毕业展览在永庆坊展出，这不仅提升了永庆坊的文化艺术氛围，也对流量的维持是很好的范例。同时为了白天与夜晚的流量持平，永庆坊二期还打出了“朝叹晚蒲”的标语，不少店铺在白天作为咖啡店或者文创店等经营，在夜晚变成酒吧、live house以持续对游客群体保持吸引力，从而更好地留存流量。

五、历史街区网红化影响

（一）经济与文化失调

在改造过程中，业态和租金得以提升，把积累的资本用于历史建筑的维修与保护无疑是一件好事。但若过度“消费”历史文化，一味地经济先行那就有悖于历史街区更新的初衷。历史街区的更新必然伴随着业态的提升，对该地区的活力、品质和环境等的改善都有积极的一面。但以社会公平的视角来看，我们不可否认它对原本该地区人群的生活具有破坏作用。原住民的日常生活同样也是一种无形的文化，把当地居民的传统生活转变为“资本空间”和“消费空间”，喜茶、星巴克等品牌通过协同战略将本土化的生活场景转化为全球性的消费空间，将产品地方化，通过网络大力宣传，打造网红产品，试图提升街区的“品位”和“氛围”，进而吸引了更多大型连锁品牌入驻，如此发展，可能终会带来经济与历史文化的不平衡。

（二）原真性丧失

一座城市是为人的城市而不是为资本的城市，网红化的发展吸引了大量人流，挤压了居民的日常生活空间，而一个历史街区集中体现了该地区的文化底蕴和生活方式，大量网红模式的出现，对该地区原本的日常生活产生了极大的影响。

原真性不仅是一种视觉形象，它其实是由建成环境所反映的一系列社会活动。网红模式下所谓的“原真性”只是“挪用”了一段具有代表性的历史，并人为地加以浪漫化的想象进行重塑。大量的文创店、咖啡店等新型业态的入驻，对历史街区内的传统业态形成了挤压，削弱了该地区的多样性。

（三）审美导向的改变

随着互联网对大众生活的影响越来越深刻，网络中的流行元素对大众审美也具有引导作用，因此，在城市更新中就应该考虑丰富更新形式的多样性，而不是一味地复制网络中的流行元素，制造转瞬即逝的“拍照背景”，成为“表皮主义”的助推者，盲目跟风终将会消磨掉历史街区独有的特性。

六、总结

在互联网时代的大背景下，“网红化”的历史街区改造是“科技赋权”的新实践形态，是网络不断发展的必然结果，同时也是商业逻辑主导的城市更新不可避免的驱动机制，但历史街区的改造不应该只在资本的逻辑下主导发展，而是应该同时兼顾人文，兼顾普通人的日常生活，此时作为网红化的空间就应该带领大众走出网络，去感受城市的人文魅力，从而激发城市活力，而不是简单地吸引人流前来打卡成为一次性景观。让大众了解历史、宣传历史，提升文化自豪感，这才是城市更新的意义所在。

综上，网红化应当是具有丰富性且具有良好导向的，尝试对人类生活、社会等起到积极促进作用的一种模式。既然网红化的趋势已然形成，那么如何结合当下中国的实践经验，发展出符合时代的，带有正确导向和良好发展的道路，是我们需要持续思考和解决的问题。

第五篇　城市更新运营治理

城市更新项目的运营前置与策划规划统筹[①]

丁伟　刘辉　路伟

摘要：随着我国城市开发建设方式从粗放型外延式发展转向集约型内涵式发展，从房地产主导的增量开发建设逐步转向以提升城市品质为主的存量提质改造，城市更新正式成为新时期中国城市建设与高质量发展的主旋律。然而，由于城市更新面对的现实条件多样、利益主体多元、实施动机与目标迥异，城市更新项目面对的总体策划、存量规划、投融资、工程建设与招商运营都不再是孤立的局部问题或某一专业和行业的技术问题，城市更新项目的复杂性和系统性特点使其在规划技术、运营模式、组织方法、机制创新等方面成为我国专家学者、政府及各利益主体研究和探索的重点。本文从城市更新的系统性出发，研究探索了在城市更新实践过程中，如何通过运营前置和规划集成的策略与手段，推动形成动态重复博弈局面，更好地保护民众权益，协调投资主体、建设方与运营主体之间的利益矛盾与冲突，进而编制更具科学性、可行性和持续性的城市更新实施方案。

关键词：城市更新；系统理论；博弈论；规划集成；运营前置

一、引言

（一）城市更新实践是典型的系统性问题

城市更新是一种将城市中不适应现代化城市社会生活的地区做必要的、

---

① 作者简介：丁伟，北京国际工程咨询有限公司技术总监，高级工程师，主要从事产业研究、园区建设运营、产城项目策划规划等规划咨询工作；刘辉，中国中建设计研究院有限公司城市规划设计研究院院长，主要从事城市规划设计研究工作；路伟，北京国际工程咨询有限公司云南分公司总经理，主要从事产业研究、园区规划、项目咨询等工作。

有计划的改建活动，以实现城市空间形态和功能的整治提升与焕新发展。一方面，城市是一个有机的整体，城市更新不仅涉及物质空间的提质、自然景观资源与人文资源的结合，还包括物质空间和经济文化之间的协调发展，以及交通系统、公共空间、商务设施、教育医疗等各子系统的配套融合。同时，在城市更新实施过程中更是面临政府、投资方、施工方、规划方、物业运营方、产权单位、社区、居民等多元主体、多层面的协同合作与利益冲突等问题。另一方面，政府引导、多元主体投资、渐进式、市场化改进已成为城市更新项目的显著特征，城市更新成为一个影响大区域城市肌理且连续不断进行系统性生长和改善的过程。由于城市更新项目资金需求大、涉及利益主体多、改造运营周期长等特点，我国多地政府明确提出鼓励并引导市场化主体和社会资金参与城市更新活动，构建政府与居民、社会力量合理共担改造资金的工作机制，鼓励金融机构参与投资城市更新基金。在严格控制大规模拆除和重建的政策要求下，城市更新项目很难实现一次性开发平衡或短期内的投资平衡，渐进式更新、混合更新、运营收益平衡成为城市更新的主基调，以老旧小区综合整治改造为代表的城市更新项目面临摆脱财政依赖，由“开发方式”向“经营模式”转变，这要求城市更新项目不仅要构建系统的改造实施商业模型，还要考虑改造区域的城市功能调整与经济发展逻辑，通过自主“造血”走出一条长效治理和可持续更新之路。

（二）我国城市建设往往以建设逻辑为主

改革开放以来，我国城市化进程高速推进，大量城市扩张与新城建设推动了以土地开发、地产建设为主导的城市建设模式。在大规划的城市开发建设过程中，资本的意志更多地占据了主导地位，政府出于近期业绩考虑，往往更加关注项目投资的短期回收和投资建设逻辑的成立，对大量项目的后期运营和可持续发展重视不足。2021 年 8 月，住房和城乡建设部《关于在实施城市更新行动中防止大拆大建问题的通知》提出，转变城市开发建设方式，坚持“留改拆”并举、以保留利用提升为主，严管大拆大建，加强修缮改造，注重提升功能，增强城市活力。鼓励推动由“开发方式”向“经营模式”转变，探索政府引导、市场运作、公众参与的城市更新可持续模式，吸引社会专业企业参与运营，以长期运营收入平衡改造投入，支持项目策划、规划设计、建设运营一体化推进。然而，政策上的调整与要求无法在短期内改变建设行业长期形成的思维方式与惯用模式，特别是在以工程主导的项目中，还无法形成可以与投资方或工程方相抗衡的参与主体和势力，这将对城市更新项目的公平性、公益性和持续性造成影响。

（三）规划在协同治理中的角色和技术挑战

城市更新项目同样对传统的规划行业形成挑战。首先是规划技术层面不仅需要面对从开发性规划为主，向存量规划的理念和技术转变，更要从城市空间规划向集成产业规划、投融资规划的多规合一规划转变，从静态的规划向包含运营策略的动态规划转变；其次是角色和功能的转变。规划团队在城市更新的组织中不应简单扮演专业技术权威的角色，也不应该站在出资人的“乙方”角色。规划团队应该成为整个城市更新项目“协同治理”过程的参与者，主动承担制定和维护行动准则、促进对话、建立信任以及探索共同收益的责任，促成协同各方建立平衡的权力关系，有效促进“面对面对话、信任建立、参与者对互赖关系的承诺、共享理解及可感知到的阶段性合作成果”这5个因素之间的良性循环，从而推动协作走向共赢。

（四）资本强势下居民主体利益的弱势困境

在城市更新的诸多参与主体中，社区居民由于个体行为的分散性、自利性，无法统一行使治理权力，同时由于社区居民拥有信息的不完全、诉求的不一致甚至是利益或文化的冲突性，导致难以形成统一的利益诉求、观点主张以及足以与其他利益相关方对抗的博弈力量。社区居民只能将其权力让渡给政府机关、自治组织形成委托代理关系，这种代理关系在实际实施的过程中可能导致主体虚化、异化或偏差，致使部分个体甚至集体利益受到损失。为此，在与权力机构、投资主体、施工主体、运营主体甚至规划设计等智力服务主体的合作与博弈中，社区居民处于弱势地位，如何保证集体利益长期化和最大化成为城市更新项目组织与机制设计的重要课题。

二、博弈论和系统更新理论基础

（一）博弈论与重复博弈理论

博弈论（Game Theory）是研究具有斗争或竞争性质现象的数学理论和方

法，也是运筹学的一个重要学科。现代博弈论的源头是约翰·冯·诺伊曼对于双人零和博弈的混合策略均衡点的发现和证明。1944 年，冯·诺伊曼和摩根斯坦共著的划时代巨著《博弈论与经济行为》奠定了这一学科的基础和理论体系。1950—1951 年，约翰·福布斯·纳什（John Forbes Nash Jr）利用不动点定理证明了均衡点的存在，为博弈论的一般化奠定了坚实的基础。参照行为的时间序列性，可将博弈论分为静态博弈、动态博弈，从管理者对其他参与者的了解程度可分为完全信息博弈和不完全信息博弈。

从 20 世纪 60 年代中期开始，奥曼和其他合作者一起，发展了不完全信息的重复博弈论。在单次性博弈中存在较大的机会主义，只要有可能，理性的博弈人都会倾向于利用自身的优势为自己谋求最大的利益，这就可能给其他博弈人带来损失，于是因为利益的冲突，博弈双方都采取措施来防范对方，因此增加了“交易成本”。重复博弈是动态博弈的一种重要类型。在博弈者之间进行的长期重复的合作和竞争关系中，博弈者关于未来行为的威胁或承诺将影响到他们彼此当前的行为，一个重复博弈具有以下特点：（1）博弈中前一阶段的博弈不改变后一阶段博弈的结构，即所谓的博弈的不同阶段之间没有“物质上”的联系；（2）所有的博弈方都能观测到博弈已经发生的所有过程及其信息；（3）博弈方的收益是所有阶段博弈收益的贴现值之和或加权平均值。为此，进行重复博弈可以减少欺骗增加相互的信任，因为上当受骗的人能够进行“一报还一报”策略的报复行动。同时，重复博弈重复进行这一特点，决定了影响重复博弈均衡路径的主要因素是博弈重复的次数和信息完备性程度，在重复博弈中，博弈方为了长远利益而可能选择不同的策略并放弃眼前的利益，而信息的完备程度与否更是会直接影响到各博弈方策略的选择及最后均衡路径选择。奥曼认为，进行合作往往是重复博弈的一个均衡解，甚至对于存在短期利益冲突的博弈者来说也是如此。

（二）城市更新与系统更新理论

城市更新源于 20 世纪中叶西方国家为解决城市中心区开始逐渐衰落、城市发展出现郊区化现象而采取的一系列城市更新活动。现代意义上大规模的城市更新运动（urban renewal）则是始于 20 世纪六七十年代的美国。西方城市更新概念经历了长期的研究和实践，从 50 年代的城市重建到 60 年代的城市振兴，发生了多次变革。到 70 年代末，人们广泛意识到必须从根本上激活内城的活力，解决内城衰退问题，逐渐出现一种以邻里复兴的概念取代城市更新的倾向。进入90年代，可持续发展的理念成为世界发展的主流价值观，城市更新开始更多地引入绿色更新的概念。总体上西方的城市更新政策的重点从贫民窟清理转向社区邻里环境综合整治，再到强调社区邻里活力的恢复振兴，最后转向城市功能结构调整以及城市社会经济文化的全面复兴；城市更新规划也由单纯的物质环境改善规划，转向社会规划、经济规划和物质环境规划相结合的综合性更新规划；城市更新方法也从推倒重建转向小规模分阶段的渐进式改善，更加强调城市更新是一个连续不断的过程；城市更新的组织方式从市场主导、公司伙伴关系，转向公司、社区多方合作，更加注重社区参与和社会公平的城市更新管制模式。

我国的城市更新研究比欧美国家晚，20世纪80年代后，我国社会经济和城市建设快速发展，城市化水平不断提高，全国各地出现了有规模的旧城改造，在建筑和规划界、学术界开始提出城市更新理论研究。80年代初期，陈占祥把城市更新主要定义为城市新陈代谢的过程；90年代初，吴良镛教授从城市的“保护与发展”角度提出城市“有机更新”的概念；进入2000年以来，学者们开始注重城市建设的综合性与整体性，很多文章也给出对“城市更新”新的理解。2003年吴晨基于对青岛旧城中山路和北京大栅栏地区的实践提出“城市复兴”理论；2004年，张平宇在对西方城市再生理论的认识基础上，结合对我国城市化道路的长期研究提出城市再生理论；2008年，于今提出城市更新是一门系统理论科学，要从构建城市生态平衡的角度去研究城市更新，并探索出可持续发展的全新模式。认为城市更新是对城市中某一衰落的区域进行拆迁、改造、投资和建设，使之重新发展和繁荣的一个复杂过程。它包括两个层面的内容：一是客观存在实体（建筑物等硬件）的改造；二是各种生态环境、空间环境、文化环境、视觉环境、游憩环境等的改造与延续，包括邻里的社会网络结构、心理定式、情感依恋等软环境的延续与更新。

系统更新理论是由东南大学城市规划设计学科带头人吴明伟和东南大学建筑学院教授杨建强针对中国城市发展以及城市更新过程中出现的问题提出来的。他们指出，传统的规划难以为继，需要建立一套目标明确、内涵丰富、执行灵活的规划体系。吴明伟教授认为，城市更新应以促进城市整体协调为目的，建设优美且有活力的人居环境，面对城市更新过程要从它的层次结构入手，优化城市决策，要对各层次的目标统一权衡，选择最优方案。

三、通过运营前置推动形成城市更新项目的重复博弈格局

在城市更新中，处于核心地位的地方政府、原产权人、开发商或投资主体，以及处于外围的规划设计服务方、施工单位、运营方和第三方的社会团体、非政府组织等，都会直接或间接对城市更新活动构成影响。实施城市更新的过程是多个权利主体利益分配协调和博弈的过程，也是土地、资产以及运营权的产、权、责的界定与分配过程。然而各主体的博弈力量却是不均衡的。在我国发达城市的建成区中，城市更新的需求几乎是普遍存在的，但是，如果不是由政府投资进行的建筑加固与设施改造项目，能以市场化动力进行系统性城市更新的项目并不容易成立，其核心问题还是资金问题。2020 年 94 号文严格约束了专项债资金在城市更新中的应用：能够利用专项债的城市更新项目须具备收益现金流平衡、不涉及土储、不涉及地产开发的特点，主要是“改”与“留”项目。为此，无论是政府专项债、城市更新基金还是社会资本，都需要有符合资本特点和要求的投资回报方式。能否在政府投资或政策补贴的基础上，构建满足居民改造需求，同时具备投资逻辑的商业模型成为实现项目落地的关键。在这种力量不均衡、价值地位不平等的背景下，城市更新项目中投资人的话语权将很容易提高甚至占据主导地位。在当前我国建设项目普遍采取的垫资模式下，施工方的话语权及博弈地位也会得到强化。

多个城市的政策表明，政府通常倾向选择市场化主体作为城市更新活动的主导者或统筹组织者。2021 年 6 月《北京市人民政府关于实施城市更新行动的指导意见》明确政府规划并引领市场化参与主体进入到城市更新活动；2021 年 9 月正式公布施行的《上海市城市更新条例》规定：更新区域内的城市更新活动，由更新统筹主体统筹开展，市、区人民政府应当按照公开、公平、公正的原则组织遴选，确定与区域范围内城市更新活动相适应的市场主体作为更新统筹主体，由更新区域内物业权利人实施的，应当在更新统筹主体的统筹组织下进行。在这种政策导向下，如果资金方或工程方成为城市更新的统筹主体，则更可能强调短期利益、注重建设资金的回收逻辑，进而可能忽视面向未来发展以及有利于构筑良好发展环境、生活环境的公益性项目或降低投资额度，导致城市更新项目出现“重建轻营”“虎头蛇尾”现象。

同时，城市更新不仅仅是建设工程，更是社会治理和制度创新的工程，如何破解当前社区类型的多样化、社会生活的网络化、社区公共事务的冷漠

化等社区“碎片化”问题，如何实现社区的善治、重建社区生活共同体，进而探索城市更新统筹谋划机制、可持续模式及配套制度政策成为城市更新项目高质量实施的核心难点。

为此，强化运营前置，实现城市更新主体在更长的时期内与业主居民的利益绑定，使城市更新项目的权力主体（投资方、建设方）与弱势主体（居民、业主）间形成重复博弈格局，可以有效避免项目规划设计的短视现象及项目施工的造假现象。通过运营前置，使运营方对项目质量与建设成本负有更大责任，采取“改造 + 运营 + 物业”“投资 + 设计 + 施工 + 运营”“EPC+O”等一体化运营服务模式，城市更新项目可以更精确地策划规划有商业价值的资产物业与经营性项目，更准确地预测后期运营成本与收益，更合理地确定未来设备的使用需求、当前的工程造价与质量要求，有利于形成统筹兼顾、落地性强的项目实施方案，合理确定并平衡项目改造建设期与运营维护期的投资与收益，实现项目的全周期统筹协调。同时采取共同缔造的理念，构建“党委会—居委会—业主委员会—社会组织”“四位一体”社区管理体制，规范社区管理、强化业主自治，提升业主群体的话语权和谈判地位，形成业主群体对运营方的监督与制约。

当然，运营前置仍然有太多的实践问题需要研究和探讨，比如，如何实现运营前置，在项目前期如何选择运营方、是否能够锁定运营方、被锁定长期的运营权是否对业主有利，什么样的社区治理机制以及采取怎样的运营权锁定机制才能形成良好的相互制约，实现“一次改造、长效管理、持续更新”。

四、通过多维规划集成形成更加“信息完全”的系统实施方案

城市更新所追求的目标应该是一个集经济、社会、生态等在内的目标群。即通过更新可以实现改善居住质量，减少社会排斥，促进社会公平，激发城市活力，推动城市可持续发展。为此，全面推进城市更新的任务是多元的、系统性的，需要破解更新思路及顶层设计、项目资金与融资问题、更新内容与模式问题、项目组织治理与持续运营问题。为此，城市更新项目的系统性研究与策划规划应该包括以下任务：集成专业服务能力和优势资源，实施“投资 + 设计 + 改造 + 运营”一体化服务，从优化顶层设计、提升改造内容，

倡导共同缔造、助力社区治理，创新融资模式、激发改造动力，完善配套政策、建立长效机制等方面，探索新时期有机更新与可持续运营的市场化破题路径，全面改善建筑和设施功能，创造优美环境，激活并导入新经济，提高社区居民的生活质量和幸福感，让老旧小区重新焕发时代活力。基于以上任务，支持业主群体实现重复博弈的“完全信息”则包含系统推进城市更新改造项目实施的“1–4–8–4”框架体系。即：

一套系统化解决方案：包含策划规划、投融资设计、实施计划及运营服务四位一体的统筹谋划。

四维系统与八大工程：包含“硬件改造”维度的设施改造与建筑升级、环境美化与空间利用；“功能增配”维度的民生配套与便民服务、功能植入与业态织补；“管理提升”维度的网格管理与物业运维、智慧社区与场景应用；“社区治理”维度的特色文化与公益事业、党建引领与社区共治。

四个实施阶段：研策阶段、方案阶段、改造阶段、运营阶段。其中，“研策阶段”的工作重点是摸底调查及存量资源调研评估。包括：考察老旧小区及更新片区进行 10~15 分钟生活圈基本情况摸底调查（用地、房屋资源，公共服务资源，住户资源，可运行项目及社区大数据）；存量可运行资源功能评估；城市更新改造关键问题梳理；社区宜居环境“再规划”；明确要改哪些、必须改哪些，拆分改造项目清单；列细分类分项出资方案；初步的项目运营方案，整体平衡方案；建立社区维护长效机制；片区文化形态和活力打造。“方案阶段”的核心是编制城市更新项目实施方案及存量资源整合利用专项改造规划。包括：设施改造与建筑升级方案；道路及停车场接驳系统规划；组团管理单元的划分；公共空间及风貌提升规划；便民性服务设施规划；可运营公共设施规划；智慧社区与场景应用；社区治理与招商运营规划；城市更新及社区改造推进计划。“改造阶段”重点进行施工方案设计，项目立项与方案审批，项目招投标，项目施工与低扰动施工管理，工作协同与项目验收。“运营阶段”的重点是社区共治与物业运维。包括：社区党建、管理组织重构；项目移交、社区物业管理与运维；社区服务、产业项目招商；网格化管理与智慧社区建设等。

在系统更新“1–4–8–4”实施框架的统领下，需要通过系统策划和规划统筹，将改造诉求与投资逻辑、产业逻辑、运营逻辑统筹叠加在空间规划设计之中，形成一个高质量的、兼顾多个主体意愿、协同多方利益诉求、符合政策和专业性要求的“五维融合”的系统更新实施方案——也就是多元主体的博弈合作成果。“五个维度”分属不同专业领域，在项目中相互关联、相互影响，保证了规划的系统性和专业性，也是项目研判和可行性论证的基础。为此，实施方案的形成过程即是系统策划和统筹规划的工作过程，也是项目进行资源整合、“博弈谈判”和投资决策的过程。“五个维度”规划协同的重点内容具体如下：

居民需求与社区治理维度。城市更新项目的起点是居民对老旧小区、建筑及生活环境改造的诉求，城市更新项目的终点是满足城市居民对美好环境与生活品质的需求，也是整体性社区治理的再组织化和新型社区再造的过程。居民需求与社区治理一般包括三个方面：一是加固建筑、改建配套基础设施；二是改造提升人居环境；三是改善优化居民服务。

经济发展与产业策划维度。产业策划是提升城市更新项目经济价值和未来运营收益的前提，不同性质的城市更新项目其改造诉求、改造方式、改造成本与主要盈利点都有较大差异。一般情况下，老旧厂区、老旧街区的改造将突出产业功能业态的打造及商业物业价值的提升，而老旧小区及城中村的改造则以生活环境改造提升、服务配套设施的增补完善为重点。总体来看，城市更新代表着城市发展方式的转变和内涵式发展、高质量发展的方向，城市更新项目应该着眼于更大区域，从城市总体战略角度出发构建项目目标体系，挖掘和提升项目价值，策划项目定位与产业发展的增量价值空间，设计优化项目的城市功能与产业业态，发掘孵化和规划设计出具有一定商业价值的子项目。越是更多地发掘创造项目区域的未来价值，项目则越有高品质改造和公益性服务设施配套的空间，越能吸引社会资本参与共建共享，各投资主体及利益相关方则越容易各取所需、达成一致，项目的持续更新与改造设想才更容易实现。

物业管理与运营计划维度。除了拆除重建类城市更新项目，挖掘、培育和准确评价项目的物业管理与运营服务价值成为项目投资平衡的重点。我国传统物业管理行业的服务内容局限于“四保”服务，即保洁、保修、保绿及保安，主要是对住宅及配套设施的维护和管理。随着社区经济的崛起和物业管理市场化的不断推进，物业服务企业越来越注重业主的服务体验，物业管理由“对物管理”逐渐转向“对人服务”，服务内容和服务方式都有了新的突破，业务边界不断延伸。现阶段物企提供的社区增值服务通常围绕社区生活场景，提供生活服务、财产运营和资源运营三大类服务。物业公司以基础物业服务和资产运营、家装服务、到家服务、社区传媒、社区金融、本地生活等增值服务与业主实现社区生活场景的强连接；并将业态延伸至客户求学、工作、就医、出行、休闲等空间场景，提供全业态的服务解决方案；甚至突破社区，拓展服务至市政环卫、园林绿化、公建物业管理、交通协管、智慧城市建设等城市服务细分领域。将老旧社区治理与城市更新纳入整个城市服务当中，以公共资产经营产生的收益反哺城市更新项目的成本支出，同时，导入地方农副产品、文旅资源等区域产业资源，实现内外部产业资源与生态圈体系流量变现。为解决老旧小区改造后的持续管理提供了一个市场化的可选路径。

项目投资与工程建设维度。这个维度需要将项目的产业发展逻辑、物业运营逻辑与投资建设逻辑相融合，基于政策环境、政府要求、居民需求、项目条件，研究城市更新的目标与任务。主要关注和重点破解项目投融资难题，论证项目投资建设的可行性与支撑条件，构建项目投资回报模型。通过初步判断项目实施各阶段的成本与可能的收益，明确界定或调整项目范围、目标定位、更新内容、配套政策或实施进度，以便满足项目对市场化实施主体的引力和投资平衡要求。例如，可以针对项目特点，采取项目内部自平衡、大片区平衡、跨区域平衡、政府特殊政策性平衡等多种模式，甚至是应用扩大社区改造更新范围、土地置换等手段，实现项目区域投资逻辑的构建。基于面向未来的投资收益、不同阶段的改造成本以及项目可以确定的投资方与资金属性，初步形成项目的投融资模型与总体投资收益测算，并以此为基础，沟通协调政府、社会资本、社区管理方的意见和需求，初步形成城市更新项目的商业投资逻辑与改造更新实施构想。

城市规划与项目设计维度。城市更新项目中的规划设计方案是多元主体诉求和利益的集中表现，既要体现规划设计的专业性，更要体现统筹与协调的作用，承载和融入项目产业、投资、运营、社区治理等策划管理逻辑与要求。城市更新规划的编制要基于既有区域特点、资源情况，客观发现城市建成环境的主要矛盾和深层次问题，制定具有系统性、针对性和前瞻性的城市更新规划，通过空间落位实现增长过程中的内涵式有机更新，并通过规划建设管理的整体统筹，去推动城市更新规划实施的顺利推进，依托社会网络以机制转型保障城市更新行动的有序开展。城市更新规划过程需要更加多元协同、综合开放的工作方法，更强调多主体参与、更注视工作模式创新。通过多主体协商、多部门协同、多团队协作，加强全流程公众参与，逐步形成城市更新地区的发展共识，充分了解社区居民诉求、充分调动社会和市场力量，推动城市更新项目的有效实施和长效运营。

五、结论

城市更新不是冷冰冰的工程改造，而是充满人情味的系统性的美好家园再造，更是一项长期而复杂的实践探索与系统工程。在城市更新项目的实施中，基本的改造诉求是基点，清晰的商业逻辑是前提，价值增量的创造是重点，更新主体的组织是关键，运营机制的创新是保障。城市更新项目通过运营前置与规划集成，可以实现多元主体博弈的信息更完全、更对称、更透明，有利于在更长的项目运营周期内平衡多元主体利益，有利于多主体间形成均衡博弈架构和建立重复博弈格局，有利于构建项目的经济逻辑与商业模型，形成统筹兼顾、可行性高的城市更新项目实施方案，将城市更新项目更好地与产业转型、消费升级、文化传承、金融创新、社区治理等紧密结合，走出一条高质量、可持续的城市更新之路。

ICA 框架下老旧小区物业治理的协作困境和化解
——以北京市劲松社区为例[①]

陈乾坤　耿云

摘要： 近年来，随着城市建设向纵深发展，老旧小区的物业治理问题日益成为民生领域的痛点之一。老旧小区改造体量大、任务重，单纯依靠政府财政改造和更新是难以维系的，“都想改”却“不好改”是各地基层政府和老旧小区工作者的心声。在此背景下，建立多元主体间协作机制，通过党建引领以市场化手段吸引社会资本进入社区改造的“劲松模式”受到广泛关注。本文从制度性集体行动理论视角出发考察劲松社区物业治理，分析劲松社区在实际改造过程中面临的协作困境，认为困境形成、阻碍协作的主要原因是交易成本与合作风险的存在，进而基于我国社区治理实际，提出加强嵌套协作机制、搭建协调平台、促进社会资本积累等化解困境的举措。

关键词： 制度性集体行动；老旧小区；物业治理；协作困境

一、问题的提出

改革开放以来，随着我国住房与土地制度改革的不断深化，房地产市场蓬勃发展，房屋的商品化、市场化使得房屋产权形式趋于多元，这使得传统计划经济体制下政府通过行政手段统筹开展房屋管理已不再匹配市场需要。1981 年，在满足市场经济发展需求和学习西方发达国家先进经验的基础上，我国第一家物业管理公司在深圳成立。此后，物业管理凭借有偿服务的形式

---

① 作者简介：陈乾坤，中央财经大学学校办公室教师，主要从事基层治理研究；耿云，中央财经大学政府管理学院副教授、博士，主要从事基层治理、社会治理研究。

逐步走向专业化、市场化和社会化，由政府主导转为企业主导。随后，物业管理行业相关企业与从业人员持续增加，对社区绿化、环境、治安、交通等方面起到关键作用，在民生领域占据着重要地位。

当前，我国物业管理行业仍处于快速发展阶段，行业发展规范和从业人员整体素质还有待加强。在社区治理的实践中，物业管理企业不作为、乱收费、损害公共利益等现象时有发生，甚至与居委会、业主委员会产生严重利益冲突。对于老旧小区来说，物业管理更是一个难点。很多老旧小区历史遗留问题复杂，产权划分不清，改造过程中面临着政府、产权单位、社区、居民等多层面的问题，导致老旧小区综合整治改造陷入困境。如何摆脱财政依赖自主“造血”走出一条基于社区自身特点的长效治理之路是摆在基层政府和社区工作者案前需要切实考虑的问题。2018 年，北京市对全市一百多个老旧小区进行综合整治，朝阳区劲松街道以民众需求为导向，强化党建引领，探索出了一条引入社会资本参与老旧小区改造的多元治理之路。三年多来，“劲松模式”取得的成功受到了中央和北京市的高度认可，但随着改革的深入，其中也隐含着一定问题及风险，需要引起重视。

二、文献综述与理论基础

（一）文献综述

国外学者从需求、战略、权责等多层面进行了物业管理相关研究。Timothy Eccles（1999）从企业自身视角出发，提出物业管理企业要基于自身特有背景和文化做好远景规划，将满足居民生活需要作为工作方向[①]。企业高层管理者要有全局意识，明细职责划分，提升管理效能；企业中层经理和基层员工则要提升服务质量而不是通过成本控制来创造经济效益。新加坡学者邹益华（2001）立足物业管理责任划分，指出只有明晰物业管理理念，明确不同主体责任并监督管理人员履职尽责，才能提升物业管理水平，有效解决管理过程中出现的问题与矛盾[②]。针对未来物业管理行业发展趋势，学者们普遍认为在物业管理中要重视知识以及人、财、物，以此制定发展战略，助推

① ECCLES T, SAYCE S, SMITH J. Is Hierarchical Governance in Decline Evidence from Empirical Research［J］. Journal of Public Administration Research and Theory，1999（2）：173-195.

② 邹益华 . 海外物业管理［M］. 南京：东南大学出版社，2001：17-18.

行业成长。Elisabeth（2011）提出，产业结构调整和全球一体化进程离不开物业管理行业的参与[①]。Ian D（2014）认为如何改造创新模式会成为未来物业管理行业发展的重要问题[②]。Joseph H.K（2015）则指出必须改革传统的物业管理模式，将互联网创新融入物业管理，否则无法满足社区居民随经济水平提高的生活需求[③]。

我国科学的物业管理体系要追溯到20世纪90年代，以深圳物业管理协会的成立为标志。国内一些学者围绕社区治理主体间的关系，从社区物业治理的角度展开研究。孙惠萍（2015）强调根据目前社区治理政府主导、社区自治或合作治理的三种模式，只有将居委会和业委会合并管理或居委会、业委会与物业管理企业三家合作共同参与社区管理才能满足市场经济条件下良好的社区治理的需要[④]。黄蕾（2015）从体制创新、制度变革、组织领导和价值剖析等方面对社区业主自治提供改良意见[⑤]。吴莹（2016）主张设立一套行政管理和自主治理两相结合的机制，以社区居委会作为治理主体，使其承担起社区管理的责任，发挥公共组织的积极作用[⑥]。余乐（2016）首先指出社区不同主体存在的问题：居委会行政权力事实上被削弱，业委会缺乏组织者、领导者同时面临无法有效监督的困难，物业管理公司则在盈利与社区公益性上难以平衡。这些问题严重影响了社区治理的良好运行，为此，作者针对性地提出完善立法、加强监管、业委会工作取酬和建立公益服务组织等政策建议[⑦]。

老旧小区的物业管理是国内学者关注的一个显著难题。张莉（2018）认为老旧小区由于产权形式复杂，管理主体、内容多样，针对老旧小区的物业管理与一般商品房住宅小区具有明显的不同，对其要求更高，但事实上当前国家老旧小区的物业管理反而呈现出管理标准不齐、水平低下和意识薄弱等

① BEUSKER E, STOY C,POLLALIS S N. Estimation model and benchmarks for heating energy consumption of schools and sport facilities in Germany [J]. Building and Environment, 2011（08）:324–335.

② HODGE L D,ADAMS W M. Property institutions for rural and conservation: Towards a post-neoliberal agenda [J]. Journal of Rural Studies, 2014（10）:453–462.

③ LAI J H, YIK F W. An analytical method to evaluate facility management services for residential buildings [J]. Building and Environment, 2015,46（1）:85–88.

④ 孙慧萍，徐琳．出版社法规中心，物业管理条例［M］.北京：法律出版社，2015：14–16.

⑤ 黄蕾，李映辉，李海波．社区物业管理中利益冲突的演变与启示［J］.城市问题，2015（10）：81–87.

⑥ 吴莹．“村改居”社区物业管理的主要类型与存在问题［J］.城市观察，2016（01）：96–104.

⑦ 余乐，黄安心．关于物业管理相关理论问题的研究［J］.湖北社科学，2016（12）：90–95.

弊病[①]。张虎、苏梅（2019）指出老旧小区在建设之初就存在设计建造不规范、业委会机制不合理等问题，同时随着时间流逝原有基础设施、设备老化磨损，缺乏资金投入导致难以更新，加之物业管理水平低下，在城市现代化建设和发展中扮演着“拖后腿”的角色，提升物业管理水平予以改造更新已成当务之急[②]。杨晨辉（2020）则强调要提升老旧小区物业治理水平、满足社区居民需求、完善社区治理和城市建设必须建立党委领导、各治理主体协调联动、统一平台管理的“大区域”物业治理模式[③]。

总体而言，国外物业管理偏向市场化方向，发展较为成熟。国内学者普遍认为物业在我国不仅是一个管理问题，更是一个涉及多元主体的治理问题。物理治理水平的进步不仅能满足社区居民需要、提高住宅使用与投资效益，更能助推城市经济发展与现代化建设。鉴于中国住宅产权形式的复杂性，基层政府、居民与物业管理企业必须在尊重市场主体地位的前提下进行广泛深入的合作，如此方能建立起科学合理的物业治理模式，但当下仍需在理论及实践上加强相关探索和研究。

（二）理论基础

1. 制度性集体行动的理论架构

2005 年，佛罗里达州立大学费克教授在运用综合理性选择、集体行动、组织交易成本、地方公共经济、社会嵌入、政治市场和政策工具等理论，考察美国地方治理的现实背景基础上，第一次提出了制度性集体行动理论（Institutional Collective Action，ICA）[④]。ICA 理论指的是通过描绘影响合作的关键因子来揭露不同利益主体如何在一定时期的发展过程中形成和改变深化合作行为从而取得合作利益，完成既定目标。

奥尔森认为，由于个人和集体利益之间并不完全重合，个人的理性选择放大到集体并不会带来理性的满意结果[⑤]。据此，ICA 理论将之拓宽完善，把研究对象从个体转移到多重利益主体，同时指出不同利益主体在选择和行动

① 张莉 . 浅谈老旧小区物业管理存在的问题及对策［J］. 经济师，2018（10）：55-56.

② 张虎，苏梅 . 全面提升老旧住宅小区物业管理水平［N］. 民族日报，2019-01-10.

③ 杨晨辉 . 构建城市老旧小区“大区域”物业管理模式探究［J］. 中国住宅设施，2020（11）：91-92.

④ 姜流，杨龙 . 制度性集体行动理论研究［J］. 内蒙古大学学报（哲学社会科学版），2018，50（04）：96-104.

⑤［美］曼瑟尔·奥尔森 . 集体行动的逻辑［M］. 上海：上海人民出版社，1995：5-12.

上也只具备有限理性无法导向“最优解”。因此，ICA 困境就形成了，在主体间信息掌握不对等加上缺乏沟通协调的状况下，不同利益主体为了追求自身利益盲目采取行动，结果伤害到集体利益。ICA 困境有不同的表现形式，分为横向（同向合作者）、纵向（不同层级合作者）和功能性（特定领域）ICA 困境，其中，交易成本与合作风险是形成 ICA 困境和作用于协作达成与否及协作机制能否有效运行的重要因素。

2.ICA 理论解释老旧小区物业治理协作困境的适用性

老旧小区物业治理的协作困境起因于不同利益主体间的博弈合作关联，社区居民与基层政府、居委会委托代理关系的异化转变和社区治理政策的出台及实行过程中的政策碎片化。首先，老旧小区不同主体间的博弈合作可作为 ICA 横向困境的一种体现。居委会、物业管理企业、业委会、社会单位“各行其是”导致行动冲突，削弱治理效果正是例证之一。其次，由于个体的分散性，居民无法统一行使治理权力将其让渡给政府机关、自治组织形成委托代理关系，在此条件下则容易产生 ICA 纵向困境，居民诉求与街道和居委会政策执行存在偏差导致失范现象正是纵向困境的一种诠释。最后，在牵涉某些具体社区治理领域和特定社区政策时，政策制定与执行脱节、公共服务失序、负外部性影响等问题就容易产生从而爆发功能性 ICA 困境。费克指出，ICA 理论框架能够对上述政策困境予以应用解决，不同利益主体可以减少自利性的个体行为，采取基于同一目标的集体行动进行互利协作，而这关键是有效降低合作风险和交易成本，从而实现最大化集体利益①。

（1）合作风险。缺乏协调、不公平分配、背离行为是合作风险的三种表现形式。首先，在社区治理过程中，当居委会试图解决某项多主体公共事务时，协调问题就开始出现。例如，社区之中存在公地或者其他公有财产的闲置情况，街道、居委会想提高公共资源的利用效率，将这些公共资源进行改造并投入使用就涉及多个主体利益，要推动公共资源得到有效利用就需要不同主体间协调配合。其次，如果集体利益分配意见不合，参与主体认为所得与投入不成正比，分配不合理损害其他参与人员共同利益，就会对下一步协作造成困难。例如，社区物业管理企业未经业主大会同意对外来车辆进入社区收取停车费并将费用截留没有用于社区建设，这就严重削弱居民与企业之

① FEIOCK R. The Institutional Collective Action Framework [J].Policy Studies Journal, 2013, 41 (3) :397-425.

间的信任感，产生利益分配困境。最后，不同利益主体间的个体利益矛盾引发背离行为。如果某个单独参与者的选择行为会导致其他参与主体利益受到损害，则背离风险就大大增加。比如，政府希望推广开放式街区以盘活公共交通，节约土地资源使用，打破封闭社区的种种弊病，但是现实却不一定会产生想要的理想情况，社区居民及物业企业往往出于自身利益考量排斥打通社区与外界交通联系从而做出背离公共利益的行为。

（2）交易成本。不同主体协作过程中产生的交易行为和交易成本是制约合作关系持续建立的一个关键因素。有关政策执行及活动参与者为了保证共同行动顺利开展，在信息收集、磋商、彼此监督等过程中付出的成本正是交易成本的体现。具体到社区物业治理，则可分为信息、协商、执行、自主性失去等成本。信息成本指参与主体对获得交易对象信息及彼此间信息交换等行为所支付的成本，这主要是由不同主体间信息获取不对等和掌握信息不完整造成的。协商成本是参与主体为形成共同行动意见进行磋商、谈判所付出的成本。为了就程序、投入与收益达成一致，不同主体间“讨价还价”、产生摩擦冲突、进行多个路径选择都对协商成本产生影响。执行成本则主要指参与主体达成共识采取共同行动所产生的成本。一般认为，当参与者有违约倾向时会显著增加执行成本。参与主体自主性失去强调的是当协作机制建立，参与主体为了取得尽可能高的公共利益，会部分甚至完全失去行动自主性。

参与主体间形成协作起因于相互间承认彼此的依靠关系，这是协作产生的基础。更关键的是，存在依靠关系的参与主体如何采取多样化的协作机制来应对甚至解决 ICA 困境。费克基于协作能力和主体多元性等维度构造了解决 ICA 协作困境的九种方式：非正式网络、合约机制、约束性协议、工作伙伴制、人工网络、多重自组织机制、理事会和中央区域当局①，由于强权整合下的结果与协作机制的建立关系不大，因此将外部施加权力、强制网络、强制协议从协作关系选择中排除。其中，处于政府领导安排下与出于自愿选择的协作机制二者交易成本分别是最高和最低。针对老旧小区物业治理的 ICA 困境，参与集体可根据面对的不同问题采取某种或多种协作机制的解决方式。

① 锁利铭，阚艳秋，涂易梅．从“府际合作”走向“制度性集体行动”：协作性区域治理的研究述评［J］．公共管理与政策评论，2018，7（03）：83–96.

三、劲松社区物业治理的协作机制及困境

（一）劲松社区的物业改造背景

老旧小区一般指的是20世纪七八十年代福利分房制度下建成的遗留至今的营造标准较低、配套简单、设施设备不齐全的房屋住宅小区①。如表5-1所示。

表5-1　老旧小区官方定义

发布机构	定义	出处
建设部	旧住宅区是指房屋年久失修、配套设施缺损、环境脏乱差的住宅区	《关于开展旧住宅区整治改造的指导意见》（建住房〔2007〕109号）
北京市人民政府	1990年（含）以前建成的、建设标准不高、设施设备落后、功能配套不全、没有建立长效管理机制的老旧居住小区（含单栋住宅楼）	《北京市人民政府关于印发北京市老旧小区综合整治工作实施意见的通知》（京政发〔2012〕3号）
国务院办公厅	城市或县城（城关镇）建成年代较早、失养失修失管、市政配套设施不完善、社区服务设施不健全、居民改造意愿强烈的住宅小区（含单栋住宅楼）	《国务院办公厅关于全面推进城镇老旧小区改造工作的指导意见》（国办发〔2020〕23号）

改造前的劲松社区是老旧小区的一个典型代表。作为改革开放后第一批成建制住宅区，1978年建成的劲松社区当时被赞为“全优工号”。但随着时间的流逝，时代发展将劲松社区远远甩在了后面，不可避免地出现人居环境恶化、配套设施无法满足居民需求、物业管理不善等状况。以往气派的朱红色砖楼逐渐黯淡，社区配套设施不健全，线路老旧裸露，小区道路、绿化、排水等基础设施老化，方方面面的问题严重影响居民生活体验，诱发居民的极度不满。社区工作干部总结劲松周边区域特点有“三多三少”之说：纯居民区多，大企业少；老旧小区多，新建小区少；中央机关宿舍区多，纯商业住宅小区少。这意味着辖区公共管理、公共服务的任务非常重，经济发展空间也比较小。

为了提升广大人民群众的生活水平，老旧小区的改造已刻不容缓，这也势必要求传统物业管理转型升级。但劲松社区改造时面临一个很大的难题，一方面更新改善老旧小区需要庞大的资金投入，另一方面老旧小区居民在购

① 吴鸿根．老旧小区物业服务转型升级路径研究［J］．上海房地，2015（08）：45-47.

买公共服务方面普遍付费意愿低，这就加大了企业的投资风险。市场经济环境下，考虑到风险收益，优质的物业管理企业不愿进驻服务。可如果以政府为主导改造老旧小区也不现实，因为这意味着建设资金主要由政府来承担，以全国众多需要改造的老旧小区庞大建设投入来看，单靠政府“输血”是难以将改造之路走得长远的。

同时，面对“新时代、新北京、新朝阳”的要求，劲松社区在人群、居住设施、配套服务方面也出现了错配情况。一方面各类设施的老旧破损不符合老年人对居住安全性、服务性的需求，另一方面周边商务区上班的年轻人有居住意愿但社区没有剩余居住空间。社区车辆乱停乱放，店铺破旧，路边摊贩霸占公共空间，环境脏乱、绿化缺失等问题层出不穷。不少老旧小区缺少物业管理，7 个小区由街道托底，每年进行保洁、绿化等基础性工作就要花费数百万资金。这些小区产权复杂，原产权单位放弃管理，或企业退出后无人接手，目前没有长效机制进行管理，居民也没有付费接受服务的意愿。

传统的社区治理模式已经无法从根本上对此加以解决，在此背景下，2018 年 7 月，劲松社区在街道在对劲松小区综合改造和提升的基础上，走出了一条新路——通过党建引领，“五方联动”的创新型工作机制，街道与愿景集团合作，借助市场化方式吸引社会组织参与社区建设与更新。改造突出硬件、软件一体化推进，将劲松一区、二区定为试点区域由社会组织先行投资改造，持续深度进行社区运营，改造过程中坚持参与式治理，使居民成为改造最大受益者。至于市场组织的投资回报则通过后续的物业管理、服务收费、商业收费、政府补贴等多种渠道获得，希望以微利可持续发展的方式来吸引社会组织积极参与城市老旧社区改造，共同促进社区长效发展。

（二）劲松社区物业治理的协作机制

劲松社区协作机制指的是各参与主体从提出合作、制定决策、达成协议、执行政策，到完成目标等过程中一系列的制度和规则。它的建立是为了破解老旧小区综合改造和有机更新难题，建立老旧小区改造更新的长效制度。关于该协作机制需要关注的是：第一，社区参与主体在协作行动中为了实现既定目标形成了何种保障体例，亦即为了防止最后结果不产生太大偏差所产生的一连串措施、方式方法和规章等；第二，联系国内社区治理实际，根据自主性和主体多元性两个方面对劲松协作机制进行划分并分析协作机制及其交易成本联系。

对于劲松社区物业治理协作机制的类型，在上文介绍的ICA框架协作困境普遍解决方式的九种应对形式的条件上，结合我国老旧小区的改造实际和物业治理的发展情况，将其简单分为正式、非正式两种机制。正式机制包括法律、规划、协议、协作组织等；非正式机制则分为社区临时会议、宣言和惯例等。通过政府公告和媒体报道，从中整理划分出对劲松社区物业治理效果有显著影响的不同机制，如表5-2所示。

表5-2　劲松社区物业治理协作机制

	正式机制				非正式机制		
自主性	外部施加的权力		正式合约		非正式合约		
类别	法律	规划	协议	协作组织	社区临时会议	宣言	惯例
劲松社区物业治理	《物业管理条例》《物业服务企业资质管理办法》《中华人民共和国城市房地产管理法》等	《中华人民共和国国民经济和社会发展第十四个五年规划和2035年远景目标纲要》《关于全面推进城镇老旧小区改造工作的指导意见》《北京市老旧小区综合整治工作手册》等	愿景集团与劲松街道成立的关于“劲松项目”的协议、愿景集团与劲松社区居民的协议、劲松街道与社区公益组织的协议等	社会工作服务促进中心、社区志愿者联合会、社区社会组织联合会、益企联盟、鹊桥志愿者联盟等	现场调研会、组织座谈会、车棚改造会、评审会等	习近平总书记等重要领导人关于老旧小区改造的讲话等	一直以来沿用的惯常做法

关于劲松社区物业治理多样协作机制及其与交易成本的联系，根据自主性和主体多元性两方面，可将表5-2中的七种协作机制分为外部施加的权力、正式合约和非正式合约三类。当协作机制表现出自主性弱，主体多元性强的时候，交易成本高；反之，交易成本相应较低。例如，劲松社区物业治理中协作主体采用社区临时会议、宣言和惯例等非正式合约时产生的交易成本最小，但主体间信任度不足可能会引发较大的合作风险。正式合约作为劲松社区物业治理中最广泛的协作方式，参与主体之间以带有约束性的协议作为保障，交易成本与合作风险程度居中。而中央和上级出台的法律、规划等因为带有明显的强制性，处理多元主体协作关系时是权威而高效的，不过相较于正式与非正式合约，其交易成本毋庸置疑是最高的。

（三）劲松社区物业治理实践过程中的协作困境

劲松社区能够在街道、居委会、物业管理企业、居民等多方主体间达成协作进行共同治理并在现阶段产生良好效果的一个根本原因是党建引领。党建引领离不开建设完善的组织体系和工作机制。从2018年开始探索至今，劲松社区的党建工作已逐渐步入正轨，2020年暴发的新冠疫情，党员冲在一线，物业管理企业和社区亲密协作共同抗击疫情就是党建引领经受住检验的有力体现。协作机制有效运行的关键因素之一是党建共同体的建立，房管所党支部、物业党支部、居民党支部、临时党支部共同协商，组织联建、工作联动，实现基层社会的再组织化。同时，通过“五方联动”的工作机制，区委办局、办事处、居委会、辖区社会单位、居民共同推进社区综合整治，举办居民议事会、楼院议事会、改造专项会议问政问需，下发入户问卷，统一广大居民需求，这一系列行动为赢得居民信任、凝聚协作共识发挥了有利影响。然而，劲松社区在协作机制建立和运转的过程中也面临着一些风险和难题，这对“劲松模式”的持续运行和推广是一个有力挑战。

1. 合作风险

邢华根据ICA问题和区域合作的特征将主体协作划分为四种，分别是：互补、共建、分配和补偿型①。劲松社区物业治理大致可以区分为分配型协作形式，面对着复杂产权形式下公共池塘资源问题，在治理过程中容易出现缺乏协调、不公平分配、背离行为等风险。

（1）缺乏协调。属地上级政府、街道、居委会与愿景集团和社区居民需要对社区改造范围、评估产权价值、确定物业管理费用等各个事项进行广泛协调。老旧小区物业治理工作的综合性与系统性很强，需要多个参与主体共同负责、集体行动，目前的社区治理过程不管是政府兜底还是市场主导都离不开协调，单打独斗很容易导致治理效率低下甚至徒劳无功。如果因为一些原因造成参与者彼此间协调不足，主体间协作的平衡状态被打破，则合作风险将明显提高，引发既定目标偏离、协作破裂等恶性结果。

（2）不公平分配。成本—收益计算是利益分配的前提，不同参与主体的预期收益由其所投入的治理成本决定，不清楚的计算将对之后的利益分配造成严重影响。比如，愿景集团在2018年投入了3000万元用于劲松社区改造，

① 邢华．我国区域合作治理困境与纵向嵌入式治理机制选择［J］．政治学研究，2014（05）：37-50.

同时，为了减轻愿景集团资金压力、盘活社区内闲置公共资源，朝阳区房管局与劲松街道经过测算将 1600 平方米的公共空间运营权交付给愿景集团，这笔经济账如果不核算清楚就会出现不同主体间利益计算困难，加上老旧小区物业治理取得成效后，受益主体多元，涵盖政府、社会组织、参与企业、社区居民等，责任划分和利益分配更加复杂，存在不公平分配的潜在合作风险。

（3）背离行为。老旧小区物业治理不同参与主体间因为成本—利益博弈的变化造成的利益矛盾很可能诱发背离行为。物业管理企业为了早日扭亏为盈、获取更多利润在缺乏监管的情况下可能发生骗取政府补贴、在改造过程中偷工减料、谎报数据等背离行为，以此用最低的成本获得最大的收益。劲松社区采用“先尝后买”的物业管理模式，部分社区居民在习惯了免费的物业服务后是否愿意为了集体利益出资购买是一个值得思考的问题，“搭便车”“讨价还价”等现象值得警惕。

2. 交易成本

（1）信息成本。信息成本指协作主体间彼此交换信息及为获取交易对象信息所产生的成本①。当下社区居民对于生活服务的需求和生活品质的要求都在逐渐细化、日趋提高，在老旧小区物业治理的过程中，不同年龄层次的人口对社区基础设施设备的具体需求存在差异化趋势。为此，愿景集团项目团队通过不同年龄段人口的抽样调查，对小区老、中、青三类人群的需求进行细致了解，这其中付出的就是巨大的信息成本。再者，信息不全、信息谎报漏报甚至造假等也会大幅提高信息成本。

（2）协商成本。谁来组织建设，资金从何而来？改造从哪开始，标准如何设立？不同参与主体责任怎样划分，享受何等权利义务？物业管理提供哪些服务，怎样收取费用……这些复杂关系中产生的纠纷与冲突，由此诞生的形形色色的问题，都离不开深入持续的协商。不管是政策制定之初计划、措施、目标的确定，执行过程中多元主体关系的协调，还是评估阶段利益分配，协商在其中都发挥着关键作用，由此产生的协商成本贯穿于老旧小区物业治理运转的全过程。

（3）执行成本。从政策、规划的出台到治理目标的达成中间所做的一系列落地工作体现着执行成本。例如，愿景集团为了减少物管之间的矛盾，实

① 锁利铭，马捷，陈斌 . 在区域层面构建有效的网络治理体系［N］. 中国社科报，2015-07-10（004）.

现和谐共治，立足于“五方联动”机制，在社区工作中和业主保持沟通；建设智慧物业，通过与链家旗下兄弟单位合作节省了研发时间和精力，依托于美好劲松 App 实现服务的拓展，在居民之间构建了流畅的交流平台；设置劲松卡，社区老年人口占比大、失独老人多，通过人脸门禁、数据收集可以及时监测老年人及租户的出门情况；发展一键呼叫服务，紧急事件可以一按即报送到服务人员的手机上，更利于维护治安、保障安全。为了取得这些改造效果所付出的努力都是执行成本的范畴。

四、基于制度性集体行动理论的协作困境化解机制

将 ICA 问题详细剖析并同 ICA 机制有机融合，控制交易成本与合作风险是老旧小区物业治理解决 ICA 困境的重要抓手。劲松社区物业治理通过党建引领的政治手段、引入社会资本的市场化手段将社区改造更新的外部性问题内部化，激发老旧小区造血功能，推动其长效发展。劲松社区不同参与主体间复杂的利益关系加上协调各方的协作机制还不完善，容易面临 ICA 横向困境。为此，社区多元主体间有必要开展广泛协作并选择恰当的协作机制。

（一）加强嵌套协作机制应用

劲松社区物业治理所采取的协作机制多为约束性协议、合约机制、理事会等，而工作伙伴制、非正式网络和多重自组织等协作机制较少采用。这说明劲松社区改造过程中大多是外部施加权力和有法律约束性的协议的应用，对非正式网络这类嵌套型关系的利用不足。当然前者执行效率更高，可以减少“讨价还价”行为的发生，但是为此也付出了对应的交易成本，同时监督成本增加、缺乏激励等问题也相应而生。因此，加强嵌套协作机制应用可谓非常必要，能显著破除协作障碍，减少交易成本。

（二）搭建协调平台，打造合作组织

从国外区域间多主体合作的尝试来看，以更高层级的威权或政府组织通过强力来推动合作成功的概率很小，不过我国国情不同，中央权威深入人心，搭建协调平台兼顾灵活与组织权威，通过更高层级的政府机构来推动各方主体的合作在我国是切实可行的。我国目前的政治体制也决定了如果没有一个

更高层次的协调平台，那各方的信任度将会下降，深入合作更加困难①。协调平台的正式建立也意味着能把利益相关者聚集起来，各参与主体间可以在共同的组织协调下达成共识。另外，除搭建协调平台外，打造合作组织对于老旧小区物业治理也具有重要意义，合作组织的成立能增强协作的灵活性，有利于主体间决策、政策执行，从而极大地增强协作效益。

（三）促进社会资本积累，维持互利关系

通过外部强加的权力促进老旧小区的物业治理短时间内当然会取得显著效果，但是难以持久，毫无疑问要是政府肯花大力气在某个老旧小区集中整治，肯定能取得立竿见影的效果。不过此类整改不具有普适性和代表性，支持力度大的政策势必无法惠及众多需要改造的小区，同时单纯依赖政府帮忙一旦失去政策支持改革将难以维系。因此，想要化解老旧小区物业治理存在的 ICA 困境，发展维持基于平等、尊重、互信基础上的互利关系才是重中之重。在注重采取市场手段广泛吸引社会资金进入老旧小区改造的同时，也要注意到，在社会学视角下，本区域拥有很好的社会声誉，多元主体间能建立共识乃至因为信任开展协作，都是一种珍贵的社会资本，对强化非正式协作机制进而降低交易成本与风险提高治理效益具有显著作用。

五、ICA 框架及“劲松模式”之于老旧小区物业治理的启示

ICA 理论从“有限理性”假设切入，以合作风险、交易成本、协作收益等变量之间的关系来理解不同主体间缘何开展协作以及怎样进行协作。将 ICA 理论嵌套于劲松社区物业治理，能够看出在多样的协作机制中合作风险与交易成本对协作行为建立和持续的重要影响。而选择什么样的协作机制也与不同主体的协作对象、协作的主要困境、协作时期、协作方式等息息相关。本文仅以劲松社区为例探讨老旧小区物业治理的协作困境与延续难题，但老旧小区改造是有共通性特征的，劲松社区所面临的改造由谁主导、成本与利益如何把控、协作怎样开始和深入等问题也是其他老旧小区在更新改造中的

---

① 蔡岚. 缓解地方政府合作困境的合作治理框架构想：以长株潭公交一体化为例［J］. 公共管理学报，2010，7（04）：31-38+123-124.

共性问题。因此，本文描述的采取不同协作机制、创新方式方法化解 ICA 困境对其他老旧小区也具有一定的借鉴意义。

劲松街道借助市场力量对老旧小区改造，仅仅一年时间，社区就“重获新生”，可谓成果显著。但只是借助市场力量使“巧”劲还不够，如果后续政策、法律法规没有跟上，要从长远解决问题，并且使得“劲松模式”可复制、可推广就显得不切实际。此外，另一个不容忽视的问题是劲松社区引入的社会资本能否保证健康性与存续性。“劲松模式”广受好评的关键是注入社会资金，极大地减少了财政依赖。但社会资本进入社区之后如果在长时期内无法实现盈利，那么进驻社区的企业很有可能就此退出，制约社区持续向好发展，也影响其他社会资本信心，不利于整个老旧小区改造。所以，解决盈利问题必须得到高度重视，从中长期来看，进驻劲松社区的社会资本能否成功，取决于社区的物业管理费收入能否如期按比例缴；物业管理相关的增值服务业务能否产生相应利润；经过改造的便民服务经营场所能否贡献持续增长的租金收入；规模化经营和科技应用能否降低日常运营和物业管理的成本。这些问题不单单是劲松社区在之后需要面对的，对于其他想要引入社会资本的老旧小区来说，也同样是不得不慎重考虑并妥善寻找解决方案的难题。

城市更新行动下老旧小区改造 PPP 模式研究[①]

孙琦　袁媛

摘要：近年来，随着我国城镇化的不断深入，我国城市发展进入了城市更新的重要时期。当前全国各地主要城市也围绕城市更新行动展开了模式多样的探索，但在开展城市更新工作中仍面临着投融资制约的困境。因此，本文探究PPP 模式在城市更新及老旧小区改造方面的应用，通过分析城市更新特点、创新城市更新投融资模式的必要性及 PPP 模式应用于城市更新及老旧小区改造的适用性等方面对相关理论进行了梳理和总结。选取了九龙坡区 2020 年城市有机更新老旧小区改造 PPP 项目并剖析了项目全过程，最后结合理论分析及案例分析，对城市更新和老旧小区改造工作的良性发展提出了相关建议。

关键词：城市更新；老旧小区改造；PPP 模式

一、引言

随着我国城镇化进程不断深入，2021 年年末我国常住人口城镇化率已达到 64.72%，根据城市发展一般规律，我国城市发展已逐步从“大规模增量建设”迈入“存量提质改造和增量结构调整并重”阶段，进入城市更新的重要时期。党的十九届五中全会通过的《中共中央关于制定国民经济和社会发展第十四个五年规划和二〇三五年远景目标的建议》明确提出推进以人为核心的新型城镇化，实施城市更新行动。2021 年“城市更新”首次被写入政府工

① 作者简介：孙琦，愿景明德（北京）控股集团有限公司规划师；袁媛，愿景明德（北京）控股集团有限公司高级工程师。

作报告，这是党中央对进一步提升城市发展质量作出的重大决策部署。实施城市更新行动，是扩大内需战略、构建新发展格局的重要路径，是解决城市发展不平衡不充分问题，推动惠民生扩内需，改善居民居住条件，实现人民群众对美好生活向往的重要工作①。

就各地城市更新实践情况来看，当前资金问题是影响城市更新工作进展的重要因素，创新融资模式是城市更新行动顺利开展的重要保障。而PPP模式作为当前吸引社会资本进入公共领域的备受认可和关注的方式之一，对解决政府在公益项目中的资金问题是行之有效的，通过灵活的市场化运作机制可以实现对社会资源的优化配置从而实现最佳的社会效益②。

因此，本论文围绕PPP模式如何应用于城市更新相关项目，以城市更新行动下老旧小区改造PPP模式项目为例，探讨如何有效吸引社会资本参与城市更新，将政府公益性项目转化为政府与社会资本合作共赢的项目，有效缓解政府前期融资压力，同时吸引社会资本广泛参与到项目实施的各个阶段，充分发挥市场在资源配置中的作用，有效引导社会经济活动，建立可持续发展的有效路径。

二、城市更新行动下老旧小区改造 PPP 模式理论分析

（一）创新城市更新投融资模式必要性

城市更新不仅是物质空间的建设活动，也是实现人民美好生活需要的重要行动载体。不同于过去房地产大规模增量建设时期，城市更新是城市自我完善的一种持续的机制，具有小规模、渐进式、可持续的特点，其在理念上更加强调整体性、系统性、长期性。2021年8月住房和城乡建设部发布《关于在实施城市更新行动中防止大拆大建问题的通知》，提出要严格控制城市更新中的大拆大建、大规模搬迁等行动，明确地划定了城市更新的“小范围综合提升改善”的内涵。目前全国各地也纷纷出台城市更新的相关办法、指导意见等文件，完善制度机制，创新探索实施模式，推进多种类型城市更新项目的落地。住房和城乡建设部表示，据不完全统计，截至2021年底，全国已

① 徐文舸．城镇老旧小区改造亟待创新投融资机制［J］．中国经贸导刊，2021（03）：64-67.

② 闫营营．城市更新视角下既有建筑绿色改造PPP模式研究［D］．哈尔滨：哈尔滨工业大学，2017.

有 411 个城市共实施 2.3 万个城市更新项目，总投资达 5.3 万亿元[①]。

然而城市更新项目不同于传统市场化的地产开发项目，例如，历史文化遗产和传统风貌保护项目、老旧小区改造项目等具有较强公益属性，旨在提升改造区域内居民的居住体验，以及改善公共环境、促进产业升级等社会效益。该类项目一般具有规模大、投资多、未来现金流不明晰以及回收期限长等特点，导致社会资本参与积极性不高，且由于地方政府融资严格要求，诸多规范性文件对政信业务提出各类红线，使得地方政府存在融资难的问题，同时面对全球百年不遇之大变局、中国经济减速以及新冠疫情的冲击，未来我国财政与金融状况将更为吃紧[②]，因此，依靠政府财政出资的城市更新项目难以为继。

由此可见，创新城市更新投融资模式、引入社会资本对顺利推进城市更新实施运作十分必要。

（二）城市更新行动下老旧小区改造 PPP 模式适用性分析

PPP（Public Private Partnerships），即政府和社会资本合作模式，是指政府采取竞争性方式择优选择具有投资、运营管理能力的社会资本，由社会资本提供公共产品和服务，政府 / 使用者依据公共产品和服务的绩效评价结果向社会资本支付相应对价的一种模式[③]。PPP 模式在我国经过多年的实践探索之后，已经初步成熟，取得了不少成效，在稳投资、扩内需、畅循环、促增长方面发挥着积极作用[④]。

PPP 模式的实施路径一般是政府公开引入社会资本，由政府出资方代表和社会资本方成立项目公司，以项目公司作为项目投融资、建设及运营管理实施主体。项目投入资金有赖于股东资本金及外部市场化融资，基于市场化运作将项目风险匹配合理收益[⑤]。PPP 模式强调从运营端及市场需求的角度指导项目初期的设计、建造方案，使得建成的公共基础设施和公共服务能够更

---

① 阎秋．住建部：我国城市发展进入城市更新的重要时期［J］. 中华建设，2022（03）：18-19.

② 马佳丽，王汀汀，杨翔．城市更新概要和投融资模式探索［J］. 中国投资（中英文），2021（Z7）：37-40.

③ 黄书伍．浅析 PPP 项目中的税务问题及筹划建议［J］. 会计师，2018（21）：18-19.

④ 梅建明，邵鹏程．开发性金融助力 PPP 模式高质量发展初探［J］. 行政事业资产与财务，2020（17）：49-50.

⑤ 徐文舸．我国城市更新投融资模式研究［J］. 贵州财经大学学报，2021（04）：55-64.

经济、高效地满足社会公众的需求。因社会资本方除比政府具有更强的经济活力、更多元化的融资手段外，也比政府更贴近市场，更懂得如何运用市场化的手段调配相关资源，分配建造及运营成本，以获得更高的综合收益①。

目前各地也纷纷出台相关政策鼓励应用PPP模式吸引社会资本进入城市更新领域。截至2021年12月15日，住建部颁布的21个城市更新试点城市（区），至少15个城市（区）已发布专门的城市更新管理办法／方案。表5-3摘录了部分地方政府发布的管理办法／方案中关于推广采用PPP合作模式的政策。

表5-3　住建部第一批21个城市更新试点中城市更新政策中关于PPP合作方式的政策指导

地区	文件名称	主要内容
山东省烟台市	2021-02-08《烟台市人民政府办公室关于烟台市区城市更新行动的实施意见》	坚持政府主导、社会参与，加大对上资金争取力度，优化城市建设管理领域财政资金投入结构，采取政府债券、社会与政府资本合作（PPP）等方式多方筹集资金，全面激发城市建设活力
浙江省宁波市	2018-11-01《宁波市人民政府关于推进城市有机更新工作的实施意见》	着力推进低效空间更新。以旧厂房、旧市场、旧楼宇的更新改造为抓手，对不符合城市功能品质要求的旧厂房、旧市场、旧楼宇进行拆除重建，实现提质增效、功能重塑。着力推进交通轴线更新。坚持“基础设施为导向的城市空间开发模式（XOD）+政府和社会资本合作（PPP）”发展理念，在轨道交通、城市快速路和城市主干道等重要交通轴线沿线及周边，规划建设一批城市有机更新单元，放大“交通、产业、空间”三大要素叠加效应，提高城市土地资产附加值和综合效益，将城市主要通道打造成为宜居宜业、特色鲜明的产业带、文化带和景观带
江西省景德镇市	2016-04-15《景德镇市中心城区城市更新改造实施办法（试行）》	鼓励各县（区、管委会）在交通、市政公共设施和社会事业服务设施等相关领域采取与社会资本合作的模式推进城市更新改造。对列入省、市PPP项目库的项目，享受《景德镇市推广政府与社会资本合作（PPP）模式实施意见》规定的相关优惠政策
湖南省长沙市	2021-03-10《长沙市人民政府办公厅关于全面推进城市更新工作的实施意见》	更新项目适当运用PPP模式，吸纳社会资本参与城市更新；经市人民政府认定后对更新项目实施主体可采取资本金注入、投资补助、贷款贴息等方式给予支持
重庆市	2020-09-03《重庆市城市更新工作方案》	鼓励采用政府和社会资本合作项目建设模式（PPP）推进城市更新项目的实施。鼓励企业通过直接投资、间接投资、委托代建等多种方式参与更新改造

① 如何以“PPP+XOD”模式实施城市更新项目？https：//www.sohu.com/a/286535577_750678.

采用 PPP 模式实施城市更新行动及老旧小区改造工作具有多种优势。一是有利于政府职能的转变，可以将政府相关部门从投资者、融资者、建设者、监管者等多重角色中解放出来，让工程建设及运营的责任由社会资本履行，监管的责任由政府指定机构及行业主管部门履行，从而优化政府管理职能、回归到监管者的本位，做好监督管理的同时提供更好的政策环境。二是有利于缓解当前财政压力，平滑财政支出，以较少的资金撬动更多的项目。三是有利于降低项目全生命周期成本。通过项目全过程的统筹考虑，充分发挥社会资本在市场敏感度、项目操盘能力、运营经验以及风险识别和控制能力的优势，主动降低全生命周期整体成本。PPP 模式下政府和社会资本合作，各取所需，均实现了效益最大化的目标。四是有利于建立“风险分担、利益共享”的市场机制，既可以保证政府方的公益性要求，又可以利用社会资本方的资源整合优势开展产业项目导入，发展新业态、新场景、新功能，获取经济利益，同时还能让城市更新项目内的公众享受到改造成果，实现“政府、企业、公众”效益最大化的目标。

综合以上分析，城市更新 PPP 模式的应用将在缓解政府财政压力、激发市场主体获利、促使社会投资人提供优质公共服务等各方面都有良好的示范效应。

需注意的是，无论是过去长时间的城市开发，抑或是近年方向转变的城市更新，都是一项复杂系统的工程。城市更新类的 PPP 项目需要站在政策发展导向、城市脉络发展、地方债务管理、投融资规划等角度多方面统筹项目，盘点梳理城市资源，对区域或城市内的一级开发、存量资源、基础设施及公共设施等各类项目及收益情况进行统筹规划及合理测算，同时匹配做好合理的财政承受能力论证。由于城市更新项目本来就有一定的公益色彩，且涉及的利益关系复杂，因此投资回报的不确定性很大。且作为合作方的政府存在着换届、违约、政策变动等不确定性[①]。因此，基于项目设定好合理的政府和社会资本合作机制，明确双方责权利，准确识别并合理分配双方风险，是城市更新 PPP 模式工作的必要前置条件。

此外，实施过程中各参与主体需要依据各自的目标和合作方的利益关注

---

① 马佳丽，王汀汀，杨翔．城市更新概要和投融资模式探索［J］. 中国投资（中英文），2021（Z7）：37-40.

点对自身目标和策略进行改进和调整。通过不断地调整优化，最终实现各方合作共赢的目标①。

三、案例分析

当前我国城市更新项目应用PPP模式的案例较少，公益属性较强的老旧小区改造项目更是少之又少。九龙坡区2020年城市有机更新老旧小区改造PPP项目作为被列入住建部办公厅2021年11月17日印发《城镇老旧小区改造可复制政策机制清单（第四批）》中“多渠道筹措资金难，部分地方主要靠中央补助实施改造”的可复制做法案例，具有明显的示范性和代表性。因此，选取本案例，剖析城市更新行动下老旧小区改造PPP项目的全过程。

（一）项目总体情况

九龙坡城市有机更新老旧小区改造PPP项目位于主城中心城区，涉及九龙坡区六个老旧小区改造项目，开发建设年代久远，特别是红育坡白马凼片区，绝大部分房屋房龄在30年以上，普遍存在楼栋老旧漏水、基础设施不完善、生态环境待提升、公共服务功能缺失等问题，居民群众要求实施改造的意愿十分强烈。项目改造小区总建筑面积约102万平方米，改造栋数366栋、改造户数14 336户，社会资本负责“投资、融资、设计、建设、运营和移交的全过程管理”，合作期限为11年（1年建设期，10年运营期）。

1. 项目运作模式

项目由九龙坡区住房和城乡建委作为实施机构，采用PPP模式下的ROT（改建—运营—移交）模式运用市场化方式公开招标引入社会资本，由渝隆集团作为政府出资代表，与中选的社会资本共同出资组建SPV项目公司，由项目公司负责九龙坡城市有机更新老旧小区改造PPP项目的全过程投融资、设计、建设、运营、维护及移交等所有工作。

① 闫营营.城市更新视角下既有建筑绿色改造PPP模式研究［D］.哈尔滨：哈尔滨工业大学，2017.

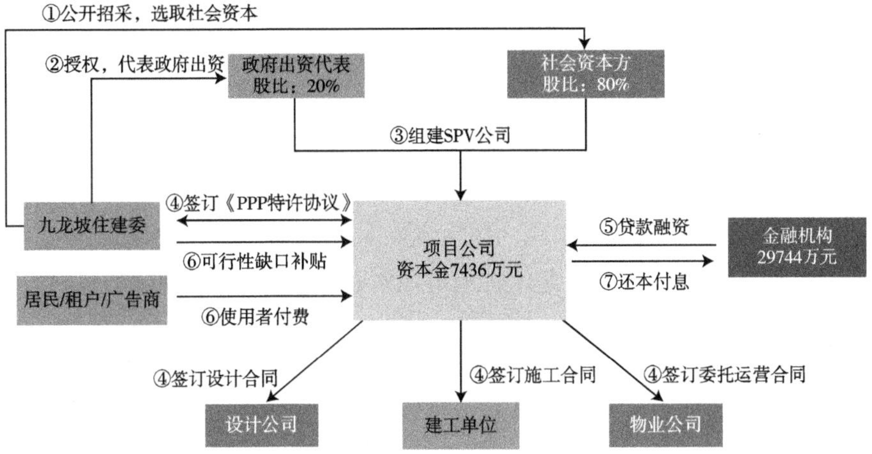

图 5-1　项目运作模式图

资料来源：项目相关数据来自 PPP 中心项目库公开信息。

2. 资金平衡方式

项目总投资 3.718 亿元，项目资本金约为 7436 万元（政府与社会资本按 2∶8 的比例出资），银行融资贷款获批近 3 亿元。

在资金平衡模式上，社会资本对项目所在区域统筹研究、片区资源系统梳理，通过小区内自平衡、区域内组合平衡模式，强化存量资源的整合利用，并结合对改造区域内居民的需求调研，以“运营前置”的经营性思维为导向，规划整合利用低效空间、补建区域内经营性和非经营性配套设施，以未来产生的收益平衡老旧小区改造支出。实现更新改造区域内低效空间资源的“物有所值”，实现微利可持续的良好发展。

通过综合的分析和评估，该项目的最终回报来源包括使用者付费金额 12 271 万元和可行性缺口补助金额 45 702 万元，项目通过挖掘存量资源，新建及改建养老、托育、医疗等公共服务设施，引导让渡小区公共收益及周边国有资产收益，通过公共服务设施、停车位、充电桩、社区便民服务用房出租、门面及铺面出租、广告位、散居楼栋清扫保洁收入、物业管理等经营性收入以及可行性缺口补助回收投资，以最终实现该项目的投融资平衡。

（二）项目技术路线

基于对项目改造的实施，项目团队采用“体检、调研、评估、统筹、实施”五步走策略，积极引导社会力量发挥专长，通过“三师进社区”，对项目范围内进行全面体检分析，以及对小区居民进行调研，“听民意、汇民智、聚民心”，继而评估工程改造需求，提出设计方案，在政企合作机制之下，统筹政府、居民、企业等各方资源，实施居民居住条件和环境改造提升，推进社区服务提升。

一是从体检、调研出发，“三师进社区”。在老旧小区改造的设计理念上，坚持规划先行、专业研判，与建设低碳九龙坡、完善适老化体系、保护载地文化融为一体，彰显老旧小区改造的特色性。在调研阶段，与社区居民充分沟通，在提炼社区居民心之所盼的基础上，提供菜单式的服务方案。

二是评估工程改造需求，提出解决方案。在体检、调研的基础上，评估工程最重要的成果即提炼改造需求，提出针对性的解决方案，落实到具体设计方案中。

三是统筹政府、居民、企业等各方，形成设计成果。在 PPP 模式中，政府、企业分工、合作有序，发挥各自优势，申报相关许可。在与住建委、街道社区、企业定期会议机制中，动态关注居民意见，由企业根据会议成果输出设计成果，调动相关资源，做好实施的必要准备。

四是实施改造，呈现设计成果。按照设计方案实施改造是改造更新的关键阶段。鉴于老旧小区改造工作的特殊性，小区居民可以全程近距离关注改造进展，其对改造效果的评价也可以第一时间反馈至街道、社区和企业处，因而改造过程也是动态互动的过程。

在改造过程中，“体检、调研、评估、统筹、实施”这五个关键步骤的落实并不是相关割裂的，而是在项目大范围和小范围内同时多层面进行。政企合作机制下，政府提供良好的政策环境及协调各部门支持，企业负责整体实施和相关服务、社区运营业态的导入和优化等工作。

（三）实施成效

设计、施工以完善基础性配套设施为切入点，以解决居民基础民生问题为基础，以满足功能性需求为前提，以提升公共空间环境为目的，营造了干净、整洁、平安、有序的小区环境。同时，本项目注重居民生活习惯、保留重庆固有建筑特色，主动保留和传承社区文化，延续九龙坡工业文化特色。项目践行“微利可持续”“改管一体化”的长效运营模式，充分挖掘盈利造血点，包括停车、商业空间、食堂、广告、物业、清扫保洁、养老设施、充电桩等。本项目改造取得了明显效果，可体现为以下几点。

一是提升了居民生活品质。童叟混龄空间成了“一老一小”的乐园；通过墙上彩绘、社区历史 logo、居民文化作品等展示了各片区的历史文化及居民的风采；美好会客厅的设置为居民提供了活动议事场地，图书区域的设置，丰富了居民的精神文化生活；其他适老化设施的完善，如养老中心的打造、智慧社区的建立，为居民搭建了一个安全、宜居、美好的社区。

二是活跃了社区商业氛围。商业经营情况摸底数据显示，商铺租金平均上涨超过 20%，出租率提高 30%，促进社区内中低收入居民家门口就业，社区焕发全新活力。不仅可以有效保障资产整体租金坪效提升，还可以帮助社区促消费、促就业、促增收，同时促进国有资产保值增值。改造后空置商业门面陆续开业，增加了居民在家门口创业、就业的机会；引入了一些新的商业业态，满足居民多元化消费需求；部分原住居民回迁，人流增加，社区商业更繁荣。

三是社区治理得到长效发展。项目改管运一体化发展模式，彻底解决了老旧小区治理难题，改后引入物业，引入商业运营机制，让老旧小区焕发生机，有利于城市健康、协调发展。

本项目作为民生工程，对改善老旧小区群众居住环境、实现公平正义、促进社会和谐稳定均具有重要作用，不仅为老旧小区注入了新的活力，使小区焕发新的生机，还有利于促进经济发展，创建宜居城市。

（四）经验总结

突破改造项目小而散、收益不高、回报低，社会力量参与积极性不高的难点。重庆市九龙坡区创新采用 PPP 模式，吸引社会力量，形成一体化招标、一揽子改造、一本账统筹、一盘棋治理的长效机制，采取“市场运作、改管一体”方式进行片区化有机更新，避免了设计、改造、管理脱节的问题，运营团队可以提前介入，做到一张蓝图干到底。

在资金方面由 SPV 公司负责项目投融资工作，培育项目自身造血机制，争取建设银行贷款支持，以项目10年收益权质押给中国建设银行重庆九龙坡支行，完成建设期融资，缓解了财政投入压力；并根据九龙坡出台的财政补助惠民政策，财政给予物管费补贴，引导居民出资，引入专业化物业公司实施老旧小区后期物业管理，更好服务居民。

在共商共建方面，项目公司与区住建委、各街道、社区居委会建立共商共建工作机制，遵循居民诉求，引导居民共建、共治，共同打造宜居舒适的美好家园。

四、相关建议

为了更有效地推进城市更新和老旧小区改造的进程，解决更新改造过程中融资难等问题，保障城市发展的可持续性，实现行业的良性健康发展，本文结合理论分析及案例分析，提出以下建议。

（一）坚持高位强力，促进统筹谋划

立足城市建设发展要求，着眼城市更新战略导向，加强顶层设计和精细规划，从城市空间整体格局出发对城市更新和老旧小区改造做好全域布局、科学排期，集中资源抓紧落地一批标杆项目，尽快形成可复制推广的模式机制。建立完善更加强有力的组织领导机制，系统创新政策工具、金融工具和技术工具，优化流程，完善机制，形成政策综合、资源整合、资金融合的生动局面。积极搭建政府、城投平台、金融机构、社会资本紧密协同的合作框架，促进集约高效推进城市更新和老旧小区改造工作。

（二）项目统筹实施，解决资金难题

对标“十四五”期间改造目标，统筹考虑资金需求，用好政策和多元融资途径，整合中央、省、市各级专项资金、专项债、政策性商业性金融机构融资贷款、社会资金投入、城市更新基金等各方资金来源。针对类型多样的城市更新项目，应当统筹考虑资金需求，用好政策和多元融资途径；以未来一个时期内形成稳定现金流为目标，积极包装适合开展融资运作的项目。对于公益属性较强的项目，“肥瘦搭配”推动捆绑打包立项，为金融机构参与改造创造条件。

（三）强化政策引领，吸引社会资本

全面引入具备投资拉动、设计改造、运营服务全链条能力的社会资本，为城市更新和老旧小区改造工作提供“全周期综合解决方案”，发挥老旧小区改造规模化实施运营主体的带动作用。通过“投资 + 设计 + 施工 + 运营”一体化招标、政府和社会资本合作（PPP）等模式，支持社会资本作为实施主体参与城市更新工作。例如，在老旧小区改造工作中，可突破物理边界统筹周边资源，全面落地小区内自平衡、大片区统筹平衡、跨片区组合平衡等社会资本投资平衡模式项目，探索城市更新单元等做法，通过留、改、拆、补等多种要素，能连片改造的，坚决推动连片改造，能联动改造的，坚决推动联动改造，政府释放存量、规划、土地、市场、文化等资源，统筹棚改、危改、旧改乃至一二级土地联动、低效用地、零星地块整体开发等政策，为引入社会资本、实现“微利可持续”创造条件。

（四）聚焦善治目标，完善长效治理机制

在运营治理阶段，应当协同“政、企、民”，充分发挥各参与主体的角色作用，形成政府、市场、社会、公众综合治理、协同治理、良性互动的城市更新健康生态系统①。在老旧小区改造工作中，应按照“改管一体”“共同缔造”等要求，注重发挥物业先行对于推进老旧小区改造和社区建设的重要作用，探索引入社会资本大面积接管等方式，尽快实现老旧小区专业化物业服务全覆盖，培养起居民付费意识。政府采取以奖代补、购买服务等方式对企业给予必要的扶持，企业通过多种业务，打捆算账，综合平衡，从而形成专业、集约、高效的老旧小区长效运营机制。

---

① 李宁宁．轨道交通一体化下的北京城市更新策略研究［J］. 城乡建设，2021（16）：55-57.

城市更新背景下数字化社区构建与治理机制研究①

张颖异　刘畅　吕蒙　秦梦楠

摘要：在信息技术飞速发展的今天，以数据资源带动智慧城市体系构建是实现城市更新的必然趋势。社区作为承接国家治理重心下沉的载体，其更新发展的数字化转型成为城市更新行动的关键环节。通过回溯数字化社区的制度、理论基础及其对社区治理的意义，阐明数字化社区是使社区居民更具获得感、幸福感、安全感的新路径。在此基础上，分析了面向精细化更新的数字化社区数据底座架构，面向共享型更新的全链条数字化平台搭建，和面向综合性更新的数字化社区治理优化，以期在政府职能部门、社区基层管理机构、社区群众之间搭建数字化共治共创渠道，为城市更新的智慧化发展提供理论依据。

关键词：城市更新；数字化社区；治理机制；数字转型

一、引言

城市更新是城市发展、城市再城市化的一种方式和路径②，涉及社会资源再分配、公私利益再博弈和物理空间再整理，城市更新行动离不开基层社区治理制度和技术的双重创新。当前，建设智慧城市已成为推进高质量城镇化的重要途径，在提升公共服务能力中发挥驱动作用。数字化社区是智慧城市

① 作者简介：张颖异，北京建筑大学建筑与城市规划学院副教授，主要从事数字化城乡规划与设计研究；刘畅，深圳中商智库规划设计院首席研究员，主要从事社会治理研究；吕蒙，北京建筑大学建筑与城市规划学院硕士研究生；秦梦楠，北京建筑大学建筑与城市规划学院硕士研究生。

② 葛岩，周俭．权利视角下城市更新公平性探讨，治理·规划 II［M］．北京：中国建筑工业出版社，2021.

的基本单元，通过集成地理空间数据、公共服务模块、信息交互界面等，形成多要素合一的数字化平台，从而革新既有公共服务供给方式，对社区未来发展做出理性预测，促进城市更新整体智治。

我国“十四五”规划纲要提出，“推进智慧社区建设，依托社区数字化平台和线下社区服务机构，建设便民惠民智慧服务圈；充分利用物联网、大数据、云计算、人工智能等新一代信息通信技术，为社区居民提供智慧服务新场景，打造更便利舒适的现代化居住环境”。习近平总书记在中共中央政治局的多次集中学习中强调，“要以推行电子政务、建设新型智慧城市等为抓手，以数据集中和共享为途径，推动技术融合、业务融合、数据融合，打通信息壁垒，形成覆盖全国、统筹利用、统一接入的数据共享大平台，构建全国信息资源共享体系，实现跨层级、跨地域、跨系统、跨部门、跨业务的协同管理和服务”。数字化社区的提出，正是为了契合当今城市更新需求，切实提升社区民生福祉；其建设既是社区治理现代化的新途径，也是党和国家联系服务人民群众、打通“最后一公里”的有力支撑。

二、数字化社区制度与理论基础

数字化社区兴起于20世纪80年代，由于通信与信息技术的普及，智慧型家用电器、安保系统和通信设备逐步应用于住宅建筑设计中，通过综合管网布置形成可实时监测与控制的自动化住宅，譬如美国的智慧住宅（Wise House）、欧洲的时髦住宅（Smart House）[①]等。至90年代中期，连片自动化住宅成为数字化社区的雏形。尽管西方国家在城镇化进程中并未明确提出“数字化社区”这一概念，但借助城市信息化及电子政府，在事实上进行了数字化社区建设[②]。以美国为例，其数字化社区包含物业管理数字化和政府管理数字化，物业管理数字化依托三网（电话网、有线电视网和互联网）系统，提供房屋建筑管理、公共秩序维护、车辆秩序管理等服务[③]；政府管理数字化由

① HELAL S,MANN W，ELZABADANI H, et al. The Gator Tech Smart House: a programmable pervasive space［J］. Computer, 2005（38）: 50-60.

② 连君．数字化社区建设中的问题与对策研究［D］. 青岛：中国海洋大学，2014.

③ ITO K, O’DAIR M. Critical Examination of the Application of Blockchain Technology to Intellectual Property Management, Treiblmaier, H., Beck, R.（eds）Business Transformation through Blockchain［M］. London: Palgrave Macmillan, 2019.

地方政府主导，在社区设置计算机网络服务器，提供就业信息发布、社区发展数据共享等业务[①]。

国际上已有的数字化社区研究主要围绕三个层面展开，即数据资源建设层面、基层民主与公众参与层面、政府行政改革层面。

一是数据资源建设层面。美国学者简芳汀认为，“虚拟机构”（Virtual Agencies）解释了美国公共部门必须接受和适应公平利用数字治理的可能性，真正的挑战不在于实现网络治理的技术能力，而在于克服国家内部根深蒂固的组织和政治分歧[②]。作为数字化社区的基底，数据资源建设对社区住户信息、地理空间信息、软硬件设备等统一管理，形成可共享的社区基础信息数据库。计算机技术发展到今天，统一管理相关数据资源的技术水平不难达到，但数据库的建立需要革新治理制度，打破壁垒，带动多部门、多利益主体的数据资源共享，这恰是数字化社区推进的必要条件，也是难点。

二是基层民主与公众参与层面。在达维多夫的规划价值属性及政治属性学说影响下，英尼斯、福克斯等提出媒体是公众参与决策的媒介，网络有助于在基层改进民主化进程[③]。社区治理关乎公众切身利益，数字化社区为政府职能部门、社区基层管理机构、社区群众之间搭建沟通渠道，实现实时信息交互[④]，在一定程度上支持公众广泛参与社区治理相关事务。

三是政府行政改革层面。林登提出，政府行政改革与信息技术的有机结合利于迅速响应客户需求，以网络化政府行政组织促进行政组织重组和行政流程优化[⑤]。数字化社区涉及政府对政府、政府对居民、政府对物业、政府对市场等多个场景，最终形成智慧化治理。

数字化社区研究在我国处于起步和探索阶段，具有广阔的发展前景。我国学者对数字化社区的研究偏重实证解析和技术探索，已有数字化社区建设

---

① FAHAD M, BOISSIER O, MARET P, et al, Christophe Gravier. Smart places: Multi-agent based smart mobile virtual community management system [J]. Applied Intelligence, 2014（41）: 1024-1042.

② FOUNTAIN J E. Building the Virtual State: Information Technology and Institutional Change [M]. Washington: Brookings Institution Press, 2001.

③ NUNN S， RUBLESKE J B. Webbed'cities and development of the national information highway： the creation of world web sites by US city governments [J]. Urban Technology,1997（04）:53.

④ WINGO R S, HEPPLER J A, SCHADEWALD P. Digital Community Engagement Partnering Communities with the Academy [M]. Cincinnati: University of Cincinnati Press, 2020.

⑤ LINDEN R M. Seamless Government: A Practical Guide to Re-Engineering in the Public Sector [M]. New York: Jossey-Bass, Wiley Publishing Company, 1994.

实践多集中于东部人口稠密城市；技术探索主要基于数字化技术，围绕物质空间实体和社区居民需求开展数字化社区构建。实证解析方面，从社区数字化责任主体出发，已有“北京模式”——政府统一投资管理、“杭州模式”——政府搭台企业运作、“广州模式”——政府与基层通力合作[①]。围绕市民共治和国家管控两条线索，构成数字化社区的类型学讨论[②③]；从市场介入社区治理角度来说，政府、市场、社会三方互动博弈构成了数字化社区治理宏观结构的微观基础[④⑤]。

技术探索方面，数字化以模块化为特征，提供参数控制路径，提升数据信息共享效率；面向物质空间建设的科学布局和精细管控，形成从数字化分析到评价的完整过程[⑥⑦]。信息技术贯穿数字化社区建设全流程，包含智慧物业管理、智慧安防、政务信息服务、社区管理 App 及云服务等，从而实现信息支撑数据、数据引导流程再造的动力机制[⑧⑨]。

与欧美国家的公民社会传统不同，我国数字化社区构建与社会治理方式关系密切，构建主体既包含地方政府，又离不开社区业主组织、社区居委会、物业管理企业与市场；数字化社区不仅在社区内进行，而且兼具外向特征，需要政府支持解决社区问题。我国“以人民为中心”的执政理念、政体构成和制度优势更有利于思想传导与民意落实[⑩]。

进入新时代，我国信息技术发展水平与过去相比有了长足进步，并在诸

---

① 周玉香 . 我国社区信息化建设的模式探析［J］. 中国信息导报，2007，4：19–21.

② 赵国超，吴佩一，虞晓芬 . 智慧社区运营的主体识别与社会网络分析［J］. 浙江大学学报（理学版），2022，49（03）：384–390.

③ 陈福平 . 智慧社区建设的“社区性”：基于技术与治理的双重视角［J］. 社会科学，2022（03）：64–73.

④ 张莹利，赵红，姚鸽 . 智慧社区服务品牌价值驱动因素研究：WSR 方法论应用实践［J］. 管理评论，2021，33（05）：174–183.

⑤ 郭青，王国宁 . 外部融接与内部并举：推进城市社区治理现代化的二重向度［J］. 领导科学，2022（06）：120–124.

⑥ 王建国 . 基于人机互动的数字化城市设计：城市设计第四代范型刍议［J］. 国际城市规划，2018，33（01）：1–6.

⑦ 杨俊宴，邵典，傅秀章，等 . 基于物理环境数字地图的城市设计逐级优化：过程性探索［J］. 城市规划，2022，46（05）：64–80.

⑧ 钱坤 . 技术监管：智慧社区大脑新型风险监测与处置模式建构［J］. 行政论坛，2020，27（04）：99–104.

⑨ 金炜玲，李熠，李佳 . 数字化社区治理：应用政务热线大数据创新物业管理［J］. 电子政务，2021（02）：27–37.

⑩ 杨超 . 城市治理视角下的公共空间规划模式与方法探索：以北京城市副中心为例［J］. 城市发展研究，2022，29（04）：93–101+2+44–45.

多领域与技术前沿国家形成竞争，一改引进和追随状态。以北京为例，北京当前正致力于加快建设全球数字经济标杆城市，在数字化社区这条全新赛道上，具有形成超大型城市社区数字化治理模式的潜力。北京市十五届人大五次会议提出，“2022 年将以推进智慧交通、智慧医疗、智慧城市等建设为示范，以开展数字化社区建设为试点，大力提升城市服务管理水平”。但是，北京在建成区与新建区混合的现状本底上，积压着国内大城市的各种通病：总量不足、布局不均衡、私属化与同质化现象明显、复合利用率低等共性问题以及观念局限、部门壁垒和资本异化等深层制约因素，亟待治理。以北京为代表的我国超大城市正面临减量发展，其建设由增量向存量转变，社区的规划建设对象不再是一张白纸，而是蕴含丰富历史和场所痕迹的已建成环境，更新模式和方法选择更加复杂。因此，将数字化社区建设作为重要抓手，创建以社区更新为基础的城市更新体系，正是提升现代城市治理能力，使城市居民更具获得感、幸福感、安全感的新路径。

三、城市更新中的数字化社区构建与治理

（一）精细化更新中的数据底座架构

作为城市更新的基本单元，社区更新面向的问题具体且细碎，本土特征的日常需求、约定俗成的行为习惯、非正式的组织关系等相互融糅，仅凭“一刀切”的更新手段易造成水土不服和认知简化。因此，社区更新需要精细化处理，兼顾顶层设计与底层操作，以解决实际问题为导向，架构精细化更新中的数字化社区数据底座。

多源流数据构成了数字化社区的本底。其来源一方面为市、区、乡镇（街道）三级数据通道可提供的数据类型，以此形成基础库、法人库等模块。对常用高频数据，如人口信息、服务设施点位等定期更新，参考数据检索、回流和追溯开展社区治理工作。另一方面为从社区居民的生活体验出发采集的数据类型，一般涉及临近就业信息、社区养老服务、社区住房信息、社会救助信息、优待抚恤信息、交通出行路线、基本生活保障、安全保障信息、生活服务信息、环境治理信息和政务公开等，个性化的数据类型还可能包括文化遗产保护信息、文体活动信息等，作为以上模块的补充。例如，在北京智慧城市 2.0 的建设框架下，数字化社区在昌平回天地区已形成实践。该数字

化社区以多源数据支撑更新规划建设、基层社会治理和便民智能服务，形成数说回天、幸福回天、宜居回天、活力回天四个板块，采集整理与七有五性、接诉即办、交通疏堵、人口管理、垃圾分类等相关联的基础数据[①②]。其中交通疏堵效果显著，阿里云与政府部门共建“城市大脑”，部分路口利用智能算法动态调整红绿灯时长，试点路段单个红灯等待时间平均下降10%以上[③]。可见，数字化社区的多源流数据底座越细化，则越贴近对象社区的实际需求，越能实现精细化更新。通过一案一议的多源流数据类型取舍，社区更新的具体目标与公共服务精细化供给将更容易落实。

（二）共享型更新中的全链条数字化平台搭建

公众参与的平台思维是数字化社区的内核，也是共享型更新的可持续动力来源。我国城乡社区治理经历了行政主导、社区自治、多元共治三个层面的探索[④]，面对社会主要矛盾的转移，当前城乡社区治理应以打造社区共同体为依归，以共享推进共建共治，在共建共治中实现共享。社会资本理论认为，公众参与网络构成社会善治的基础。《深圳市城市更新办法实施细则》（深府〔2012〕1号）中就提出将公共利益的共享程度作为指标，使社区中的治理服务、社区资产和居民权利在更新过程中指向最大化的公共性。搭建全链条数字化平台是数字化社区的核心组成部分，也是社区居民参与更新进程、共享更新成果的途径。

全链条数字化平台通常包含交互应用层、社区感知层和家庭终端层，将社区治理与公共服务延伸到家庭，消弭数字鸿沟。图5-2列举了全链条数字化平台的分层框架和内容模块。在家庭终端层中，智慧家居、家庭安保、家庭环境监测、家庭健康监测、家庭消费服务等均与居民个体生活联系紧密，因而列入全链条数字化平台中作为终端信息。这一层级中，家庭安保与智慧

---

① 温婧．数字化基层治理论坛：数字化社区目前已在昌平回天地区等地形成典型实践［EB/OL］．北京：北京青年报，2022-07-29.

② 北京市发展和改革委员会．我们这五年丨走进回天地区 看超大型社区治理样板开出“幸福之花”［EB/OL］．北京：北京市人民政府，2022-06-22.

③ 央广网．阿里云参与北京回天城市大脑建设帮助交通实现“少堵十分钟”［EB/OL］．北京：央广网，2022-08-05.

④ 陈晓春，肖雪．共建共治共享：中国城乡社区治理的理论逻辑与创新路径［J］．湖湘论坛，2018，31（06）：41-49.

家居模块提供的数据最具共享性，与社区感知层的多项模块相关联。社区感知层由物联传感、人员定位、AI 人脸识别、监控设备、门禁设备和社区环境监测组成，其中 AI 人脸识别、物联传感和社区环境监测与来自家庭终端层的数据相关性强，监控设备对交互应用层最具共享性。交互应用层包含人口信息可视化、物业管理可视化、安防管理可视化、公共卫生管理可视化和房屋管理可视化，进而构成社区更新综合发展一张图。其中，安防管理可视化涉及要素最多，需要物联传感、人员定位、监控设备和门禁设备的数据支撑；其次是物业管理可视化和公共卫生管理可视化，分别涉及三类来自社区感知层的信息共享。

全链条数字化平台不仅使社区居民的实际需求在数字化社区中得以回应，而且更利于提升社区更新的协同性，扩大社区发展与居民的关联度与共享面。例如，杭州市瓜沥七彩未来社区基于 SenseScore 商汤 AI 大装置打造数字孪生、科技物业和积分服务，满足居民学习、工作、生活一体化需求，涵盖社区 G 端（政府）、B 端（运营主体）、C 端（居民端）数字化运维。可以预见因为全链条数字化平台的搭建，将实现更广泛的社区居民参与共治，建立开放共享机制，保护共享型更新的多样品类和公益实现。

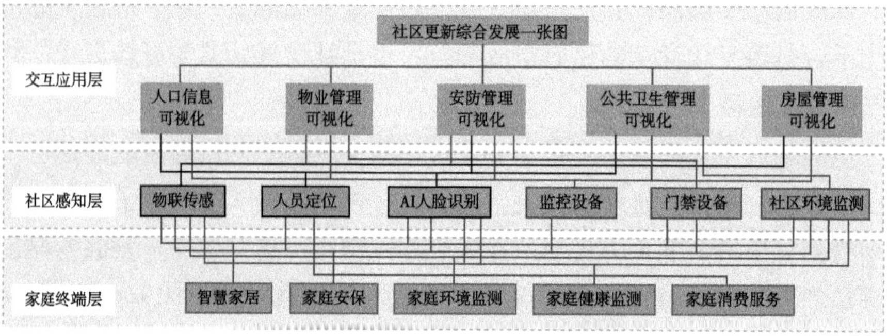

图 5–2　全链条数字化平台分层框架

资料来源：作者自绘。

（三）综合性更新中的数字化社区治理优化

社区服务在社区治理的数字化转型中具有举足轻重的地位，关系到数字化社区能否发挥实际效用。社区服务直接面向广大群众，更需具备价值理性，接纳非正式、不确定的社区活动，兼顾自上而下和自下而上的社区发展动态。

社区更新往往同样具有复杂的综合性特征，一方面需整合地方政府、企事业团体、社会资源等要素，由公权力部门组建治理机构，统一进行特定社区更新计划，防止重点区域出现控制失灵及违规建设等情况，如鹿特丹的滨水区更新，即政府部门通过专门机构主导更新流程、时序和关键项目；另一方面又需保持实施机制的灵活性，允许存在机制容差，确保不在社区更新过程中丢失原有生活底色，如北京的地摊经济、后备厢市集等，旨在通过社区微生态优化促进都市大产业升级，形成"数据—算法—服务"的正向闭环。数字化社区有助于综合性更新与社区服务的适配，在建设之初即为社区服务预留弹性，为基层政府、社区组织和空间使用者赋权，促进社区更新人性化和公众满意度最大化。

社区作为日常生活发生的载体，承载着人们对于城市的记忆。社区更新并非单纯面向"穿衣戴帽""封墙补洞"式的物质环境改善，更注重生活生产的现实需求和情感依托，在更新过程中为社区场所保留本土社会性和精神内核。互联网的普及，使数字化社区治理比传统社区治理更便捷、更贴近居民日常生活。因此，社区治理也应回归日常性，接纳正规以外的社区叙事方式，重构社区治理思维并实现技术转化。由此实现社区治理部门利益导向转向公共利益导向，引领新时代中国城市治理研究范式转移①。

四、结论

作为未来社区发展的趋势之一，数字化社区以智慧化、网络化、信息化为基础，更贴近社区居民的多样化需求，借助多源流数据整合老旧社区现有资源，将技术赋能与技术赋权融入社区建设。尽管城市更新行动体系庞杂，但从社区更新入手，以数字化技术的引入重建社区智治模式，不失为共治时代城市更新的有效路径。本文在数字化社区制度与理论分析的基础上，提出了面向精细化更新的数字化社区数据底座架构、面向共享型更新的全链条数字化平台搭建、面向综合性更新的数字化社区治理优化，以期在数字化社区构建之初的不同阶段就将多样化的社区更新特征和需求纳

① 叶裕民，王晨跃．城市治理研究范式转移与一般分析框架创新［J］．城市规划，2022，46（02）：42-52+99.

入考虑范围，从而形成合乎技术能力和社会价值的方向性判断。笔者希望借由以上分析抛砖引玉，引发更全面的数字化社区建设与治理论证，形成适应城市更新需求、社区生活优化并符合我国城市治理制度特色的数字化社区体系和构建模式。

图书在版编目（CIP）数据

城市更新治理／姜玲主编. —北京：经济日报出版社，2023.5

ISBN 978-7-5196-1314-3

Ⅰ. ①城… Ⅱ. ①姜… Ⅲ. ①城市管理-中国-文集 Ⅳ. ①F299.22-53

中国版本图书馆 CIP 数据核字（2023）第 066767 号

城市更新治理

作　　者	姜　玲
责任编辑	李晓红
责任校对	温　海
出版发行	经济日报出版社
地　　址	北京市西城区白纸坊东街 2 号 A 座综合楼 710 室（邮政编码：100054）
电　　话	010-63567684（总编室） 010-63584556（财经编辑部） 010-63567687（企业与企业家史编辑部） 010-63567683（经济与管理学术编辑部） 010-63538621　63567692（发行部）
网　　址	www.edpbook.com.cn
E - mail	edpbook@126.com
经　　销	全国新华书店
印　　刷	北京虎彩文化传播有限公司
开　　本	710 毫米×1000 毫米　1/16
印　　张	18
字　　数	297 千字
版　　次	2023 年 5 月第 1 版
印　　次	2023 年 5 月第 1 次印刷
书　　号	ISBN 978-7-5196-1314-3
定　　价	48.00 元